刘卓 喻梅 ◇ 主编
吴倩 孙琰洁 ◇ 副主编

播音主持名家

BOYIN ZHUCHI MINGJIA

中国广播影视出版社

图书在版编目（CIP）数据

播音主持名家/刘卓,喻梅主编.--北京：中国广播影视出版社,2019.4

ISBN 978-7-5043-8298-6

Ⅰ.①播… Ⅱ.①刘… ②喻… Ⅲ.①播音员—列传—中国—现代②主持人—列传—中国—现代 Ⅳ.①K825.4

中国版本图书馆CIP数据核字(2019)第061428号

播音主持名家

刘卓　喻梅　主编

责任编辑	毛冬梅
封面设计	文人雅士

出版发行	中国广播影视出版社
电　　话	010-86093580　010-86093583
社　　址	北京市西城区真武庙二条9号
邮　　编	100045
网　　址	www.crtp.com.cn
电子信箱	crtp8@sina.com

经　　销	全国各地新华书店
印　　刷	天津顾彩印刷有限公司

开　　本	710毫米×1000毫米　1/16
字　　数	216(千)字
印　　张	16.25
版　　次	2019年4月第1版　2019年4月第1次印刷
书　　号	ISBN 978-7-5043-8298-6
定　　价	58.00元

（版权所有　翻印必究·印装有误　负责调换）

序

我在20世纪80年代就关注和研究播音主持风格，一直鼓励我的硕士和博士研究生们在这方面能够多进行探索，不断丰富播音创作与艺术风格的研究样本，把播音名家创作的研究继续推向深入。今获悉，我的学生们将他们对播音名家创作和艺术风格研究的案例进行了梳理总结，汇集成书，很高兴。

喻梅是我带的中国播音学博士后，也是早年在中国传媒大学带的硕士生，从那时开始，她本人就积累了大量关于齐越老师的研究资料。如今她已担任中国传媒大学播音主持艺术学院副院长的职务，尽管事务繁忙，但对于本书的章节写作仍然倾尽心血。刘卓是我在中国传媒大学的博士生，在中国传媒大学播音主持艺术学院已从教近20年，在播音主持教学和研究岗位上表现颇为优秀，是中国传媒大学的首批青年拔尖创新人才，当年她的博士论文就是关于方明的播音创作研究，博士毕业后她出版了专著《方明的播音创作》，获得了广泛的好评，并多次获奖。我的博士生吴倩和硕士生孙琰洁分别选择了播音代表人物沈力和赵忠祥的风格进行研究，相关毕业论文也都得到了专家们的一致认可。

本书作为刘卓的中国传媒大学科研项目的重要成果，体现了刘卓以及我的研究生们对于播音风格研究的辛勤付出。他们当年读书时在选择播音名家的创作作为研究对象时，一直致力于实地考察、采访，获取大量的一手资料，很多人和自己研究的名家建立了良好的人际关系，这也为他们研究其播音创作和艺术风格提供了重要的保证。风格的研究归根结底是对人的研究，是对历史的折射。攻读硕士、博士的时间毕竟是有限的，但研究的深入性是无限的。值得欣慰的是，我在本书中看到他们在各自当年论文基础上丰富并融合了新的内容。我的研究生们对于播音名家创作的研究没有止步于毕业这个时间节点，他们在研究名家的播音创作中收获了快乐与新的认知感悟，在毕业后他们仍然在不断完善自己的研究，并努力搜集更多新的史料与素材。书中所涉及的中国著名播音主持艺术家代表作品及语料库内容都将成为播音历史上宝贵的财富。

今年是中华人民共和国建国70周年，距离早期的播音风格提法已经过去了半个多世纪，把播音作为美学研究也应赋予新的时代内涵。习近平总书记在十九大报告中指出，我国社会主要矛盾已经转化为人民日益增长的美好生活需要和不平衡不充分的发展之间的矛盾。时代的发展为播音主持事业带来了新的机遇与挑战，播音创作的艺术风格也正在向自信、坚实、审美与丰富的内涵迈进。站在历史的角度来看，可以说，本书的出版具有里程碑的意义。书中涉及的播音名家的播音创作历程从一个侧面展现了中国播音事业的优良传统，让后人通过文字来重温当年的播音历史，感受一代播音人的敬业精神，真正做到不忘初心，牢记使命，继承借鉴，创新发展，也祝愿大家不断取得更多更高质量的成果。

姚喜双
2019.3

目录
CONTENTS

齐 越 / 1

齐越，原名齐斌儒，河北高阳人，1922年2月23日生于内蒙古满洲里，1942年，齐越就读于西北大学外国语文学系，1947年8月，齐越从新华总社语言广播部的编辑部调到了播音组，开始了他在话筒前的播音生涯，创作出了大量的播音精品。

方　明 / 65

方明,本名崔明德,1941年4月6日生于北京。中央人民广播电台播音员,播音指导,播音与主持指导委员会副主任,中国广播电视协会播音主持委员会理事长,国家语委普通话审音委员会委员,中国传媒大学、天津师范大学等院校兼职教授。

沈　力 / 141

　　沈力，原名沈立环，1933年生，江苏人。1949年参加中国人民解放军南下工作团随团南下至桂林第廿四步兵学校文工团，1953年调至北京总政歌舞团，1957年进入中央人民广播电台担任播音员，1958年调到新创建的北京电视台（中央电视台前身）工作，成为新中国第一位电视播音员。

赵忠祥 / 197

赵忠祥，1942年1月生于北京。1960年2月正式成为北京电视台（中央电视台前身）第"78"号工作人员。从1960年到1985年，赵忠祥播报新闻25年；1979年随邓小平同志访美并采访卡特总统，成为新中国第一位进入白宫采访的记者。

齐越

　　齐越，原名齐斌濡，河北高阳人，1922年2月23日生于内蒙古满洲里。1942年，齐越就读于西北大学外国语文学系，1947年8月，从新华总社语言广播部的编辑部调到了播音组，开始了他在话筒前的播音生涯，创作出了大量的播音精品。"文革"期间，齐越曾一度离开播音岗位，1972年重新回到话筒前，继续创作。1975年6月，齐越由中央人民广播电台播音部调北京广播学院新闻系播音专业任教师，1993年11月7日上午9时在北京逝世，享年71岁。齐越是中国共产党的优秀党员，是我国著名的老一辈播音艺术家、第一位播音学教授，中国播音学学科的主要奠基人。

翻开中国广播史，齐越的名字熠熠生辉。作为我国播音艺术的一代宗师，他的播音开创了人民广播的一代新风，他的播音理论和艺术精品永存于我国播音艺术宝库中。

齐越的播音创作生涯是一个不断丰富、不断提高的漫长过程，在跨越不同历史时期的播音创作过程中，齐越都紧跟时代需求，主动调整自己的播音创作，从而体现出一种对时代精神和时代氛围的精准心理把握。在战火纷飞的岁月，齐越刻苦练习基本功，打下了良好的语言基础，逐渐适应了话筒前的播音工作，准确流畅、爱憎分明、抑扬顿挫、震慑人心，很好地完成了党和组织交给的任务，《1948年的土地改革工作和整党工作》《人民解放军总部向黄维兵团讲话》《人民解放军解放济南》《开国大典》等作品都是这一时期的经典之作。和平建设时期，齐越的播音创作更加成熟，他积极调整自己的播音创作以适应新的播音要求和时代需求，在创作上有了细腻的变化。他的新闻消息播报更加稳健，通讯播音更加动人，评论播音更加鲜明，体现出较高的政治性和艺术性，分寸到位、张弛有度、深入人心，其中《谁是最可爱的人》《县委书记的榜样——焦裕禄》最为大家熟悉，不仅是齐越播音风格的代表之作，更是那个时代的经典。1972年齐越重新回到话筒前，以更饱满深厚的情感播出了一系列长篇报告文学作品，如《大地的儿子——周恩来》《在彭总身边》《巍巍昆仑》等，使人们听到了深沉朴实的感人作品。齐越播出的作品不仅在不同的历史时期引起了广大人民群众的强烈反响，赢得了千百万听众的赞誉和尊敬，更对我国爱憎分明、刚柔相济、严谨生动、亲切朴实的播音风格的形成产生了重要影响。1975年6月齐越调到北京广播学院新闻系任教，他在教学上倾注了巨大的心血，对理论经验进行了进一步总结，成为我国第一位播音学教授，带领学生们进行了广泛实践，培养了一大批优秀的播音人才，为新时期的广播电视发展培养了大批的后备人才。

一、齐越的播音生涯

启蒙时期（1947年之前）

齐越1922年生于满洲里的一个封建家庭，"九·一八"事变以后，他父亲不愿做日寇统治下的工具，不当汉奸，不做亡国奴，弃官逃亡，全家辗转来到北平。父亲始终将那种不甘心为敌寇效力的民族意识坚持到底，最后因为国难当头，没有工作，再加上身体不好，郁郁而终。齐越从父亲那里继承了这种强烈的民族意识，在中学读书时，他开始接触进步书刊，读了鲁迅、茅盾、巴金等进步作家的作品。在进步思潮熏陶下，爱国主义思想开始在齐越年轻的心中生根。高中毕业，齐越给家里留了封信，离家出走，和三位同学一起从日伪统治下的北平奔向大后方。1942年，齐越被西北大学外国语文学系录取，开始学习俄语，他经常大声朗读俄语，刻苦勤奋，很多俄罗斯古典名著片段都能背诵下来。在校期间，齐越和志同道合的同学们一起参加了中共地下党组织领导的秘密读书会"北方学社"，投身到了当时轰轰烈烈的学生运动中。齐越协助筹办《流火》杂志，后来又参加了西北大学比较大型的文艺团体"星社"。当时，"星社"经常举办进步文艺作品讨论会、诗歌朗诵会等活动，齐越的朗诵引起了同学们的强烈共鸣，他的朗诵才华得到展现。在西北大学学习期间，在文学和朗诵方面的实践为齐越以后走上播音岗位打下了良好的基础。

齐越身穿灰色棉军衣，左臂带着白底蓝字"军管会"臂章播音时的照片

1946年10月，齐越冒着生命危险，穿过国民党的封锁线，来到晋冀鲁豫解放区，加入了革命队伍，在晋冀鲁豫《人民日报》和新华总分社担任编辑工作。在这里齐越看到了自己一直以来追求的希望和光明，他一头扎进了革命事业中，并且坚信他的理想一定会在这里实现。由于革命形势的发展，广播战报、对国民党官兵讲话等广播内容不断增多，当时陕北新华广播电台的宣传工作需要刚劲有力的男播音员，经过挑选，1947年8月，齐越从新华总社语言广播部的编辑部调到了播音组，开始了他在话筒前的播音生涯。从此，齐越就把播音事业看成是党的事业，对党的事业怀着绝对忠诚之心，始终把党和国家的事业放在第一位来考虑。

积累时期（1947年—1949年）

战争年代，由于发射设备和收听设备的限制，再加上敌人的干扰，广播的质量并不是很好，因此语言清晰准确，让听众听清楚、听明白是传播的首要任务。1948年下半年，陕北新华广播电台相继制定了《播音手续》《编播发稿工作细则》《口播清样送审办法》等规定，对播音工作加以规范。齐越和大家一起刻苦练习基本功，锤炼语言功力，体现出精益求精的钻研精神和一丝不苟的工作作风。播出对字音要求尤其准确，连声调都不能出问题，对于发音不准的字词，大家互相纠正，平时加强练习。为了力争做到不出错或者尽量少出错，播音组经常组织传达重要文件精神，加强政策和时事政治学习，坚持从如何传达好稿件的思想内容和精神实质出发进行创作，不去想表现技巧、表现个人。每天收到稿件后大家经常一起备稿，注意力高度集中，一字一句都不放过，遇到疑难词句，坚持查字典，并标注在稿件上，遇到有错漏的文字，时间如果来得及就打电话给编辑部更正，否则，就改正播出。大家一起听播读，互相提意见，注意语言的锻炼。播出中，组织监听，如果有错漏或不流畅的地方都要认真记下来。每月把这些情况做出总结汇报编辑部，成了播音组的一种工作制度。

由于自身的刻苦练习，齐越的播音水平提高很快，不仅打下了良好的语言基础，而且很好地适应了话筒前的播音工作，他的播音准确流畅、爱憎分明、抑扬顿挫、震慑人心，出色地完成了党和组织交给的任务。在《中共中央关于一九四八年土地改革工作和整党工作的指示》的播音中，他准确流畅、一气呵成，没有播错一个字；在《对国民党军广播》节目中，他态度鲜明、语气到位，对敌军产生了强大的震慑力；在《人民解放军解放济南》《我三十万大军胜利南渡长江》播音中，他气势磅礴，展现了必胜的信心，鼓舞全国人民夺取最后的胜利；在《开国大典》直播中，他激情澎湃、声情并茂，把全国人民心中的喜悦和自豪传递给了全世界，体现出了大国风度和气派。经过这一时期的历练，齐越高效地完成了播音工作学习和适应的阶段，在创作上体现出了非凡的天分，并迅速走向成熟。

成熟时期（1949年—1966年）

新中国成立之后，国家进入和平建设时期，经历了战争年代的历练，伴随着建国十七年广播电视事业的大发展，齐越的播音创作渐入佳境，愈加成熟，迎来了事业的黄金时期。由于时代的不同和社会环境的改变，整个播音创作有了细腻的变化。齐越在这个时候也积极调整自己的播音创作以适应新的播音要求和时代需求。他的新闻消息播报更加成熟稳健，播出的很多消息深入人心，至今都脍炙人口，当时甚至是"齐越播新闻—呼台号就知道今天有多么重要的新闻"。同时，随着通讯稿件以及政论性稿件的增多，齐越很快掌握了播讲技巧，他的播音感情更加真实厚重，分寸更加准确鲜明，赢得了一致好评。他播出的《西藏的革命和尼赫鲁的哲学》《蒋匪窜犯大陆》等稿件分寸到位、张弛有度，具有高度的政治性和艺术性。

20世纪50年代,齐越和中央人民广播电台播音员潘婕在天安门城楼转播国庆节实况

1951年4月11日,《人民日报》头版刊登了作家魏巍采写的通讯《谁是最可爱的人》。文章发表后,引起了强烈的社会反响。齐越播出的《谁是最可爱的人》从战士的角度出发,体现着那一代人的风骨和血气方刚,为我们展现了一幅抗美援朝的立体画卷,极大地鼓舞了前方将士的斗志,也推动了后方人民的支前活动,"最可爱的人"成为大家对志愿军最亲切的称呼。1958年,齐越被下放劳动,农村的生活对他的身心是一种很好的磨炼。在那里,他和广大劳动人民接触更多了,贫苦的劳动人民朴实直率、坦诚敦厚,深深打动了他的心。进一步的深入群众,使齐越获得了新的生活体验,也为他的播音创作更上一层楼做了良好的积累。1966年2月6日,齐越播出了《县委书记的榜样——焦裕禄》,他饱含深情,全心投入,把焦裕禄身患重病还坚持战斗到最后一息的英雄事迹告诉全国人民,感人至深,打动了亿万人民群众的心。《谁是最可爱的人》《县委书记的榜样——焦裕禄》成为齐越播音生涯中经典的通讯代表作品。

曲折时期（1966年—1975年）

1966年5月，"文化大革命"开始，齐越被迫离开了心爱的话筒，停职反省，检查交代，并被安排在广播局设在京郊房山的农场劳动，离开了心爱的播音岗位，饱受身心的煎熬。

1972年，经周总理关心，齐越终于重新回到话筒前。经历了"文革"的磨炼以后，齐越的播音融入了更饱满更深厚的特殊情感，这些情感由内向外地通过有声语言流露出来，他的播音除了热情、真挚以外，更加凝重深沉，激情中多了内敛，

20世纪60年代，齐越深入生活，在农村与农民群众亲切交谈

深情中多了含蓄，可以说是倾尽心血，情声一体，整体把握，浑然天成。齐越先后播出了《王若飞在狱中》《把一切献给党》《大地的儿子——周恩来》《在彭总身边》《巍巍昆仑》《赤橙黄绿青蓝紫》《陈毅军长》等长篇革命回忆录、电影小说，《天安门诗抄》《挥手之间》《古罗马的大斗技场》等诗歌、散文等，这些深刻厚重、朴实感人的作品犹如一股清泉滋润着人们干涸的心灵，满足了当时人们心理的需要，在社会上引起了强烈的反响。由于有了切身体会，齐越对于历史回顾性题材创作把握更加深刻。在播《在彭总身边》时，齐越联想到自己的经历，感同身受，引发了自己的思考，深刻理解了彭德怀在大的政治变革当中所受到的打击和挫折。齐越的情感真实而厚重，把思想、感情、语言融为有机的整体，播出的内容有骨有肉。《在彭总身边》的播出获得了巨大的成功，齐越用他深

沉的情感再一次打动了所有的人。

教学时期（1975年—1993年）

1975年6月，齐越由中央人民广播电台播音部调北京广播学院（现中国传媒大学）新闻系播音专业任教师，他在教学上倾注了巨大的心血，对理论经验进行了进一步总结，成为我国第一位播音学教授，带领学生们进行了广泛实践，培养了一大批优秀的播音人才，为新时期的广播电视的发展培养了很多后备人才。到北京广播学院从事播音教学工作以后，齐越没有远离话筒，他抓紧一切机会播音，希望能够创作出更多的精品奉献给听众。随着年纪的增长，齐越对于播音创作有了更深的感悟。播音员不应追求表现个人的风格和技巧，而应当遵循有声语言艺术是创造性的体现作者或作品的风格的原则，准确地、恰如其分地表达文章的思想感情。播出任何稿件都既要表情，又要达意，二者不可分割，要在达意的基础上表情，意中有情，在表情中达意，情中有意，达到情真意切，情和意浑然一体。

1977年元月总理逝世一周年，在首都体育馆朗诵郭沫若词《念奴娇·怀念周总理》

在广播学院任教期间，齐越经常带着学生们深入生活，进行业务实践，帮助他们真正理解和感受稿件的精神和思想感情。齐越经常对播音员们说:"走出播音室,到群众中去,到我们的服务对象中去,拜他们为师,和他们交知心朋友;倾听他们的意见,广泛吸取营养,努力充实自己,使自己的思想感情和群众的思想感情融为一体。这样播音时才能把话说到听众的心里去,产生思想感情的共鸣。这是做好播音工作取之不尽的源泉。"与人民心连心,同呼吸、共爱憎,这就是齐越播音中激情的主要来源。

二、齐越的播音创作风格

在几十年的播音生涯中,齐越紧紧跟随着党的领导和指引,把毕生的精力都投入到人民广播播音事业中,他具有强烈的革命事业心,高度的政治责任感,他对待工作严肃认真、一丝不苟、积极进取,对待业务勤奋刻苦、勇于探索、精益求精。齐越的创作情真意切、真诚投入,从整体入手表现稿件的内容,放眼全局,宏观把握,他播出的作品准确鲜明、真实感人、激情飞扬、气势磅礴、豪放洒脱、令人振奋,充满抑扬之美,开创了"朗诵式"的播音风格。齐越的声音与他创作的作品在几代人的心中留下了难以磨灭的印象,在播音创作史上成为不可逾越的高峰。

(一)立场坚定

广播电视是教育、鼓舞全党、全军和全国各族人民建设社会主义物质文明和精神文明的最强大的现代化工具。这就是广播电视工作的根本性质和任务,播音员是党的新闻工作者,这是播音工作的性质和任务决定的。齐越深深地知道,播音员既是共产党员又是播音员,第一位是共产党员,既是新闻工作者,又是语言艺术工作者,要做一个合格的党的新闻工作者。在齐越眼里,小小话筒有千钧重,它载负着党的重托和人民的信任。正因为有了这样的思想,齐越提出了播音创作的总的指导思想和总的原则:播音员是党的宣传员,要站在党性和党的政策的立场上。从稿件的内容和形式出发,具体稿件具体分析,从对稿件的深刻理解和感受中产生积极的播讲愿望，引发是非分明、爱憎分明的态度、感情，以此贯穿全篇播音。同时，语言技巧要贴切，为表情达意服务，准确、鲜明、生动地传达稿件精神实质，使掌握稿件的内容、形式贯穿党的宣传员的态度、感情和运用有声语言艺术尽可能完美地统一起来，以达到应有的宣传效果他的这一论述为我们今天制定正确的播音创作路线奠定了基础。

在1948年10月17日发表的《陕北台播音组关于训练和培养播音员的意见》中，提出了对播音员应该具备的三个条件：要有一定的政治水平；能操流利的普通话；相当于初中以上的文化程度及文艺修养。其中把政治水平摆在了第一位，还规定定期传达宣传方针宣传策略、有关业务的各种报告给播音组。当时播音组经常组织政治学习，每人负责报纸的一版，讲内容，及时准确地了解党的方针政策以及战局的形势。一方面提高政治素质，另一方面，对政治形势了解了，对毛主席的战略精神领会了，掌握了这些内容，才能在播音的时候不出错。齐越很注重加强政治学习，掌握时局的发展，并发动身边的同志一起学习，坚持坚定正确的政治方向，发扬艰苦朴素的政治作风，在他身上可以看到一种历史使命感和责任感。

从党的宣传员的身份出发，在逻辑分析的基础上给文章以符合党的标准和分寸的评价。这样就会产生具有高度思想性的创作态度，把这种创作态度贯穿于全篇文章中，随着传达文章的内容，从语调、语气当中表达出来，就不会就事论事。这是齐越在播音创作中始终坚持的基本出发点之一。时代在变化，齐越坚定的革命立场却丝毫没有改变。作为播音员，齐越在坚持自己的创作基点和出发点的同时，也在将这些观念传达给年轻的播音员们。正是因为齐越时时刻刻有了准确的政治把握，对大形势有了正确的认识，有明确的立场和责任，他播的新闻、消息、评论、文告等稿件才会让人在任何时候听起来都会觉得恰如其分、准确鲜明，才会让人听出党的政策和立场，国家的大政方针，而他本人也才能在播音工作岗位上几十年如一日勤勤恳恳地耕耘，成为一名合格的党的宣传员。

（二）表达精准

所有赋有感染力的语言，准确是最根本的。这个准确一方面是指语言的外在表达，即吐字发音、字词句段的准确，另一方面是指语言的内在表达，即抑扬顿挫、分寸语气的准确。齐越播音语言准确的含义也是两方面的——语言准确、分寸准确，这是齐越的播音创作具有时代感的基础。这不仅体现了齐越播音艺术创作良好的基本功，更是他对党的播音要求的深刻体会和严格执行。没有准确，其他的一切都谈不上。一篇好的播音作品，总的质量要求是：正确理解与准确表达的统一、体现风格与语言形式的统一，并且准确、鲜明、生动地表现稿件内容的精神实质。齐越在阐述"准确、鲜明、生动"的关系时说，第一是准确，第二还是准确，第三是鲜明，第四是生动。在播音中只有理解准确、感受鲜明，才能表达准确、表达鲜明。在准确、鲜明的基础上，力求生动，这样的生动才能充满活力，不是空空洞洞的。因此不论是褒还是贬，不论是抑还是扬，齐越的语言表达给人的感觉总是多一分则过，少一分则不足，十分贴切。

准确也是分层次的。齐越语言表达的准确是高层次的准确，他既能够按要求准确地做到一字不错，又能够理解稿件准确地表达不瘟不火，这是一种高水平的体现，同时也为其他同志树立起了高标准。

1. 语言清晰流畅

语言的清晰流畅是在任何时期的播音工作当中都要强调的基本要求，尤其在中国人民广播刚刚诞生的那段时期里，更加强调语言的准确清晰，更加强调语言的连贯流畅，字音准确不出错、语言连贯讲意思。中国古代艺术家讲究"行云流水，得其自然；天衣无缝，不着痕迹。"齐越的播音从容大方、丝丝入扣，有语言艺术的加工，又听不出痕迹，自然流畅。

战争时期，人民广播是随着解放战争的炮火而发展起来的，火药味比较浓，当时广播的主要任务是播战报、新闻、毛主席的文件、命令，播我们对时局的政治评论、中央的一些文件，以及对国民党官兵讲话，宣布俘虏名单等。通过广播，让人民群众了解战争进程，了解中央的方针政策，团结人心，鼓舞人们的战斗士气。在当时的情况下，对播音的要求很直接：第一，掌握好中央精神，把握好稿件的分寸；第

齐越在播音

二，不打磕巴，不念错别字，清晰流利。当时对于播音的字音准确是有严格规定的，就连声调也很注意。比如，"缴枪不杀"和"缴械投降"，这两个"缴"字就不是一个读音，在"缴枪不杀"中，它应该念阴平，而在"缴械投降"中，它就应该念上声。由于条件所限，当时的播音都不能录音播出，全是直播，往话筒前一坐，一张嘴，声音就要传出去，再加上当时广播事业才刚刚起步，语言学习和训练的方法还处在摸索阶段，不够成熟，因此要保证不播错一个字是非常困难的。播音员钱家楣同志讲到这段历史时说："这挺不容易的，所以那会儿，不念白字、不出错就是最好的了。"

1948年，齐越播出了《1948年的土地改革工作和整党工作》，准确地达到了中央提出的要求，没有播错一个字，圆满地完成了播出任务。在总结会上，当时的播音组组长孟启予同志指出，播音第一位的是准确，理解要准确，表达要准确。因此就要深刻理解稿件的内容，掌握它的精神和实质。准备得很纯熟，到话筒前思想高度集中于内容，播起来才能自如，语气才能自然。在播的时候，越是专心一意想着稿件内容，播音的感情、语

气也会表达得越好。否则，片面注意技巧，只动嘴、不动脑，顺口溜，反而要出毛病。孟启予的发言给了齐越很大的启发，总结会也成为齐越参加播音工作以来的一个转折点。从此，齐越更加明确了片面地追求播音语言形式的路子是走不通的，必须自觉地注意从稿件的内容出发。

2．分寸把握准确

语言的分寸往往影响到传播内容的主次、传递情感的浓淡、表达态度的差异，以及语言风格的区分。在分寸的把握上要避免"无足轻重"，要避免"过犹不及"。

解放初期，新中国的发展刚刚起步，广播在宣传党的政策方针、抨击一些不良思潮、凝聚人心开展各项建设等方面起到了很重要的作用。因此这一时期广播的很大一部分内容集中在评论和社论一类的文章，这样的文章往往触及社会绷得最紧的那根弦，一些比较敏感的话题、一些比较严肃的东西。这就要求感情、态度、立场要非常鲜明，分寸把握要非常准确。当时播出的很多政论性的文章，都是中央专门指定的人写的，政治性、政策性很强，在这种情况下要准确地掌握分寸不是很容易，既要严肃，又不能太生硬，既要力度，又不可显得太强硬，既要有讽刺意味又要表现出民族气节。尽管五六十年代还有一些政治运动，但是整个国家的主要精力还是集中在经济建设上，并且在这个时期也取得了一定的成绩，这些消息都通过广播传递给人们，新闻播音也要准确到位。"掌握分寸的过程，实际上就是播音员以马列主义、毛泽东思想的理论和党的政策为依据，对不同质的矛盾进行分析的过程，就是用不同质的方法解决不同质的矛盾的过程。"齐越在解放战争时期培养出来的那种对革命事业坚定的信念、必胜的信心，爱憎分明、疾恶如仇的情感，那种谈到我们的胜利能够鼓舞人心的、热烈的情感一如既往，为他掌握播音语言的分寸提供了良好的内心依据和前提。

20世纪50年代初期，齐越曾经播过一条两三百字的新闻，是有关"鞍山钢铁厂无缝钢管厂成立"的消息，至今还经常被人提起。在鞍山钢铁厂无缝钢管厂成立以前，我国还没有能力自己生产无缝钢管，全部都得靠进口。革命胜利以后，百废俱兴，人民群众都想把自己的国家建设得更好，这时候无缝钢管厂的成立无疑是一个鼓舞人心的好消息。播这条消息时，齐越将新闻的内容和当时的社会大形势结合在一起，分寸把握得当，既不喜形于色，又令人兴奋，听到这个消息后就会让人联想到祖国建设，联想到自己，就会有一种坐不住、想要做点什么的冲动。曾经在播音系任教的李越老师说："我是听了齐越的播音才从事播音工作的。"分寸的准确体现也有一定的播音技巧，重音、停顿、语气是齐越反复强调的，语气是核心，掌握重音和停顿是为了解决语气的问题。正确地找到重音，也就抓住了句子的实质，重音只是帮助传达语气，而不能单纯去点重音，这一点在对文章分寸的把握上是很重要的。另一方面，按照文章的逻辑，掌握逻辑顿歇，根据文章思想感情的发展，掌握心理顿歇，气口才会适当，语气才能确切，意思才能完整。

（三）态度鲜明

这里的鲜明主要是从播讲态度方面来说的。齐越时刻牢记了毛泽东、周恩来同志说的话，播音员播音要爱憎分明。在齐越的播音中总能听出他鲜明的态度，痛恨、关爱、批判、鼓励……疾恶如仇、爱憎分明，播讲立场很坚定，播讲对象很明确。在齐越几十年播音的创作中，任何时期他都保持了这种鲜明的是非分明、爱憎分明的态度，不曾改变，这使他的鲜明显得更为突出。在战争年代敌我对峙时有爱憎情感的表达，在和平建设时期有是非曲直的表达。正是因为这种"鲜明"，齐越在每个时代都准确地把握住了本质和主流，当好了党的宣传员。

是什么、为什么、对谁讲是播好新闻稿件的三要素，没有"是什么、为什么、对谁讲"这三个要素作基础，就去考虑怎样播，是找不到恰到好处的表达方法的，也就不能很好地传达文章的精神实质。战争年代，对敌军进行广播是播音工作中一项重要的任务，一方面要争取民心，一方面要瓦解敌人的军心，这也是战争形势发展到一定程度时的需要。因此，在播音中就要求播音员播讲态度要鲜明，要清楚对谁播、怎么播。稿件是要播给谁听的，对敌人还是对群众，对敌人是什么口吻，对广大的老百姓又是什么语气。播讲态度是由不同的稿件决定的，每篇稿件，每个节目又都是内容和形式的统一，这就要求我们既要把握它的内容，又要把握它的形式。稿件是齐越创作的依据，是齐越引发情感、确定态度的基础。从稿件内容和形式出发，就是说，既要分析稿件内容，又要研究稿件的形式，这样，才能找到恰如其分的表达方法。而恰如其分的表达方法，又反过来帮助我们准确地传达稿件的思想内容。既从稿件内容和形式出发，又从当前形势和人民群众的思想实际出发，对稿件进行具体分析，只有这样，才能做到心中有数，有动于衷，有的放矢。对敌人，齐越是毫不留情的，但他又不是一味地痛骂，也要让他们看到光明和希望。齐越曾经在人民广播电台《对蒋军广播》中广播了许多规劝国民党军官兵起义投诚的稿件或者喊话。中共中央宣传部部长陆定一打来电话表扬说："这个男声播得好，很有培养前途！"孟启予也认为，齐越的声音浓重宽厚，语调刚柔并济，适合播《对国民党军广播》节目，能够瓦解敌军斗志，使敌军弃暗投明。

不同的稿件有不同的分析，即使是同样一篇稿件，由于时间、地点等的变化，处理方法也不相同。齐越从对稿件的深刻理解和感受中产生积极的播讲愿望，引发是非分明、爱憎分明的态度、感情，以此贯穿全篇播音。播音员必须具备驾驭各种稿件的能力，而首要的是播讲愿望和稿件引发出的态度、感情，并将这种态度、感情贯穿全篇，这里符合稿件要求的态度、感情是播音创作的关键。构成人民广播播音风格的主要因素是爱憎分明的无产阶级感情，这是广播工作的根本性质和任务决定的。齐越曾经说过，是非分明、爱憎分明的态度、感情是播音的生命。尽管时代不同，是非标准不同，爱憎的内容不同，表达方式也有所不同，但只要社会上还有真、善、美和假、恶、丑的现象存在，就会有是非问题，就会有爱憎的态度和感情的表达。去掉爱憎分明，就等于去掉了播音的生命。爱憎分明，鲜明的播讲态度是齐越播音创作的核心。

齐越老师在播音

（四）情感真挚

"真"一直是齐越播音创作风格的核心。齐越曾经多次说过"播音要动真格的"，他在播音创作时用情很真很深，这是语言表达中一种高层次的情感的表达，情真意切、真实感人是他创作风格的核心，因为真实而感人，因为感人而更加真实。大家在谈到齐越的播音的时候都会说"有一种震慑力""激动人心""感情充沛"等这样的话，实际上这都是齐越真实情感真实流露的结果。齐越认为，语言技巧是表达作品思想感情的手段，受稿件内容、形式的严格制约，没有内在依据的滥用技巧或者卖弄技巧都会招致矫揉造作。齐越在不同的历史时期，所表现出来的情感是不同的，这是因为受到了当时社会大环境的影响，但有一点却是始终如一的，无论是大气磅礴还是感人肺腑，无论是慷慨激昂还是催人泪下，他的情感都是发自内心的，真实的、真心的、真切的、真诚的。在齐越充满真情实意的声音背后我们感受到了整个时代的气息。

1. 激情

齐越的播音生涯开始于战争年代，当时的播音创作是革命宣传文字的有声版，利用无线电传播的优势扩大影响力，为星火之势燎原推波助澜，播音员就是革命战士，播音创作就是战斗武器，在没有硝烟的战场上战斗，进行人心的较量、内力的比拼。当时的播音内容始终围绕战争形势展开，党内指示、战报、对敌讲话、记录新闻成为播音的重点，文艺节目比较少。在这种特殊的历史背景的影响下，齐越的播音总是充满一种激越之情，并不是一味地声嘶力竭地高喊，不夸张、有分寸，却能使人自然而然地从他的声音中受到感染、得到鼓舞，气势磅礴，豪放洒脱，对敌人是无形的威慑，对人民却是巨大的鼓舞。

1949年4月21日，由于南京国民党政府拒绝在国共双方代表团达成协议的《国内和平协定》上签字，毛泽东、朱德同志命令人民解放军渡江南进，将革命进行到底，解放全中国。就在当天，30万人突破了国民党经营了3个半月的长江防线。在镇江江阴段的渡江作战中，人民解放军曾于20日和21日战胜英国帝国主义和国民党的大队军舰的联合进攻。从1840年鸦片战争以来，中国人民第一次在帝国主义面前扬眉吐气！22日人民解放军已经有百万雄师渡过长江，直逼国民党的老巢——南京。多少年的革命胜利就在眼前！解放军战士在等待着最后冲锋的时刻，全国人民在等待着捷报传来！人民解放军的摧枯拉朽、不可抵挡之势早已使齐越振奋不已，他情绪高涨、心中畅快，播送的《我三十万大军胜利南渡长江》《人民解放军百万大军横渡长江》传到了千里之外的南京，"长江风平浪静，我军万船齐发，直取对岸，不到24小时，30万人民解放军即已突破敌阵，占领南岸广大地区。"毛泽东同志亲自撰写的捷报和那洪亮、有力的声音传遍了祖国的大江南北，对敌人产生了强大的威慑力。齐越的播音气势磅礴，情绪饱满，充满了必胜的信心，充满了热情和力量，更充满了革命的激情，听到的人无不为之精神振奋、欢欣鼓舞、勇往直前。

1949年10月1日,齐越和丁一岚登上天安门城楼,现场广播了开国大典的盛况。这是我国人民广播首次对全国进行重大政治庆典的实况广播工作,并由所有的地方电台联播。齐越精神抖擞、激情四溢,他不仅圆满地完成了持续6个半小时的实况广播工作,更让全国人民听到了多年来胜利的欢呼,让全世界人民听到了来自中国的声音!北平(北京)新

齐越在开国大典实况直播

华台通过开国大典前后的广播宣传,把全国亿万人民紧密连接在一起,长城内外群情振奋,大江南北欢声雷动,全国人民决心在中国共产党的领导下,为建设一个独立、民主、和平、统一、富强的新中国而奋斗。

2. 真情

建国初期人民群众沉浸在胜利的喜悦中,全国各方面的建设逐步展开。结束了多年的战争,人民群众都十分珍惜来之不易的安定的生活环境,都希望能为祖国的建设尽自己的一份力量。人们热爱中国共产党,热爱新中国,积极献身于自己的本职工作,献身于这个社会。对待工作一丝不苟、勤勤恳恳、认真负责已经成为一种全社会的普遍现象。在这种积极向上的环境中,涌现出了很多先进人物,他们在自己平凡的岗位上默默奉献,做出了不平凡的成绩。把这些人的先进事迹宣传出去,让人们学先进、做先进,形成更好的社会风尚,这个任务很大一部分由广播承担起来。

真挚的感情、旷达的心态不是用声音制造出来的,而是一种真诚的感受和心情,是深入具体地分析稿件,准确地理解和掌握主题,了解稿件内容与当前形势的关系以及它的针对性以后,发自内心的真实的情绪。时

代不同，播音作品不同，播音员也要调整自身的语言表达，去适应新的要求。人民广播在建国初期配合政治宣传报道相当出色，记述先进人物先进事迹的通讯增多了，通讯反映的是当时的革命战争和生产建设，表现的是先进人物的战斗风貌和革命精神，在创作中对播音员的情感表达要求更丰富、更细腻。齐越的通讯播音紧紧围绕着人做文章，他和英雄模范人物的思想感情息息相通，满怀革命激情，想英雄所想，急英雄所急，恨英雄所恨，爱英雄所爱，充满了饱满的无产阶级感情。《谁是最可爱的人》《中国工人阶级的先锋战士——铁人王进喜》《为了周总理的嘱托》《人民的好医生李月华》《活在人们心里的马老师》等作品经过齐越有声语言的表达，更加感人，具有了一种文字语言所没有的特殊的感染力。齐越的同事回忆，他准备稿子的时候，把感情渗入到里面去了，他认为应该怎样表达就怎样表达，他的感情绝对是真的，不是虚假的，也不是像有些人那样是唱出来的，他是发自内心的。情动于中而形于言，动真情才能行之于声，齐越在文章的播讲当中淡化了语言技巧的处理，更加注重情感的调动和融会贯通，贴近生活，表达出了一种感人肺腑的真情，正是因为"真"所以才催人泪下。

1959年国庆齐越、潘捷在天安门

1964年，周恩来同志讲到演革命的现代戏时曾经说过，人的改造、人的革命是个很关键性的问题。同样，无论播什么节目，播音员的思想感情和世界观、创作观都起着决定性的作用，要播先进就要学先进，要端正思想。要想使内容鼓舞别人，首先要让内容鼓舞自己，做到心口如一、言行一致，在鼓舞听众的同时，自己也要受感染，倡导大家学习的东西，自己也要学习。在向先进人物学习的过程中，同时也要在为党、为人民播音的实践中，使自己的思想感情同要歌颂的先进人物尽快地缩小差距。差距越小，越能把先进人物塑造得丰满，越能使稿件播出后产生强烈感染力和鼓舞作用。齐越认为再现先进人物形象的语言表达能力，只有不断深入人民群众火热的生活，从为党、为人民服务的立场出发，下苦功学习业务，坚持勤学苦练语言基本功，才能不断提高，运用自如。在实际生活中齐越也是这样做的，他处处学先进，严格要求自己，钻研业务，不怕吃苦不怕累。《谁是最可爱的人》中的志愿军战士、《县委书记的榜样——焦裕禄》中的焦裕禄、《中国工人阶级的先锋战士——铁人王进喜》中的王进喜、《为了周总理的嘱托》中的吴吉昌、《人民的好医生李月华》中的李月华、《活在人们心里的马老师》中的马金锁等等都是齐越学习的好榜样。齐越的播音有一种气壮山河的气势，但他也很擅长抒情，从他的语言当中人们会感受到他真实、细腻的内心情感。这其中并没有高腔高调，也没有豪言壮语，感情真实而深沉。

3．深情

在经历了"文革"以后，齐越的播音由热情、真切，转为越来越深刻厚重，激情中多了内敛，深情中多了含蓄，更加凝重深沉，可以说是倾尽心血，情声一体，整体把握，浑然天成。

1966年的10月，齐越被迫离开了他心爱的话筒，被安排在广播局设在京郊房山的农场劳动。此后五六年的时间齐越饱受身心的煎熬，其他的一切都可以克服，不让他播音是最让他心痛的。直到周恩来的过问，齐越才终于在"文革"后期被解放出来重新开始播音。1975年，到广播学院从事播音教学工作以后，齐越仍然没有远离话筒，相反，他更是抓紧一切机会去播音，希望能够创作出更多的精品奉献给听众。党的十一届三中全会召开以后，各项事业进入了恢复、发展和创新时期。在这个时候需要做的是重新摆正是非对错的天平，重新建立人们心中的相互关爱、良知与信任，重新唤起人们心中的热情和激情，全国人民都渴望听到打动人心、真情真意的声音。

随着年纪的增加，齐越对于播音创作本身有了更深的感悟。播音员不应追求表现个人的风格和技巧，而应当遵循有声语言艺术是创造性地体现作者或作品的风格的原则，准确、恰如其分地表达文章的思想感情。播任何稿件都是既要表情、又要达意，二者不可分割。要在达意的基础上表情，意中有情，在表情中达意，情中有意，达到情真意切，情和意浑然一体。齐越把逻辑思维同形象思维两种思维方式结合起来，相交相融，对于历史性回顾的题材把握起来就有切身体会，更加深刻。这种真正的理解才是成功表达出文章思想感情的根本。齐越的性格里面有很多和老一辈革命家相通的地方，在播《在彭总身边》时，齐越感同身受，引发了自己的思考，深刻理解了彭德怀在这个大的政治变革当中所受到的打击和挫折。齐越的情感真实而厚重，把思想、感情、语言融合成为有机的整体，播出的内容有骨有肉。《在彭总身边》的播出获得了巨大的成功，齐越用他的情感动了所有的人。至今齐越那些饱含深情的作品都让人回味无穷。

所谓"播如其人"，齐越忠诚爱党、爱憎分明，襟怀坦荡、表里如一，为人正直、严于律己，廉洁奉公、无私奉献，他崇高而执着的精神融会在他的播音创作中，他的播音创作也正是这种精神的充分体现和写照，他不仅留给我们大量的经典作品和理论经验，还为我们树立起了职业道德规范。齐越带给我们的是一种精神指引、一种力量推动，他激励大家奋起，锤炼语言功力，传播时代强音，为广播电视事业努力奉献。另一方面，齐越的播音创作经历了解放战争时期、社会主义建设时期、十年动乱以及改革开放几个不同的历史时期，他的播音具有一种鲜明的时代气息，反映了特定历史时代的风貌，他对于每个时代的精神都具有准确的把握，并且在此基础之上有自己主动、积极的发挥，这种发挥又将他对于时代的把握向前推进了一步，从他身上也折射出整个播音艺术创作对政治的把握、对时代精神的体现。从某种意义上讲，齐越的播音创作风格已经不仅仅是单纯的他个人的播音风格，更可以说是我们党和国家精神、民族风格的体现。

三、齐越播音创作的主要思想

（一）播先进、学先进[①]

无论播什么节目，播音员的思想感情和世界观、创作观是起决定作用的。播先进、要学先进。这并不是要求播音员必须达到先进人物的思想高度，具有英雄人物同样的英雄行为，才能播这类通讯；或者一定要将世界观彻底改造好以后，才能播好通讯。这种人是不符合唯物辩证法的。事物发展永无止境。播音员认识真理和改造世界观也永无止境，要把向人民群众学习当作一辈子的事，力求做到与人民同呼吸，共命运。改造客观世界必须改造主观世界，而改造主观世界又要在改造客观世界的过程中实践。播音是我们改造客观世界的一项日常实践。我们就是要在学习马列主义、毛泽东思想的过程中，在向先进人物学习的过程中，同时也要在为党、为人民播音的实践中，使自己的思想感情同要歌颂的先进人物尽快地缩小差距。差距越小，越能吧先进人物塑造得丰满，越能使一篇通讯播出后产生强烈的感染力和鼓舞作用。

还有人认为，播通讯要有丰富的语言技巧，自己的语言表现能力不

---

① 节选自1973年《在职播音员学习班》发言《播先进　学先进——播通讯的点滴体会（一）》，齐越，《献给祖国的声音》，中国广播电视出版社，1991年1月第1版。

高，要想播好通讯难上加难。

我们的工作是通过有声语言准确、鲜明、生动地再现稿件的思想内容，使它产生感染人、教育人的效果。通讯类稿件再表达手法上灵活多样，尤其是文艺性强的以写人记事为主的通讯更是如此。的确，播这类通讯，首先要有饱满的感情，其次也要有较强的语言表现能力。通过准确表达思想内容的语言技巧，把用文字表达不出来的感情、语气加以补充和渲染，把写在纸面上的事件、人物、情节等绘声绘色地再现出来，使听众闻声如临其境，如见其人，达到情声并茂的境地。要想达到这样的效果，光有饱满的感情，光有再现先进人物的强烈愿望是不够的，必须有达到这种效果的手段——再现英雄形象的语言表达能力。这种能力，不是生来就有的，更不是关着门钻研出来的。这种能力，只有不断深入人民群众火热的生活，从为党、为人民服务的立场出发，下苦功学习业务，坚持勤学苦练语言基本功，才能不断提高，逐渐运用自如。离开正确的政治方向，离开生活实践，单纯追求语言技巧，就会使播音业务走进死胡同。

我们一方面要反对不问政治迷失方向的倾向，一方面也要反对轻视播音实践，以为不掌握语言基本功，不经过千锤百炼就能播好音的倾向。

1. 解决"开始进不去"的问题

当前播通讯普遍存在的问题是开始进不到稿件内容中去。我们听广播也有这样的感觉：一篇通讯的开头，本来是很吸引人的，但播出来总是抓不住人，不能引人入胜。这是什么原因呢？具体情况要做具体分析。

一种情况是不重视通讯的开头，认为开头无关紧要，主要内容在后面，所以只在主体部分下功夫，忽略了通讯的开头。

我们知道，开头是一篇通讯不可缺少的组成部分。开头，就是指作者从什么问题写起，从哪里下笔。它是全篇的第一步，和全文血肉相连。因此，掌握好通讯的开头，是播好全篇通讯的第一步。这一步迈得好，能使自己的思想感情一开始就融会于内容，把握住全篇的基调，步步深入揭示主题思想，并立即把听众吸引到收音机旁，使他们非听下去不可。有的通讯，开门见山，一开始就直接揭示主题，播时掌握得好，一下就把听众注意力集中到主题上，使他们很快地了解全篇的思想内容。所以说播好通讯的开头，很重要，忽略不得。

第二种情况，有个别同志把通讯的卡头播得平平淡淡、干干巴巴。他们认为，播通讯时，没有必要从一开头就贯注以应有的激情，因为听众还没有看过全篇稿件，播音员一开始就那么"激动"，人家不易接受。所以播音员应当设想，自己和听众一样，也没有读过这篇通讯，自己一边播，一边和听众一起欣赏，慢慢地把听众"带进来"。通讯的开头只起一个"引子"的作用，只要播清楚就行了。

我认为这种想法是不对的。首先要明确播音员是担负着宣传马列主义、毛泽东思想的任务的。我们所播的通讯稿件大多事前做好准备，是在通读全篇，反复分析理解以后才播出的。既然如此，为什么非要设想我们"没有读过""一边播，一边和听众一起欣赏"呢？况且形式是为内容服务的。我们的任何设想都不能离开稿件的主题，更不能忽略我们的宣传任务。通讯稿件的主题要求播音员从第一句话开始就要赋予必要的感情色彩。我们这样做，不会使听众觉得我们播的通讯开头太过火、太突然。他们听广播并不是为了单纯地欣赏，主要是从中领会党的路线和政策，受到通讯中先进人物思想行为的感染，汲取前进的力量。搞过几年播音工作的同志可能都有这样的体会：每当我们播一篇重要的稿件时，从一呼台号，感情、基调就和播一般的节目有所不同。这时，听众并不觉得不易接受，反而更迫切地继续听下去。这样，播通讯的开头，也要从第一句话起，就准确、鲜明地表达出播音员对其中人物或事件应有的态度、感情，而不能平平淡淡地客观叙述。

第三种情况是对于通讯开头不进行具体分析，不同的开头没做不同的处理。这也是开始进不到稿件内容中去、抓不住听众的原因之一。

有的通讯的开头，开门见山，直接揭示主题。我们在播送这类通讯时，要把听众的注意力一开始就集中到主题上，吸引他们非听下去不可。要做到这一点，播音员必须首先从全篇内容出发对主题有深刻的理解，被报道的事件和英雄人物的言行深深感动，并联系当前形势和实际，准确把握宣传的针对性，激发起强烈的播讲愿望。这样，播音员才能在通讯的开头就有的放矢地贯穿以应有的激情，把主题鲜明地表达出来。

2．解决"播得散"的问题

我们常常听到这样的反映：这篇通讯"播得散"，听来"一大片"，给人印象不深刻。这是什么原因？

这种情况，有时是由于偷懒，没有严格按照播音的方法去分析、组织和掌握稿子内容。简单地说，这个方法就是，从文章的全局出发，逐段、逐句分析思想内容，准确把握主题。根据主题这条线，把内在联系紧密的自然段合并为几部分，每个部分又划分若干单位，每个单位再划分出层次。然后分清主次，找出重点，掌握层次、段落之间承上启下的过渡句或过渡段的内在联系。用我们的行话说，就是串成线，抱成团，连成片。只有认真做好这步工作，播时才能心中有数，从头到尾一条线，中心思想贯全篇，主次分明，重点突出。无论是评论，还是通讯，都要进行这项基本工作。不同的是评论类的稿子是按照罗杰推理或问题性质来划分段落和层次的；通讯类的稿子一般按照情节的发展或事件发生的先后来划分段落和层次的。不同体裁，分段的方法不同。我们在分析一篇稿子时，要从不同体裁的具体情况出发，把各个自然段重新组合。重要的是在实践中坚持运用，越用就越熟练，越发尝到甜头。我的经验是：越是长篇通讯，越要在战略上藐视它的长，在战术上重视它的长，运用这样的方法逐句逐段分析、组合，一口一口地啃，把它的长转化为短，播时又要用主题把它们贯穿起来，集短为长，一气呵成。这样才不会把一篇通讯播散。如果偷懒、糊里糊涂念两遍就去录音，自己脑子里一大片，层次不清，重点不明，那就必然会把稿子播散。

有的同志所以播得散，还有其他种种原因。有的可能是习惯于播单词、单句，不善于掌握语句的内在含义来传达完整的概念或情节；有的可能是不注意段与段之间的内在联系，单独一段播得还完整，段与段之间却断了线；有的是从字面上追求色彩，在一些段落、语句上着意渲染，而忽略了整体的有机结合；有的只注意语气的灵活多变，忽视了基调的统一；还有的播音时间久，"油"了，稿件内容不再通过思想，语言定型，把播音当成机械活动。所有这些原因，都会把通讯播得松散。要解决这些问题，就得抓住主要矛盾对症下药。

3. 解决"播得平"的问题

解决"平"的问题，首先要解决一个认识的问题。有人认为宁可平点，也不要过火，平时扎实，过火是做作，听来难受。

这个看法有片面性，是为"播得平"找借口。抱着这种看法播通讯，就会束手束脚，不能大胆实践，勇于创新。是否可以这样说：既不要平，也不要过火，要分寸适当，恰到好处。"平"并不等于扎实，只有从内容出发，用切合内容的各种表达手段，准确、鲜明、生动地传达出通讯的主题首先，才能说是扎实。

也有人认为，通讯写的是真人真事，跟小说不一样，播得过了火，就失去真实性，所以宁可平点，不要花里胡哨的。

通讯不是文学创作品，必须真实，不允许虚构，要求准确、真实地反映现实。但强调真实并不等于生活的机械照相，而是反映生活的本质。例如《中国工人阶级的先锋战士——铁人王进喜》这篇通讯……运用叙述、描写、议论、抒情等多种多样的表达手法，准确、真实、生动地反映出铁人形象和铁人精神。我们播送这样的通讯需要饱满的激情，也需要运用再现英雄形象的有声语言的多种多样的表达手法。有时为了渲染气氛，突出形象特征，在不违反真实性的原则下，适当的夸张是必要的。

播音是一种再创造，不能脱离稿件的内容和体裁。播通讯和播小说有所不同，但也不是水火不相容的截然分开。从分析、理解稿件内容入手的方法是相同的，表达手段和语言技巧的运用虽有不同之处，但也可互相借鉴，不应局限在一个狭小的圈子里。借鉴要注意结合通讯的特点，不能生搬硬套。不管播什么，卖弄技巧，花里胡哨是要不得的，而怕过火，就不去掌握和运用多种的丰富多彩的语言技巧，使之准确地传达内容，只是满足于平平板板地念书式播音，也是不对的。

我们在播通讯方面，当前主要的问题是平，而不是过火。"宁可平点，不要过火"的想法应当解决。主要是从内容出发来运用语言技巧，就不要怕过火。即使过了火，也可以总结经验，加以纠正。通过实践找到更切合分寸的表达方法。怕这，怕那，"怕"字当头，是不会有所突破、有所创新的。要解放思想，大胆实践。

认识问题解决了，还要解决具体问题。这里提出几点意见共同探讨：

解决"播得平"的问题，首先要解决感情问题。播音员具有饱满的无产阶级感情，是播好一篇通讯的关键。播音员在播通讯时，要设想置身于所描绘的情境和事件之中，设身处地地去体会、去参与，不能做站在一旁、无动于衷的旁观者。要满怀激情，想英雄所想，急英雄所急，恨英雄所恨，爱英雄所爱。抱着向英雄学习的强烈愿望，做到在思想感情上同呼吸，共命运，息息相通，心心相连。这样才能把全篇通讯播得生动感人。只有当稿件内容所需要的爱憎分明的真实感情产生时，才能在播出的语调中自然流露出来；只有播音员自己被稿件内容深深感动时，才能使传达的内容感到听众。

解决"平"的问题，要对通讯中的具体人物做具体分析，准确掌握英雄人物的性格特征，下功夫加以刻画。

通讯中的无产阶级先进人物的形象都具有一定的典型意义，每个英雄形象既是典型，同时又有鲜明的个性，达到了共性和个性的统一。我们分析通讯中先进人物形象时，既要掌握英雄人物的本质，又要通过典型事件、典型情节的分析，掌握英雄人物的性格特征。

不同的典型事件、典型情节反映出英雄人物不同的性格特征，赋予全篇通讯以不同的内在节奏。播音员只有牢牢掌握这一点，才能把英雄人物的形象树立起来，而不会把每篇通讯播得雷同，一道汤，一个味儿。

解决平的问题，还要处理好通讯中景物描写和英雄人物的思想感情的关系。通讯中的景物描写，是为抒发英雄人物的思想感情服务的。情和景的关系是辩证统一的。一方面，英雄人物的感情是一定的斗争环境的产物；另一方面，景物的描写和环境的渲染又是为刻画英雄人物提供典型环境，是为揭示英雄人物的内心世界服务的。因此，我们在播通讯时，不能把景和情分开，不能为描景而描景，而要使描绘景色为表现主题思想和揭示人物的思想感情服务，达到寄情于景，以景衬情，情景交融。

解决平的问题，还要在具体、深入地分析稿件的基础上，从情节的发展和内容的起伏出发，找到确切的抑扬顿挫的表达手段。文章的起伏是由矛盾引起的，没有矛盾，就没有起伏，分析时要抓住矛盾。在播通讯时，语言技巧的运用，是根据情节和人物思想感情的发展变化决定的。我们要学会掌握语言技巧的辩证方法：语调的高与低、速度的快与慢、声音的强与弱，都是对立统一的两个侧面。没有低，就没有高；没有慢，就没有快；没有弱，就没有强。不要片面地认为只有高调、快速、强音才能表现激情。这要看稿件的内容，在规定的情境和一定的条件下，激情恰好要用低调、慢速来表达。总之，要从内容出发，使语言技巧为传达稿件的思想内容服务，使声音的强弱、语调的抑扬顿挫与稿件内容的波澜起伏相吻合，达到"革命的政治内容和尽可能完美的艺术形式的统一"。这种统一的程度越高，主题思想表达得就越深刻，英雄人物的形象就树立得越丰满，播音的感染力也就越强。当然，这并非一日之功，需要经过长期锻炼和反复实践才可以达到。

通讯是常见的一种新闻体裁。一篇好的通讯，对人民有极大的鼓舞和推动作用。它在反映当前的革命斗争，表现先进人物的战斗风貌，在宣传马列主义、毛泽东思想等方面，起着重要的作用。我们一定要千方百计解决当前播通讯中的"平""散""进不去"的问题，让每一篇通讯都发挥出应有的战斗作用。

通讯的种类很多，各有各的特点，内容不同，形式、风格不同，表现主题思想的手法也不同。播音员要想准确、鲜明、生动地表达各类通讯的主题思想，就必须从内容出发，学会对于具体稿件进行具体分析的方法，才能找到切合稿件内容和风格的表现手法。没有分析，就没有区别；没有区别，就没有创造。我们播音工作的创造性就在这里。

值得注意的是，我们播音员对于写得好的通讯往往十分重视，而对于多数写得并不那么出色的通讯，却重视不够。其实，一般的通讯，因为写得较平或较散，更要加倍重视。我们经常碰到的是大量一般水平的通讯，对于这些通讯，更要用气力，通过我们的再创造，使之增色，以争取更多的听众，产生较大的宣传效果。

我们播音员是党的宣传员，我们应当有高度的革命责任心，在业务上刻苦钻研，一丝不苟，千锤百炼，精益求精，才能不断提高我们的播音水平。那种幻想一锤子打出个高水平的侥幸心理必须扫除干净。想走捷径，怕用力气，是不可能播出高质量的节目来的。

对于具体稿件进行反复深入的具体分析，是要用力气的。回顾一下，我们在准备和传达稿件的过程中，是不是任何时候都是从内容出发，用气力地进行反复深入的具体分析呢？不是有时也滑到唯心论和形而上学方面去吗？从"个人爱好""个人感情""个人灵感"等出发，可以说都属于从自我出发之类；脱离内容耍弄声音技巧，以不变的强调应万变的稿件，模仿别人的语调，起伏变化随心所欲等，可以说都属于形式主义和自然主义之列。无论从自我出发，还是从形式主义出发，都是最省力的，这些都属于"非人民大众非无产阶级的创作情绪",容易滑到唯心主义和形而上学方面去。

播音工作是党的广播宣传事业的一部分,是一种再创造活动,因此,必须开展两种世界观、两种创作观的斗争,扫除"非人民大众非无产阶级的创作情绪",发扬无产阶级的创作情绪,提出马克思主义的创作精神。这是我们共同努力的方向。

(二)感情真实有分寸[①]

1. 抓准主题贯穿全篇

究竟怎样才能准确地把握一篇通讯的主题呢?

播音员拿到一篇通讯后必须用马克思列宁主义、毛泽东思想的立场、观点和方法分析,不能就事论事地分析。这样,才能透过现象把握住本质;才能把住政策口径,堵住那些不符合党的政策的口径问题;才能十分准确地掌握住主题。如果播音员拿到一篇通讯后,不是正确地理解这篇通讯的主题或者产生了和这篇通讯的主题背道而驰的想法,那就不可能用正确的态度和基调来播送这篇通讯。所以,我们必须学会用马列主义、毛泽东思想的立场、观点和方法去分析稿件,而决不能站在资产阶级、小资产阶级的立场去分析。只有正确地理解主题,才能准确地表达主题。

要准确地抓住一篇通讯的主题,必须逐段、逐句、逐字进行深入地分析。

分析一篇描写英雄人物的通讯,准确地把握住主题,把英雄人物的优秀品质提到无产阶级本质来认识,就能激发起我们学习英雄、转变我们自己世界观的决心。因此,分析、理解、掌握主题的过程,就是我们向英雄人物学习的过程,就是提高我们思想觉悟的过程,也就是今后我们应当走的道路。

---

① 节选自1973年《在职播音员学习班》发言《感情真实有分寸——播通讯的点滴体会(二)》,齐越,《献给祖国的声音》,中国广播电视出版社,1991年1月第一版。

我们播人物通讯的时候，在抓住主题的过程中，要解决我们自己的思想感情和英雄人物思想感情之间的差距问题，这个差距越缩小，我们对英雄人物的歌颂、塑造才能更丰满。准确地理解主题是第一位的。只有在准确理解的基础上，才能够表达得鲜明、生动。离开出题去追求外在的生动，那只是为生动而生动，达不到应有的宣传效果。

我们要从每篇通讯具体实际出发来分析主题，不能脱离它的具体实践空讲道理，空谈观点，或者不做分析就先下结论。侧重于写人物的通讯，要对所写的具体人物进行具体分析，从分析中概括出先进阶级的崇高思想，提炼出主题。对于通讯中的人物进行分析，就要抓住英雄人物在解决主要矛盾中的作用……

另外，在分析稿件时，还要注意作者对人物的评价如何，作者用什么样的感情评价人物，哪些是作者议论和抒发感情的地方。

……

侧重于记事的通讯，要从分析事件入手，细致地分析事件的来龙去脉，前因后果。也就是说，要抓住这篇通讯的主要矛盾和矛盾的主要方面来进行分析，挖掘出解决矛盾的规律。这样就可以准确地把握住记事类通讯的主题。

2. 感情真实有分寸

播一篇通讯，要想把主题贯穿于全篇，就要靠播音员准确地把握住主题以后，用跟作者一致的、合乎分寸的、对人物和事件的真实感情来传达。只要深入具体的分析稿件，准确地理解和掌握主题以后，才会产生正确的感情和态度。同时这篇通讯在现在播放的意义，跟当前形势的关系以及它的针对性，从而产生积极的播讲愿望。真实的感情（我们这里说的是无产阶级感情），不是用声音制造出来的。常常有这样的情况，对一篇通讯没有认真分析，没有很好的抓住主题，而是光用声音使劲扯开嗓子播，实际上并不能把通讯所要求的内在感情表达出来。感情要求分寸合适，恰到好处，不能随心所欲。

3．基调统一有变化

基调也就是表达主题的基本语调。当我们找准了主题有了正确的感情、态度来传达主题以后，就会形成播这篇通讯的一个统一的基本语调。这一点正是播通讯所要求的。当我们准确地掌握了主题并经过通篇的分析，把主题贯穿于全篇，同时对人物和事件我们也产生了正确的感情和态度，在这样一个基础上就会产生正确的语调、基本的语调。所以语调的形成主要是决定于播音员的思想感情，而不能捏造或模仿。

播一篇通讯时要有统一的基调。在统一的基调上有多种多样的变化，用以表达感情，表达通讯的思想内容。既要注意语气的灵活，又不要忘记语气的统一。语气变化而不统一，没有统一全篇的基本语调，就会杂乱无章，就会给人以支离破碎的感觉。语气统一而无变化，就会形成铁板一块。所以，统一中要有变化，变化要服从统一。

我听说有这样的说法："我们准备稿件没那么多时间，有时稿件一遍也没看就拿去录，或者有时只能看一遍。"有的说："稿件一遍也不看就能播好，这才是本事。"我不相信一遍稿也不看就能播好，这种"天才"恐怕是没有的。我们播音员如果不在稿件上下功夫，不养成分析的习惯，不按照正确的创造方法去掌握稿件，一遍不看就能播好稿子，这是不可能的。我觉得这里的根本原因还在于怎样对待播音工作：是把自己当成党的宣传员，还是把播音工作看成是纯粹的技术性的工作。当然，也可能稿件发不出来，备稿时间紧。越是这种情况，越要准确、及时地把稿件播出来。掌握播音的基本原则和方法，养成分析习惯，把创作的路子走对，即便在时间很紧的情况下，看一遍稿子也能抓住主题，正确地掌握住应该贯穿的感情和态度，找准基调。如果根本不这样做，即使看上十遍、八遍也不会处理好，听起来仍是千篇一律。因此，我们必须端正创作态度，用马克思主义的创造观来指导我们的实践，避免走入形式主义和自然主义的歧途。

（三）齐越和青年朋友谈播音①

1981年，齐越在河南电视台作播音示范

齐越老师在播音岗位工作的时候，还没有《中国播音学》等与播音相关的成熟理论体系，但是他却通过自己的实践经验总结出了许多播音创作的规律，正是这些规律为中国播音学的诞生打下了坚实的基础。以下是齐越老师和青年朋友谈播音时总结的经验。

1. 在话筒前播音，我感到幸福

我常常收到青年朋友的来信或接待来访。他们中间，有的正从事播音工作；有的向往着做个播音员。他们向我提出各种各样的问题。这里，《广播之友》（《中国广播报》的前身）约我就几个问题，从我的经历和切身感受出发，和青年朋友谈谈心。

青年朋友！你们问我，为什么每次播音都那么激情饱满？我的回答是：在话筒前播音，我感到无比幸福。

---

① 《广播之友》，第10-28期，1985年。

解放战争初期，党派我到陕北新华广播电台做播音工作。背起背包临行之前，新华社副总编梅益同志握住我的手说："我们的广播代表党中央发言，传播真理的声音。话筒前播音，很重要！你一定要做好这个工作。"从此，我开始了用声音在话筒前战斗的生活。那时，我也是像你们这样的青年人。

在播音工作的实践中，我逐渐认识到人民的广播传播马列主义、毛泽东思想的真理，宣传党的纲领路线、方针政策。党中央文件、毛泽东著作、领导人讲话，我有责任首先学习和广播。从中我受到深刻教育和鼓舞。

人民的广播，无论在革命战争年代，还是和平建设时期，都是宣传人民创造历史的胜利，为革命浴血奋战的英雄业绩，无私无畏、顽强奋斗的献身精神。所有这些内容，时刻激励着我，使我在播音中充满自豪感和强烈的播讲愿望。

小小话筒千钧重。它载负着党的重托，人民的信任。三十多年来，党的教育策励着我，人民的胜利鼓舞着我，严格紧张的工作锤炼着我，促使我坚守自己的岗位。每次到话筒前播音，我总感到幸福，一种说不出的内心幸福。

青年朋友们！珍惜这个岗位吧！热爱这项事业吧！我相信，你们也会感到在话筒前工作是无比幸福的。永远保持这种幸福感，它将赋予你的播音以饱满的激情。

2. 做一个合格的党的新闻工作者

爱好播音的青年朋友来信问：播音员是文艺工作者，语言工作者，还是新闻工作者？我的回答是：播音员是党的新闻工作者。这是播音工作的性质和任务决定的。怎样才能做一个合格的党的新闻工作者呢？对于播音员来说，我认为主要从以下四个方面努力：

第一，努力学习马列主义、毛泽东思想和党的方针政策，不断增强政治敏感，提高政策水平；永远不要忘记用党性的高标准要求自己，想党所想，急党所急；既要认真学习、宣传党的方针政策，又要身体力行；宣传要别人做的、自己也要努力去做，宣传要别人不做的、自己也坚决不做；心口如一，言行一致，不能说的是"一朵花"，做的是"豆腐渣"。

第二，坚定不移地深入实际生活，拜人民为师，向人民学习，不断改造思想，增强无产阶级感情；永远不要忘记从人民群众中吸取政治营养充实自己，爱人民所爱，憎人民所憎，和人民群众同呼吸、共命运。对于人民群众中的新思想、新事物要有深刻的感受，才能在广播先进人物事迹时产生真挚的感情。

第三，努力提高文化水平，不断扩大知识面。当然，尤其要注意知识的更新，要学习现代化的经济、科技知识，以适应广播宣传的需要。要想做到播任何节目、任何稿件都能心中有数，就要把功夫用在稿件之外。平时勤学苦练，用时才能得心应手。

第四，下苦功学习语言。首先向人民群众学习语言，学习他们的真挚朴实、形象生动、活泼有力的语言，改变千篇一律的播音腔。另外，还要结合播音工作的实际，学习电影、戏剧、曲艺等语言艺术，合理地运用和借鉴，以更有利于准确、鲜明、生动地表情达意。在这方面也要下苦功夫，才能真正学到我们适用的东西。

青年朋友们，有声语言是播音员用来表情达意的唯一手段，必须熟练地掌握它，运用自如，才能更好地为人民服务，语言基本功的锻炼要持之以恒，从实际出发，缺什么、补什么，短什么、练什么。有了日常的艰苦积累，才有播音创作中的自由天地。我主张播音员成为广播宣传工作中的多面手，能播、能采、能编。在播音方面要全面掌握，一专多能，百花齐放，百家争鸣。

3. 播音是创造性劳动

有些青年朋友向往做个播音员，他们寄来录音带让我听。他们一般都把播音工作看得很容易、很轻松，以为只要有一条好嗓子，能说一口普通话，会念念稿子就行了。这是将播音看成纯技术活动。好嗓子，标注普通话，较高的文化水平，这是从事播音专业的起码条件。而会念稿子，却不是简单地念字出声，其中大有讲究。我们知道，播音员播的稿件一般不是自己写的。可是，为什么有的播音听来不是念，而是在说，就像面前没有稿子一样，播得那么情真意切、引人入胜？为什么有的播音听来十分吃力，或掠耳即逝、不知所云，或装腔作势、难以入耳？

这是因为播音员将别人写的稿子变成自己想要说的话，把文字作品转变为有声语言，不是照字读音的简单过程，而是比较复杂的再创作过程。这个过程就是：深入理解——具体感受——形之于声——及于受众。也就是说，播音员要具备理解和感受稿件的能力、有声语言的表达能力、话筒前工作的能力、联系听众了解听众的能力。这些技能的获得，需要付出艰苦的劳动，需要长期的认真实践和勤奋学习。这是播音再创作的基础。

在日常工作中，广播节目或稿件多种多样，各有各的特点。内容不同，形式、风格不同，对象不同，要求播音员形之于声的表现方式也有所不同。这就要从稿件出发，对具体稿件进行反复深入地具体分析，才能找到切合稿件内容和形式的表现方法。播音的创造性就在这里。没有分析，就没有区别，就没有创造。广播稿件从准备到播出是以分秒计算的。播音员对稿件的分析理解和表达设想在限定的短时间内进行的，是一种紧张的思维活动，需要动脑筋、用气力。

当前，有一种流行的论调："什么分析理解呀，老一套！干吗费那么大劲！稿件一遍不看就能播好，这才是真本事！"我认为播音员如果不在稿件上下功夫、用气力，不养成分析的习惯，不按照正确的创作原则和方法去掌握稿件，一遍不看就能播好，这是不可能的。当然，在工作中有时会遇到立即播出的紧急稿件，连看一遍的时间都没有，播音员如能适应这种情况，准确及时地把稿件播出去，的确是一种本事。但这不是靠天才，也不是凭灵感，而是刻苦钻研、认真实践的经验和技能日积月累的结果。

4. 指导我播音创作的基本原则

青年朋友问：关于播音创作的基本原则说法不一，究竟何以为准？我认为这是一个如何认识和掌握播音工作客观规律的问题，不仅要从理论上探讨，还要通过实践来检验，使它不断充实和完善，形成科学的体系。这是每个专业人员的责任。

这里，我想谈谈我的观点，纯属一家之言，仅供参考。

指导我播音创作的基本原则是什么呢？

我是党的新闻工作者，要站在党性和党的政策的立场，从稿件的内容和形式出发，联系当前形势和人民群众的思想实际，对具体稿件做具体的分析；从对稿件的深刻理解和真实感受中把握主题思想，明确宣传目的，引发态度感情，贯穿全篇播音。同时，十分贴切地运用有声语言技巧来表情达意，和听众进行感情交流，力求情、意、声的和谐统一，准确、鲜明、生动地传达稿件的精神实质，达到预期的宣传目的。

党性和党的政策的立场，统帅播音创作的全过程。播音员的党性强，政策水平高，热爱生活，对稿件的理解和感受就会更深，态度更鲜明，感情更真挚，表达会更准确而有分寸。

从稿件的内容和形式出发，就是既要分析稿件的思想内容，又要研究稿件的体裁、风格和表现形式。这样才可能找到形之于声的贴切的表达方式，从而更准确地传达稿件的思想内容。

情、意、声的和谐统一，就是要在达意的基础上表情，从表情中明意，达到情真意切，情意浑然一体。因此，无论播什么稿件都要运用两种思维方式，即逻辑思维和形象思维，不能把二者对立起来或割裂开来。有声语言技巧是播音员表达思想感情的唯一手段，它收稿件内容、形式、播讲对象的制约。有声语言只有和思想感情结成血肉相连的有机整体，才能情声并茂，产生感人的力量。离开准确的表情达意的目的，滥用语言技巧或卖弄声音，都会破坏情、意、声的和谐统一。

准确、鲜明、生动，准确是第一位的。在播音中，只有理解准确，感受准确，才能表达准确、鲜明；在准确、鲜明的基础上力求生动。这样的生动才会充满活力，不致华而不实。

青年朋友们！成功的播音是坚持正确创作原则的结果，是播音创作诸因素形之于声的综合表现。我从长期实践中认识到，在宣传目的指引下，能否善于准确把握主题思想，将它融贯通篇，往往是一次播音成败的关键。正确理解主题思想而产生的正确态度、真实感情，连续不断地表露在每一句、每一段中间，才可能把主题思想贯穿于全篇播音，引起听众思想感情的共鸣。

5. 稿件是我创作的依据

播音的再创作是以稿件为依据的。有的青年播音员认为"稿件把自己捆得太死了，限制了创造性的发挥"。于是，他们便无视稿件的内容和形式，随心所欲地来表达。我认为这是不对的。

我们知道，播音工作和作品的改编或翻译，与影视片的配音或解说等劳动一样，都属于再创作范畴。在创作过程中都要忠实于原作，受主客观条件的制约，有一定的局限性。这种局限性是和创造性相对而言的，正因为存在着局限性，才需要发挥创造性。没有局限性，也就无所谓创造性。

从播音员和稿件的关系来看，稿件质量是第一位的。而一篇好稿子，一个好节目，能否取得应有的宣传效果，往往要看播音员的创造性发挥得如何。播音员可能为稿件锦上添花，播得引人入胜；也可能将稿件播得支离破碎，听来索然无味。

我参加播音工作以来，党一贯教育我要忠实于原稿，既要忠实地传达稿件的思想内容和精神实质，又要准确无误，不出任何差错。记得我在陕北新华广播电台播出《1949年的土地改革工作和整党工作》指示时，毛主席曾批示："此文件不要播错一个字。"当时我争分夺秒地认真准备，全力以赴地播出3300字的文件没有播错一个字。但在进城以后的播音中，我未能一贯遵守这一准则，无论直播或录音，都出过差错，给工作造成无法挽回的损失。正反两方面的经验教育了我，使我深刻认识到真实是无产阶级新闻的生命。播音中出现事实性、原则性的差错，不仅有损广播在人民群众中的威信，严重的还会给党和政府的工作，人民的生产和生活带来损失。因此，我认为要把正确理解稿件，准确、鲜明、生动地表达稿件，防止播出任何差错（包括读音差错），提到自觉维护新闻真实性原则的高度来认识。不仅自己不播错，还要在备稿时严格把关，尽力堵住稿件中的漏洞，消灭差错。

在工作中，我是以稿件为师的。播先进人物的模范事迹，学习先进人物的思想品德。一般地说，播音员和稿件是有差距的，抱着向稿件学习的态度，可以缩小差距，深入稿件。

在播音中，我力求达到稿件内容、形式和尽可能贴切的语言技巧的和谐统一，情真意切和准确表达的和谐统一。播真人真事的稿件，我一般不采用戏剧化的渲染、夸张的手法，以免破坏统一的基调，削弱真实感人的力量。

忠实于稿件，每次播音都要全神贯注，力求准确无误地高质量地播出，是我永远遵守的准则。

6．生活是我创作的源泉

青年朋友们，全国优秀新闻工作者、《光明日报》记者樊云芳同志曾对我说，她所以决心做一名人民的记者是因为收听了穆青等写的通讯《县委

1979年5月，吉林省广播局在长春召开播音工作会议。齐越带领北京广播学院的青年教师应邀参加会议。图为齐越为吉林台播音员现场辅导播音。

书记的榜样——焦裕禄》（以下简称"焦裕禄"）。当年她正在复旦大学学习，参加一个建筑工程队的社会主义教育运动，跟工人们一起流着泪收听"焦裕禄"的。

她问：为什么这篇通讯会产生这样感人的力量，你是怎么广播的？

我回答：和你采写栾茀（栾茀，1949年由台湾大学回到大陆，曾任太原工学院副教授，山西煤炭化工大学筹备组领导成员。1982年患骨癌逝世，年仅52岁。）的事迹一样，把生活当成创作的源泉。

是的，记者写出一篇成功的作品需要深入生活，播音员依据稿件进行播音在创作也需要经常深入生活。一个播音员如果没有生活的体验和感受，缺少对现实生活的真情实感，只简单地把文字变为声音，无论如何也不可能把稿件的精神实质、人物的内心世界揭示出来的。

在播"焦裕禄"这篇通讯之前，1964年到1965年，我曾参加山西五台县农村的社会主义教育运动。在同吃、同住、同学习、同劳动的过程中，我和那里的农民、干部交上了朋友。我深深感到，基层多么需要一个带领农民改革农村面貌的有胆有识的带头人啊！"焦裕禄"发表以后，我想：焦裕禄不正是这样的好党员、好干部嘛！身患重病的焦裕禄，不顾剧烈的肝痛，追洪水、查风口、探流沙，为改造灾难深重的兰考大地战斗到最后一息。他的高大形象深深印在我的心里，我多么想把他的英雄业绩告诉给全国人民……1966年2月6日，我接受了播录"焦裕禄"的任务。于是，一种蕴积内心的强烈的播讲愿望在胸中奔涌，一年前农村生活的体验、穆青同志的报告，帮助我很快就沉浸在通讯描述的情境中，想焦裕禄所想、急焦裕禄所急，流着热泪，几乎是一气呵成录完这长达70分钟的通讯。

有人说："我看了这篇通讯也很感动，就是播不出来，看来还得有语言表达技巧。"是的，我并不否认语言技巧和话筒前基本功的作用，但它是第二位的。深厚的生活体验是根基，才是第一位的。播音员既要有业务实践，又要有生活实践。对我来说，生活实践永远是第一位的。因此，我从来不放过下工厂、下乡、下部队的机会，拜工农兵为师，真心实意地向他们学习，不断改变自己的精神面貌。

青年朋友们，生活是我创作的源泉。当我的心和人民的心息息相通，和时代的脉搏一起跳动时，我的播音才有生命力。脱离人民群众的生活实践，我的播音就会成为无本之木，无源之水。

7. 听众是我的良师益友

青年朋友们，播音员和听众是什么样的关系呢？我是这样认识的：听众是我的宣传对象、服务对象，也是我的良师益友。我在播音中稍有懈怠或失误，他们立刻来信提醒我，给予热情的关怀或严肃的批评；我在播音中略有进步，他们又立即来信鼓励。在他们的帮助下，使我不断明确和解决思想、业务中的问题，坚定事业心，增强责任感。

进城以后，我见到的第一位听众是我们党的地下工作者。新中国成立前，她长期在上海秘密抄收延安台的广播，交给地下党组织印发。她一见面就像亲人一样紧紧握住我的手，激动地说："感谢你们！是你们把党中央的声音传播给我们。当年，在白色恐怖下紧张工作的时候，我就盼望着将来有一天能见见你们，向你们道一声'辛苦'……"

她的话像重锤敲击着我的心，使我愧悔难当，无地自容。就在不久前由于我不安心工作，在播音中发生一起重大差错。这是听众——我的老师进城后给我上的永生难忘的第一课。从此，我决心在话筒前干一辈子。

当我自满自足的时候，是听众指出了我的不足。50年代中期，一位热心的听众来信说："我很喜欢听齐越播送的政论、声明一类的节目，他的播音能表现我们国家的伟大气魄。但齐越同志播别的（如谈话、通讯、文学性的）稿件就似嫌逊色了，主要是播什么都是一个'味儿'。播音员应该有自己独特风格的，但不善于区别处理不同的稿件便有点美中不足了。因此，希望齐越同志对稿件，尤其是抒情稿件播得再准确，再美一些。"

这位老师的意见提得多中肯、及时啊！从此，我明确了自己业务上的缺欠，在播音实践中努力向多面手发展。

50年代后期，有一段时间我放松了政治学习和深入群众，片面追求语言艺术，对播新闻性节目不感兴趣，受到听众来信批评："我常听广播，无形中和你交上了朋友，你报告新闻有个特点，就是善于结合新闻内容，声音里充满感情，可以强烈地感染听众。不知为什么近来这个特点消失了，恕我直言，甚至有时给人以无精打采的感觉。"这位老师直言不讳、对症下药，给我送来一服"清醒剂"，使我端正了创作方向。

听众来信是送上门来的老师。凡是听众寄给我的信，我都认真阅读，一一复信，只要有机会就登门拜访，当面求教。1948年春天，我去南京、上海时就会见了通信多年而没有见过面的听众朋友。三十多年来，我和不少听众交上了知心朋友。其中有多年保持联系的老听众，也有80年代新结识的青年朋友。

8. 编辑、记者是我不可缺少的合作者

青年朋友们，我们知道，一次广播节目的产生和播出，是编辑、记者、播音员、录音员、调度员、机务员等共同劳动的成果。稿件是记者采写的，节目是编辑编排的，他们掌握着第一手材料，对节目的内容和对象是最熟悉不过了。录音员、调度员、机务员监听着每一个节目，对每个播音员的声音运用、播音质量及各自的特点，是最清楚不过的。我们播音员每天播出大量的各种各样的稿件，对每篇稿件都无师自通几乎是不可能的。在工作中，我常常告诫自己：不懂不要装懂，不懂就向编辑、记者和周围的同志虚心求教。尤其是播本台记者采写的稿子或录音报道，如果我没有随记者出去采访，在备稿时一定要请他谈谈采访的心得和感受。通过间接体验，领会作者的创作意图。在录稿之前，我要听一听音响素材，搞清楚文字和音响的衔接，以求和谐一致。如果时间允许的话，还要给编辑、记者当面试播，请他们提意见。至于录音中随时得到录音员和监听编辑的帮助就更不用说了。

在长期的播音实践中，我深深体会到编辑、记者、录音员等同志是

我的老师,是工作中离不开的战友,是我的第一轮听众。没有他们的帮助和合作,播音创作是很难获得成功的。近几年来,我在各地电台播录的长篇回忆录和文学作品,如《在彭总身边》《把一切献给党》《巍巍昆仑》《大地的儿子——周恩来的故事》等,就是在作者、编辑、录音员等同志的热情帮助下完成的。

青年朋友们,编播之间互知甘苦,彼此尊重,相互帮助,密切合作,是人民广播事业的好传统。进城以前,由于战争条件的限制,编辑部和播音组分隔两地,最远时相距几十里。但编播之间联系密切,播音员对稿件的意见、编辑对播音的意见,除随时互通电话告知外,每天还由送稿的通讯员传递信件。过去,编播之间山水相隔,联系尚且如此密切,现在,近在咫尺应该比那时候更密切合作才是。

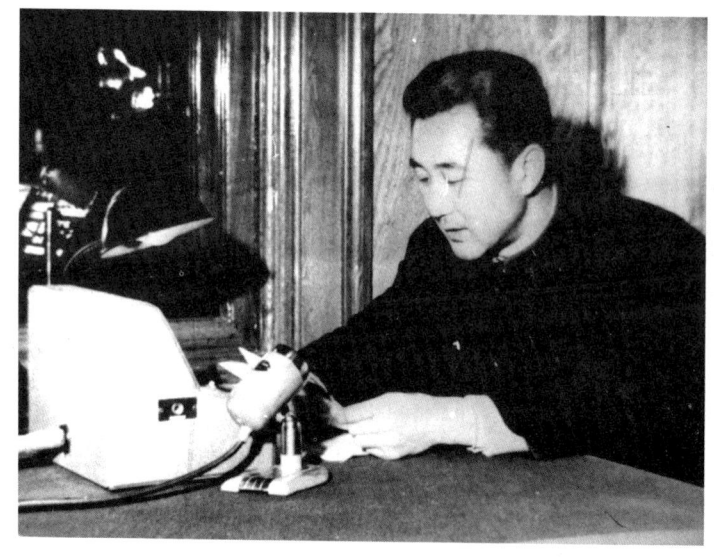

齐越对播音工作投入、执着,图为50年代齐越在播音室录制节目

早在三十几年前,周恩来同志在一次报告中就向我们提出要求:不但对自己所担任的工作负责,同时对与自己工作有关的其他工作也要负责。我们应该记住周恩来同志这一教导,发扬对工作全面负责的精神,编播部门的人员团结合作,为共同提高广播节目质量而努力!

9. 爱憎分明的感情是我播音创作的核心

1949年，党中央通报表扬陕北台，播音感情充沛，语调爱憎分明，生动有力。毛泽东同志夸奖陕北台的播音员说：骂起敌人义正词严！讲到我们的胜利很能鼓舞人心，真是爱憎分明，这样的播音员要多培养几个！

青年朋友们，党中央为培养什么样的播音员，如何做好播音工作指明了方向。我的理解是：人民的播音员必须具有无产阶级的思想感情，必须自觉地同党和人民在思想感情上保持高度的一致，和党、和人民共甘苦、同爱憎，才能在播音中感情充沛、爱憎分明，体现出我们无产阶级应有的战斗风格："生动的，鲜明的，尖锐的，毫不吞吞吐吐。"

是非分明，敌我分明，爱憎分明，刚柔并济。我认为，这是构成人民广播播音风格的主要因素，核心是爱憎分明。丢掉了它，播音就失去了战斗性和生命力。我在播音创作中力求围绕"爱憎分明"这个核心进行。

爱憎分明的感情，一是要真，二是要准。真，就是感情要真实。播音中只有动真情，才能引起听众的感情共鸣。"情动于衷而形于言"要播出真情，首先播音员自己要对稿件内容产生真情实感，心中掀起表扬所爱、鞭挞所憎的感情波涛。准，就是感情的表达要准确，掌握分寸。播音中爱憎分明的感情，是播音员的无产阶级党性在创作中的具体体现。它是由稿件内容和宣传对象引发出来的，受主题思想、宣传目的支配，受党的政策制约。感情的表达要恰如其分，依据党的政策原则，符合党的新闻工作者的身份，不能以个人的好恶代替党的政策。这种分寸感，对于播音创作的成败至关重要。

青年朋友们，社会主义事业在胜利前进，时代在奔腾向前，一个播音员不应是冷漠无情的旁观者，而应当是四化建设的积极热情的参加者。这样，才能满怀激情、爱憎分明，从播音中反映出时代精神，开创一代播音新风。

10. 想象、联想是我引发感情的手段

有的青年朋友来信问：播音中怎样引发感情？我的经验是：运用想象、

联想作为手段来引发感情。想象、联想并不是专属于诗人或艺术家的，它是人人都具有的一种心理能力。在生活中，我们讲述经历过的某件事或熟悉的某个人，这些人和事就像过电影一样，一幕幕在脑海里浮现。这些形象是随着我们的思维活动而自然产生的，是具体的、生动地，富有感情色彩的，这就是播音术语中所说的"情景再现"，或称"内心视象"。

我们播别人写的稿件时，"情景再现"是通过想象、联想获得的。想象、联想不是想入非非，不能漫无边际，离开稿件提供的范围。想象、联想的目的是唤起"情景再现"，以激发播音员的感情和信念。1979年，我在哈尔滨台播录《把一切献给党》，开始翻阅这部50年代出版的回忆录时，就像是见到失散多年的亲人，心情难以平静。这部"文革"中被打成"大毒草"的书，是市图书馆唯一幸存的一本。原来印有吴运铎同志画像的封面被牛皮纸所代替，书页都已经卷边起毛。我想象到这本书的生命力，像它的作者一样顽强不屈！我还联想起50年代我不止一次地给团员和青年朗诵书中章节，青年们决心学习吴运铎同志，把一切献给党！当前向四化进军的青年们不是也迫切需要从这本书里汲取力量吗？这样就激发起我的感情和信念，产生一种强烈的再创作的愿望。

在播音创作中，我运用想象、联想引发感情的程序是：在对稿件内容和宣传对象分析理解的基础上，沿着主题思想指引的方向，展开想象、联想去体验作者和作品中人物的思想感情，并设身处地地为听众着想，从而产生内心的真实感受，引发出对稿件的积极态度，加深对稿件和对听众的理解，深化感情。而思想感情的深化，又可以使想象、联想更加活跃，形象更加鲜明，传达给听众的愿望更加迫切。没有想象、联想在思维中展现，就不可能唤起相应的态度、感情。而没有鲜明态度，真挚感情，播音是不可能感动和说服听众的。

诗人艾青说："人的思维活动所产生的想象、联想，无非是生活经验的复合。"确实如此，我播讲《把一切献给党》时，就是通过自己从事广播工作的经历为想象提供了来源。

在播音创作中，想象和联想常常结合在一起运用，互相补充，互相渗透，相辅相成。想象和联想是在人的劳动实践和社会实践活动中产生的。一个人的想象、联想活动能力，和他的思想境界、文化教养、生活经验等密切有关。发展和丰富想象力，并非单纯的技巧锻炼。有人说："具有丰富知识和经验的人比只有一种知识和经验的人更容易产生新的联想和独到的见解。"这是有道理的。

在生活记忆的"仓库"里，储存得越丰富，播音创作中想象、联想也就越活跃。不刻苦学习，不深入生活，"仓库"里空空洞洞，想象、联想必然贫乏。只有那些热爱生活、热爱人民，并善于从生活和人民中积累情绪记忆的人，才可能获得丰富的想象力。

11. 我的播音三戒

常有青年朋友问我在播音创作中戒忌的是什么？现在，我集中谈谈我的播音三戒。

一戒自我表现。我们的广播电台和资本主义国家的广播电台根本不同。资本主义国家的广播电台属于这个集团或那个财团，是为资本家服务的工具；我们的广播电台是党领导的，是党的工具，为人民服务的工具。我们播音员在党的培育下所掌握的全部技能都是为宣传党的方针政策，为人民服务的。在话筒前，我们切忌利用稿件卖弄声音，炫耀技巧，追求什么自我表现、自我欣赏，这是和社会主义思想格格不入的。

二戒随心所欲。不论做什么工作，"人们要想得到工作的胜利即得到预想的结果，一定要使自己的思想合乎客观外界的规律性，如果不合，就会在实践中失败。"（毛泽东《实践论》）播音工作也是这样，要想做好它，就要懂得它的性质、任务，搞清楚播音员和稿件、和听众、和其他有关方面的关联，掌握播音再创造的规律，并使自己的思想合乎这种客观的规律性。自作聪明，随心所欲，凭主观随意性去播音，想不用气力就获得成功是不可能的。那只会受到客观实际的惩罚，必然滑到唯心论和形而上学方面去。

三戒千篇一律。在播音中不论播什么样的节目、什么类型的稿件都用一种固定不变的强调，形成千篇一律、千人一腔，其原因是多方面的。我认为最主要的是在播音界流行多年至今仍有人追求的机械模仿造成的。人的嗓音各有差异，就像人的面孔一样，每个人各不相同。播音员善于发挥自己嗓音的优势，善于运用自己的语言，才能自如地来表达稿件的思想感情。醉心于模仿别人的嗓音，形成一种认为的固定腔调，就像一条无形的锁链束缚播音员的创作个性。

模仿不能代替创造。模仿得再好，也不过是"像某某的声音"。播音要发展，借鉴是必不可少的。但借鉴不是模仿，而是要经过取长补短、消化吸收、熔化在自己的创作中，并在实践中掌握它、发展它。青年朋友们，这是实践、认识、再实践、再认识的过程，需要付出艰苦的创造性劳动，捷径是没有的。

12．我对青年播音员的希望

青年朋友们，周恩来同志生前非常关心广播工作，1959年周恩来视察落成不久的中央广播大楼时，语重心长地叮嘱："广播大楼建成了，比起延安窑洞来条件好多了，你们一定要用延安精神做好工作。"这是对全体播音员的期望，也是对所有广播工作者的要求。

什么是延安精神？延安精神就是党的优良传统和作风。概括地说，就是：坚定正确的政治方向，艰苦奋斗的工作作风。发扬延安精神，献身四化，做好本职工作，对我们来说这是第一位的。

新年伊始，喜讯频传。不少青年朋友的来信告诉我：有的人入了党，有的评委优秀党员，有的评委先进工作者，有的获得优秀播音奖，有的正在业余自学准备报考广播学院，有的结婚后安排好生活坚持读电视大学……播音队伍中的新生力量，正在像雨后春笋一样地生长起来。他们勤学苦练，向着又红又专的方向迅猛前进，并在工作中取得一定成绩。我们的事业，后继有人，后来居上。这是十分令人振奋和感到欣慰的。

1984年11月，中宣部副部长郁文同志在全国优秀新闻工作者表彰大会的讲话中说："应该理直气壮地鼓励新闻工作者在党的领导下，在集体的支持下，经过自己的艰苦奋斗，争取成为名家。"这是党为促进人才的成长，鼓励"冒尖"。我们要继承党的优良传统，发扬延安精神，勤奋学习，努力实践，争取成为党和人民需要的名播音员。名播音员越多，对党的广播事业的发展越有利。

成为名播音员，不是终点，是新的起点；是党向我们提出更高的标准，更严的要求；要求我们努力做出更大的成绩，不断攀登播音艺术的高峰。

人一成名，前进道路上最危险地"敌人"是骄傲自满。周恩来同志生前谆谆告诫我们说："在任何时候都不要骄傲自满。年轻的知识分子也有经常进行自我改造的任务，他们不论在什么工作岗位上，都应当在努力提高自己业务水平的同时，认真地学习马克思列宁主义，参加群众的生产和斗争的实践，参加体力劳动，在政治思想上和工作中严格地要求自己。"

青年朋友们，播音员修养的加强是没有尽头的，播音水平的提高是没有止境的。不要沉湎于一次的成功，也不要因一次的失败而灰心。播好一篇稿子或一个节目并不太难，难的是数十年如一日不断进取、精益求精，永远将高质量的精神产品奉献听众。如果你一时有些成就，则贵在有自知之明；如果你处于逆境，则贵在坚忍不拔。满足现状，就意味着停滞或倒退。

发扬延安精神，献身四化；勤学苦练，成为名家；锐意进取，力戒骄傲；善于创新，情声并茂。这就是我对青年播音员的希望和祝愿。

我的经验和认识是有局限性的，仅供参考。欢迎播音员同志、听众朋友和广播战线战友多多指正。

齐越老师与后辈合影

四、齐越播音代表作品赏析

（一）《中共中央关于一九四八年土地改革工作和整党工作的指示》

播出党内指示、国家领导人的重要讲话以及评论、述评一直是人民广播成立以来的重要内容和任务，其对稳定全国局势、明确斗争方向有着重要的作用。延安台、陕北台陆续播出过毛泽东同志为皖南事变发表的谈话、《陕甘宁边区施政纲领》《在毛泽东旗帜下前进》《伟大的国际劳动节》《目前形势和我们的任务》《中共中央关于一九四八年土地改革工作和整党工作的指示》《中国军事形势的重大变化》《将革命进行到底》《评战犯求和》《向全国进军的命令》等重要文件和广播稿。对于一些重要的文稿，广播电台除了给予高度重视以外，还采取了多次播出、连续播出的方法，以达到强有力的宣传效果。战争年代，党内指示和重要文件的播出使全国人民及时了解中央的方针政策,鼓舞着广大军民投入正义的斗争中。

齐越深入生活,在农村与农民群众亲切交谈

《中共中央关于一九四八年土地改革工作和整党工作的指示》是1948年5月25日毛泽东亲自为中共中央起草的党内指示,文件重点部署了土地改革的具体任务、提出了整党工作的具体要求。这份文件对于明确土地改革和群众运动中的一些具体政策问题,团结乡村和城市中的绝大多数人口,明确今后发展和工作方针政策非常重要。因此中央对此文件的宣传播发给予了高度重视,毛泽东批示:"新华社广播(文字及口头,但不发英文广播),在一切报纸上边发表,注意不要译错及发错。此文件派人送新华社。"①

1948年5月29日,播音组接到了编辑部送来的《中共中央关于一九四八年土地改革工作和整党工作的指示》的播出稿件。编辑部主任温济泽在致五组同志的信上说:"今天播送的中央指示,非常重要。主席亲笔指示,叫不要播错一个字。请你们万分注意。二十点到二十点三十分,由齐越播,播慢些,标点符号不播,长句子要注意语气连贯。"②信中,温济泽还对记录新闻的播法提出了具体要求。

齐越,是当时台里唯一一名男播音员,从事播音工作还不到一年。这

---

① 中央人民广播电台研究室、北京广播学院新闻系编:《解放区广播历史资料选编(1940-1949)》,中国广播电视出版社1985年版,第147页。
② 中央人民广播电台研究室、北京广播学院新闻系编:《解放区广播历史资料选编(1940-1949)》,中国广播电视出版社1985年版,第146页。

份约3300字的文件送到的时候，离播出不到1小时。当时的老播音员孟启予看到"不要播错一个字"的要求后，马上组织齐越备稿。尽管有平时的刻苦练习，但接到这个任务后，齐越还是很紧张，感觉压力很大，同志们帮助齐越集中精力，全神贯注准备，并就文件精神和具体播法和他商量。在进播音室前5分钟，孟启予还提醒并鼓励齐越："不要怕，你已经准备好了，你不会播错的！沉住气，不必紧张，把全部力量集中到内容上。要有坚决完成党的任务的信心！"①晚上8点，在同志们的热情鼓励下，齐越用浑厚、庄重的声音，从头到尾一气呵成，做到了一字不错，准确圆满地完成了播出任务。温济泽当晚听了播出情况后，在收听记录中说："今天齐越播《指示》，声音清楚，没有错一个字，很好！"②

1. 树立播音创作的重要标准

人民广播初创阶段，选拔播音员除了政治上可靠、责任心和事业心强、纪律严明外，在业务素质上有三个要求：第一，要有一定的文化层次，念得出句子；第二，要有一定的识读能力，念得顺句子；第三，口齿要较清楚，念得清句子。由于事业需要，很多播音员都是边工作边学习，因此在播出中会出现读音不准、读错、读不顺的情况。《中共中央关于一九四八年土地改革工作和整党工作的指示》播出时，温济泽在稿件前注明"文件不要播错一个字"，明确提出了对播音语言准确性的要求。语言的准确、清晰、流畅是在任何时期的播音创作中都非常重要的基本要求，尤其在人民广播刚刚诞生的那段时期里，由于大量播出战报、时局评论、中央文件、党内指示等内容，更加强调语言的准确清晰和连贯流畅，要求做到字音准确不出错、语言连贯讲意思。

《中共中央关于一九四八年土地改革工作和整党工作的指示》播出后，

---

① 周迅：《大海的一朵浪花——孟启予的广播电视生涯》，中国广播电视出版社2008年版，第90页。
② 中央人民广播电台研究室、北京广播学院新闻系编：《解放区广播历史资料选编（1940-1949）》，中国广播电视出版社1985年版，第146页。

1948年5月底，播音组总结了这个时期的工作。会上同志们肯定了齐越播出的中央指示没有播错一个字，很好地完成了任务，同时也对片面追求"语气自然"而容易播错的问题进行了分析。当时的播音组组长孟启予指出，"播音第一位的是准确，理解要准确，表达要准确。因此就要深刻理解稿件的内容，掌握它的精神和实质。准备得很纯熟，到话筒前思想高度集中于内容，播起来才能自如，语气才能自然。在播的时候，越是专心一意想着稿件内容，播音的感情、语气也会表达得越好。否则，片面注意技巧，只动嘴、不动脑，顺口溜，反而要出毛病。"[①]经过这次的创作实践，播音员们总结了经验，受益匪浅，也更加明确了对于播音创作的要求：必须加强时事政治的学习，必须锻炼语言基本功，必须从稿件内容出发进行创作，做到内容和形式统一。尽管当时的播音语言学习和训练方法还处在摸索阶段，不够成熟，要保证不播错一个字有一定难度，但是播音员们还是在业务创作上严格要求自己，更加注重内容的准确表达，力争做到精益求精。

《中共中央关于一九四八年土地改革工作和整党工作的指示》的播出，坚决实践和明确树立了播音创作对准确清晰的追求。1948年7~8月间，陕北台制定了《播音手续》，规定了陕北台播音员每天工作的程序，明确要求播音员"播音时必须严格依照稿件，不得错漏或更改一字"，"如发现错播，应立即重播，不必说'更正'，若是记录新闻，应说'刚才某某某处播错了，应当是某某某，请更正，并请原谅'。若系重大错误，应请示编辑部负责人，正式发表更正"[②]。从此，"不要播错一个字"成为衡量播音创作质量的重要标准，对今后的播音创作产生了深远的影响。

2. 齐越播音创作进入新阶段

1946年10月，齐越在晋冀鲁豫《人民日报》和新华总分社担任编辑，1947年春参加了接替陕北新华总社对国内外文字和口语广播的工作。由于

[①] 姚喜双：《中国解放区新闻播音语言规范》，语文出版社2007年版，第185页。
[②] 中央人民广播电台研究室、北京广播学院新闻系编：《解放区广播历史资料选编（1940-1949）》，中国广播电视出版社1985年版，第159页。

战事发展和宣传工作的需要，急需男播音员刚劲有力的声音，于是齐越、杨兆麟、鹿野等人被挑选去试音，嗓音宽厚、深沉的齐越被选中。1947年8月，齐越由新华总社语言广播部编辑部调到播音组，从此开始了话筒前的生涯。通过自身不懈努力，齐越成了我国著名的老一辈播音艺术家、第一位播音学教授，中国播音学学科的主要奠基人。作为我国播音艺术的一代宗师，齐越的播音开创了人民广播的一代新风，赢得了千百万听众的赞誉和尊敬。他的播音理论与实践，对我国爱憎分明、刚柔相济、严谨生动、亲切朴实的播音风格的形成产生了重要影响。

在播出《中共中央关于一九四八年土地改革工作和整党工作的指示》的时候，齐越不过是一个刚刚开始从事播音工作的新同志。面对"不要播错一个字"的要求和同志们给予的厚望，齐越面临着巨大的挑战。但是，齐越最终顶住了巨大的压力完成了任务，这也是他一直刻苦练习的必然结果。齐越刚开始担任播音员的时候，孟启予、钱家楣等老播音员已经有一定的播音创作经验，齐越就跟着她们练习，学习如何把稿件读清楚，如何读出抑扬顿挫的感觉，揣摩新闻、评论、通讯、中央文件等各种文体的不同表达方式。因为当时战争形势的需要，学几天就要开始正式播出，所以齐越更多的业务学习和练习是在实践中进行的。大量的消息、战报、中央文件以及记录新闻的播音，使齐越得到了很好的语言锻炼，这一时期的不断学习、准备、积累也为他后来的创作打下了坚实的基础。

《中共中央关于一九四八年土地改革工作和整党工作的指示》的播出，是对齐越业务水平和心理素质的一次重要考验，同时也是齐越业务训练阶段水平的重要展示，它使大家看到了齐越所具备的业务能力，对他越来越充满信心，之后很多重要的播出任务都开始由齐越承担。更重要的是，通过这次播出，齐越也认识到片面追求播音语言形式的路子走不通，这样既容易播错也把握不好内容，必须自觉地注意从稿件的内容出发进行创作，逐渐树立起正确的播音创作观念。这次播出成为齐越参加播音工作以来的一个转折点，此后他的播音创作开始一步步走向成熟。

（二）《开国大典实况广播》

全国重大政治庆典的首次实况广播《开国大典实况广播》，是人民广播首次对全国进行重大政治庆典的实况广播，并且所有地方电台都进行了联播，这在我国广播史上具有开创性意义和重大的政治意义。

齐越和潘捷在天安门城楼转播"五一国际劳动节"实况

实况转播也叫实况广播或现场广播，是在事件发生的同时，把现场的实际情况、声音和记者、播音员的解说同步地广播出去，是时效最快、感受效果最真切的传播形式。1949年2月13日，天津电台实况转播了天津市14万人庆祝天津解放的盛大集会和游行，成为全国第一个进行转播现场实况的电台。1949年6月20日晚，北平新华广播电台播出了毛泽东6月15日在新政治协商会议筹备会上的讲话录音，这是全国人民第一次从广播中听到毛泽东的声音。1949年9月30日，中国人民政治协商会议第一届全体会议的全部议程顺利完成，北京新华广播电台1949年9月27日，北平新华广播电台改名为北京新华广播电台。转播了闭幕式的实况。新政协闭幕的第二天将要举行"开国大典"，这表示世界上人口最多的国家将要成立人民共和国，在如此重大的历史时刻，广播事业管理处大胆决定，由北京新华广播电台对"开国大典"进行现场实况转播。在全体工作人员的共同努力下，《开国大典实况广播》顺利完成，成为广播史上的经典之作。

从1840年鸦片战争爆发以来，在中国的土地上战火一直没有停息。一百多年了，一个民主、独立、和平的共和国终于诞生了！对于全世界来讲，《开国大典实况广播》的播出意义在于它向世人宣布了伟大的中华人民共和国成立的消息，对于广播事业来讲，它是首次对全国重大政治庆典的成功实况广播，在人民广播事业的发展过程中史无前例，有了这一次的成功，中央人民广播电台1949年12月5日，北京新华广播电台第一台改名为中央人民广播电台。在重大政治题材的报道中便始终站在了第一位。从1949年起，每年"五一"劳动节、"十一"国庆节，北京市政府都组织群众在天安门广场游行，"十一"还增加了阅兵式，而中央人民广播电台每年都要在天安门城楼上进行"两节"的实况转播。

1949年8月，开国大典的报道工作开始启动，这是第一次在天安门城楼和天安门广场上进行实况转播，场地大、观众多，难度非常大，技术人员克服了广场扩音和检阅车驶出广场无音响的技术难题；同时，编辑人员在集体讨论、反复推敲、领导审阅、多次修改之后最终确定了实况广播稿。《开国大典实况广播》的播音员最后确定为丁一岚和齐越。10月1日实况转播当天，由于参加观礼的人太多，为了保证播出质量，原来竖立在城楼走廊最西端的话筒被移到城楼西侧的平台上。下午2点55分，北京台开始播音，3点整，《开国大典实况广播》准时开始。丁一岚和齐越站在话筒前，认真地交替朗读实况广播稿，把眼前的动人情景报告给海内外的亿万听众。胡若木和杨兆麟在事前进行了采访，撰写了广播稿，具体了解庆典的程序，用手指或者点头示意，告诉他们应该播出哪一段，四个人配合默契，播出非常顺利。晚上9点25分，实况广播结束，整个直播持续了6个半小时。参与实况转播的每个人精神都高度紧张，生怕出现丝毫差错。正是有了所有人员的全情投入和艰苦付出，全国各族人民和海内外的听众才从广播中聆听到了毛主席庄严豪迈的声音："中华人民共和国、中央人民政府今天成立了！"才听到了朱德总司令检阅人民解放军陆海空三军部队和盛大热烈的群众游行实况，才身临其境地感受到了开国大典现场激情欢腾的宏伟场面。《开国大典实况广播》把全国亿万人民紧密连接在一起，长城内外群情振奋，大江南北欢声雷动，全国人民决心在中国共产党的领导下，为建设一个独立、民主、和平、统一、富强的新中国而奋斗。

《开国大典实况广播》播出的首要要求是不要出错，安全播出。尽管从开始就位到转播结束，丁一岚和齐越在话筒前足足站了7个小时，不喝、不吃、不上厕所，体力消耗非常大，但是他们顶住了压力，注意力高度集中，精力没有丝毫分散，从头到尾做到了一字不错，圆满完成了播出任务。另一方面，《开国大典实况广播》从内容上相比之前的很多消息、战报、党内指示有了变化，记者在编写实况广播稿的时候，到西郊采访了阅兵式和分列式演习，到参加游行的各机关、团体、学校、工厂、农村去了解了情况，实况广播稿中描述性和记叙性的语言比较多，非常具有纪实性。在30万人的现场，在没有回授、听不见自己的声音的情况下，两位播音员做到了始终庄重、热情，他们精神抖擞、激情澎湃、声情并茂的朗读，不仅把现场的动人情景传达给了现场和收音机前海内外的亿万听众，更把全国人民心中的喜悦和自豪传递给了全世界，体现出了大国风度和气派。尽管当时丁一岚和齐越并没有意识到，但从播出那一刻开始，除了电台传播的内容之外，播音员的声音已经开始成为国家形象的代表和标志，播音创作的定位从此开始有了质的变化。

（三）《县委书记的榜样——焦裕禄》

1966年2月7日，《人民日报》发表了新华社记者穆青、冯健、周原采写的大通讯《县委书记的榜样——焦裕禄》，报道了河南兰考县委书记焦裕禄真实的感人事迹。焦裕禄为党和人民的事业献出了自己年轻的生命，他是当时党的好干部的典型代表和缩影。穆青等人正是抓住了焦裕禄身上这种反映时代特征的主题来展现人物的革命精神、思想风貌和优秀事迹。文章是穆青等人深入兰考采访，顶住压力写出来的，没有涉及过多的阶级斗争问题，真实地写出了大灾之后兰考的困难情况，塑造了一个为劳苦大众谋利益的共产党员形象。中央人民广播电台播音员齐越播出了《县委书记的榜样——焦裕禄》这篇通讯，在全国引起巨大反响，焦裕禄的事迹让千百万人感动落泪。通过广播大家感受到了积极向上的时代精神和义不容辞的社会责任感，同时也充分了解到了我党以民为本、以人为本的亲民政策和群众路线。无论什么困难，只要有中国共产党，有像焦裕禄这样的好干部，他们就一定能带领群众战胜和克服。《县委书记的榜样——焦裕禄》之所以能产生如此巨大的影响力，不仅因为焦裕禄本身的事迹感人和穆青等人的写作真实质朴，更因为齐越在话筒前感人至深的精彩创作，这些加在一起才成就了播音史上的经典之作。

1. 时代感召之意

新中国成立以后，全中国的人民群众推翻了旧社会开始当家做主，人人激动兴奋，充满着对美好生活的向往以及对未来理想社会的渴望。但是"左"倾错误路线的失误，"大跃进"、人民公社运动中的激进，三年严重自然灾害的摧残，阶级斗争的迅速升温，使整个社会逐渐陷于紧张、痛苦、动乱、匮乏、沉默、贫穷之中，人民的生活困苦不堪，充满着不满和愤怒。现实与理想之间的巨大反差使大家产生了疑惑和担忧，矛盾重重饱受煎熬的人们，极度渴望获得一种力量支撑自己继续前行，迫切需要看到一个方向让建设热情得以释放。焦裕禄是党的优秀干部的典型代表，他严于律己、艰苦奋斗，时刻以普通劳动者的身份要求自己；他实事求是，坚持走群众路线，带领兰考全县干部群众，在极其恶劣的自然、社会条件下，战天斗地，克服困难，解决人民群众生活的实际问题；他意志坚强，面对病魔绝不退缩，坚决把党的利益、人民的利益放在第一位，为国家、为人民鞠躬尽瘁、死而后已。焦裕禄这样的人物顺应了时代的发展和国家、社会、人民的需要，他用实际行动诠释了一个共产党员的责任，给社会树立了一个良好的榜样，当之无愧地成为时代偶像，而他感人至深的事迹本身更具有跨时代的意义，经久不衰。

从50年代中期开始，阶级斗争理论逐渐渗透到了国家政治、经济和文化等各个领域，人民的各种愿望不能自然流露和呈现，只能依托某种形式从另一个侧面进行表达。在《县委书记的榜样——焦裕禄》中，齐越的播音高屋建瓴、气势磅礴，展现出了强烈的时代精神，他塑造了一个为了兰考人民，为了改变兰考面貌奉献一切的人民公仆形象，更为党员干部树立了模范榜样，坚定了人们的信心，使人们看到了前进的方向。焦裕禄那种在极端艰苦条件下展现出来的硬骨头精神、革命英雄主义气概，契合了全国人民的心，引起了广大人民群众的强烈共鸣，广大党员干部和人民群众依然对国家、对党组织怀有无限的忠诚与信任，爱国主义、集体主义、自我奉献、自我牺牲依然是时代精神的主流。《县委书记的榜样——焦裕禄》中表现出来的现实意义消解了"左"倾思潮的僵化、死硬与教条，散发出强大的艺术魅力和时代意义。

2．真挚浓烈之情

情，是人们对于外界事物的心理感受与体验，是艺术创作最为直接的原动力。齐越播音中流露的真挚浓烈的情感没有半点虚假和做作，人物语言的处理没有表演的成分，他的思想感情潮水涌动的原动力来自于对稿件内容的准确理解、对稿件所传递的精神实质的深刻体会以及对整个时代精神的心理把握；生活的阅历和体验使他在播音中感情真挚大气，不需要刻意地调动便自然而然地流淌出来，这样的情感直指人心，也是齐越人格魅力的充分体现。

通讯《县委书记的榜样——焦裕禄》中的语言朴素却充满哲理，忠实于新闻原貌，又贴近基层百姓，这和齐越"动真格"的播音、自然真挚的情感浑然一体，相得益彰。齐越在录制长篇通讯《县委书记的榜样——焦裕禄》时，遇到了前所未有的"障碍"，焦裕禄的事迹太感人，稿子还没念到一半，他已经泣不成声，录音不得不因为齐越的一次次哽咽而中断，到后来连录音编辑都挺不住了，趴在操作台上痛哭。当时很多播音员和电台的干部都闻讯赶来，大家肃立在录音室的窗外，静静地看、默默地听、悄悄地擦眼泪……经过多次的调整，齐越终于播完了最后一句："焦裕禄……你没死，你将永远活在千万人的心里！"齐越内心深处有一种兰考情节，和很多人一样，齐越也从心里感觉到了错误路线给国家造成的损失、给人民生活带来的困难，国家和人民需要像焦裕禄一样的人，他和大家一样呼唤党的好干部。同时，他自己从心里也真诚地希望自己能做这样的人，全心全意为人民服务。齐越苍劲有力、饱含深情的声音和党的好干部焦裕禄的先进事迹一起随着电波传遍了祖国大地，震撼了亿万人民的心灵。

焦裕禄、穆青、齐越是身处同时代的人，他们几乎是同龄人，焦裕禄1922年出生，穆青1921年出生，齐越1922年出生，他们骨子里都充满对祖国和人民的热爱及对党的事业的高度忠诚，彼此间能够感同身受。焦裕禄用自己的行动实践着一名党员干部的承诺，穆青用自己手中的笔写下动人的事迹，而齐越则用自己的声音将这样的人这样的事传播出去，三个人角色不同却共同成就了不朽的经典。

3. "错彩镂金"之美

"审美体现为一种特定的主体心态，代表着人的特定的情感状态，一种情感的寄托方式和表达方式，一种因内而符外的情感显现。它既与主体感于外而聚于内的情感体验分不开，也与其具体的情感表达的方式分不开。"①播出通讯《县委书记的榜样——焦裕禄》时，齐越44岁，作为一名播音员来说这个年纪正是创作的黄金阶段，经过了战争年代的磨炼和建设时期的积累，齐越不仅练就了深厚的语言基本功，更有了对生活的体验，

---

① 施旭升：《艺术创作动力论》，中国广播电视出版社2002年版，第145页。

不论在语言的驾驭能力还是对稿件的理解能力上都非常成熟了。"错彩镂金"是指细腻刻画、精心雕琢的美学风格,齐越在《县委书记的榜样——焦裕禄》的创作中细腻深刻,从细节来讲,他对文章叙述语言和人物语言的处理都准确到位,从整体来讲,他对文章的基调和起伏变化都丝丝入扣,展现出大家风范,尽显"错彩镂金"之美。

1962年冬天,正是豫东兰考县遭受内涝、风沙、盐碱三害最严重的时刻。这一年,春天风沙打毁了20万亩麦子,秋天淹坏了30多万亩庄稼,盐碱地上有10万亩禾苗碱死,全县的粮食产量下降到了历史的最低水平。

就是在这样的关口,党派焦裕禄来到了兰考。

展现在焦裕禄面前的兰考大地,是一幅多么严重的灾荒的景象啊!横贯全境的两条黄河故道,是一眼看不到边的黄沙;片片内涝的洼窝里,结着青色的冰凌;白茫茫的盐碱地上,枯草在寒风中抖动。

这段文字是《县委书记的榜样——焦裕禄》的开篇,其真实大胆地写出了灾后的兰考萧瑟荒凉的情景。齐越在处理时控制得非常到位,整体采用了冷色调处理来描绘出兰考的灾情,肃穆但又不凄惨,痛心但又不悲切,感情色彩的度把握得非常恰切。尤其是一句"就是在这样的关口,党派焦裕禄来到了兰考"传递出战胜困难的信心和决心,展现出坚忍不拔、不屈不挠的精神。

在细节的处理上,文章中处处可见齐越的准确细致。文章中有一段是焦裕禄在风雪中访问生活困难的老贫农,来到一双无儿无女的老人家中看望。

老大爷有病躺在床上,老大娘是个瞎子。焦裕禄一进屋,就坐在老人的床头问寒问饥。老大爷问他是谁?他说:"我是您的儿子。"老人问他大雪天来干啥?他说:"毛主席叫我来看望您老人家。"老大娘感动得不知说什么才好,用颤抖的双手上上下下摸着焦裕禄。老大爷眼里噙着泪说:"新中国成立前,大雪封门,地主来逼租,撑得我窜人家的房檐,住人家的牛屋。"焦裕禄安慰老人说:"如今印把子抓在咱手里,兰考受灾受穷的面貌一定能够改过来。"

这一段齐越把握得特别好,焦裕禄的三句话处理得实实在在、真真切切,自然关切的话语使一位关心体恤老百姓的党员干部形象跃然眼前。齐越饱满的语言张力使我们身临其境、情随意动,正是这种细节的把握和细腻的处理给我们带来了内心深处的感动、钦佩和鼓舞。

齐越曾经这样描述过《县委书记的榜样——焦裕禄》这篇作品的创作:"在播'焦裕禄'这篇通讯之前,1964年到1965年,我曾参加山西五台县农村的社会主义教育运动。在同吃、同住、同学习、同劳动的过程中,我和那里的农民、干部交上了朋友。我深深感到,基层多么需要一个带领农民改革农村面貌的有胆有识的带头人啊!'焦裕禄'发表以后,我想:焦裕禄不正是这样的好党员、好干部嘛!身患重病的焦裕禄,不顾剧烈的肝痛,追洪水、查风口、探流沙,为改造灾难深重的兰考大地战斗到最后一息。他的高大形象深深印在我的心里,我多么想把他的英雄业绩告诉给全国人民……1966年2月6日,我接受了播录'焦裕禄'的任务。于是,一种蕴积内心的强烈的播讲愿望在胸中奔涌,一年前农村生活的体验,穆青同志的报告,帮助我很快就沉浸在通讯描述的情境中,想焦裕禄所想,急焦裕禄所急,流着热泪,几乎是一气呵成录完这长达70分钟的通讯。"[①]在齐越的创作中,语言表达技巧和语言基本功并不是第一位的,深厚的生活体验、深入地理解感受、真实的情绪情感才是第一位的,他自己首先被先进人物的思想品质、先进的事例所打动,感情随之燃烧起来,语言才充满情感与魅力。《县委书记的榜样——焦裕禄》是齐越播音生涯中最具代表性的作品,也是通讯播音创作中的典型代表作品,它让我们看到了一位亲民爱民、艰苦奋斗、无私奉献的党的好干部,更让我们把一份真挚的感动永远地留在了心中。

---

① 齐越:《献给祖国的声音》,中国广播电视出版社,1991年1月,第86页。

1981年齐越与焦裕禄家人合影留念

方　明

方明，原名崔明德，1941年4月6日出生于北京。自1960年任播音员以来，从一个花季少年到鬓染白霜的一代播音名家，他将毕生最好的年华都贡献给了党的宣传事业，并在播音艺术领域取得了辉煌的成就。他既是播音创作的实践者，又是播音业务理论的研究者和教育者；既是一位求知求真的艺术家，又是一位细致严谨的思考者。

方明曾五次登上天安门城楼进行播音。纵观其半个多世纪以来的播音创作，方明从一个"外行"发展成为业内专家，从一名普通播音员发展成为优秀的播音指导，从国内广播创作发展到国际舞台的诵读创作，方明的播音创作涉及面之广、题材之丰富是很少有人能够企及的。在方明的播音创作生涯中，从新闻节目到通讯报道，从重大宣传到文学综艺，从专题音乐到广播剧演播，从电视专题片解说到舞台演出，每一种题材的创作都有其非常优秀的代表作品，这在播音界中是非常罕见的。他不仅圆满完成了许多重大新闻事件的报道工作，还在日常的播音工作中创作出大量的杰出作品，其播音创作作品曾多次荣获国际和国内政府大奖。

方明的播音创作，在继承齐越、夏青等老一辈播音艺术家之长的同时，也借鉴了丰富的姊妹艺术的精华。他充分发挥自身的优势，结合不同历史时期的时代背景，在继承借鉴的基础上不断创新发展，形成了自己独特的播音风格。他在以传统文化为底蕴的基础上，强调以传播经典体现时代精神，以真诚质朴突显艺术境界，他在播音创作中结合不同历史时期的时代背景，将民族语言的美充分地展现出来。

在新中国的播音史上，方明可以称得上是一位承前启后的重要人物。在传承中华优秀传统文化和宣扬中华民族精神的实践中，他符合时代精神的播音创作观和从容不迫的忘我实践精神，充分体现了具有中国特色的广播电视播音的特点，具有典型性和代表性。

一、方明简介

方明，本名崔明德，1941年4月6日生于北京。中央人民广播电台播音员、播音指导，播音与主持指导委员会副主任，中国广播电视协会播音主持委员会理事长，国家语委普通话审音委员会委员，中国传媒大学、天津师范大学等院校兼职教授，中华全国青年联合会第五届全国委员会特邀委员，中共十五大代表、第十届、十一届全国人大代表，曾任中央人民广播电台播音部主任并被评为全国广播电视系统优秀工作者，1985年荣获全国广播电影电视系统先进个人称号，1992年起享受国务院颁发的政府特殊津贴，2009年被评为建国60年广播电视系统最具影响力的六十人之一。

1983年8月工作照

1956年进入中央广播事业局，1958年4月任中央广播事业局中控室录音员，1960年4月任中央人民广播电台播音员，至今邀游声音世界长达50多年。除日常新闻、通讯、专题节目播音外，曾先后承担了陈毅、周恩来、毛泽东、邓小平等领导人治丧期间的主要播音任务。1965年起曾多次参加天安门国庆游行阅兵实况转播工作及党和国家重要会议的播音工作，播音作品曾多次荣获国际和国内政府大奖。近年来，多次参加国家政府重要纪念活动的演出。

在新中国的播音史上,方明可以称得上是一位承前启后的重要人物,是一个时代的象征。作为我国播音史上一位承前启后的优秀播音工作者,方明是一位不断通过播音创作传承中国优秀传统文化和宣扬中华民族精神的实践者,是一个求知求真、细致严谨的思考者。他的播音创作,继承了齐越、夏青等老一辈播音艺术家之长,借鉴了丰富的姊妹艺术的精华,以传统文化为底蕴,以传播经典体现时代精神,以真诚质朴突显艺术境界,结合了不同的历史时期的时代背景,在创作经验的基础上加以充实、丰富、创新和发展,充分展现出了汉语之美。他的播音创作大气稳健、遒劲潇洒,可谓生动传神,激越奔放而又不失细腻。方明的为人更是慷慨仁义、认真勤奋、正直坦荡、坚韧不拔,他充满"人文"关怀,具备"仁者"之心,拥有"忍者"的气度,具有"坚韧"的品格,坚守"认真"的习惯,是播音界的楷模和表率。

二、方明播音艺术创作综述

(一)方明艺术生涯综述

方明自己说"方明"二字乃是"方向明确"之意。方明为人仁义道德、认真勤奋、正直坦荡、坚韧不拔。他的播音豪放潇洒,庄重严谨,激越奔放而又不失细腻,大气稳健,遒劲潇洒,可谓"声如其人"。自1960年任播音员以来,方明至今遨游声音世界长达53年之久。从一个15岁的花季少年到如今鬓染白霜的一代播音名家,他将毕生最好的年华都贡献给了党的宣传事业,并在播音艺术领域取得了辉煌的成就,成为广受众所喜爱的播音员,直至今日仍活跃在播音主持艺术的大舞台上。

少年的方明,家教严谨,热爱阅读,喜欢朗诵,在语文老师的引导下,成为班级里的朗读代表,定时为大家读报,虽没有专门学习过朗诵,却能以自己的体会和理解在众人面前大胆地朗读。方明从小喜欢中国传统绘画中的工笔画,小时候家中有四扇花鸟挂屏,上面的叶脉、羽毛画得非常清楚，他十分惊叹它的细致。方明小时候还十分喜爱特种工艺，经常去看玉雕、牙雕、微雕，喜爱他们的精美。因此，在日后的播音工作中他也力争达到精美的地步，讲求优化创作中的每一个要素、每一个点，从发声到表达，从字词到句子、段落、章节，都彰显出稳健细致的特点。他的细致不流于琐碎，给人以艺术品的精致之感，因为他同时追求作品整体表达的流畅、大度。为了让播音像流水一样流进听众的耳中，让听众在很轻松的状态下就能够接受他的声音，他对细部的雕琢是服从于整体的天衣无缝、行云流水般的表达的。即便是在节目播报的开头或结尾处的短短几十个字，方明也会通过每一个字词、每一小分句的精细处理力求让它们整体错落有致，给人一种流畅自然的感觉。他在播音创作过程中流露出来的这种播音的审美追求和理想恰恰是以他的性格气质、生活实践为基础，同时离不开他的文化素质和思想修养。

青年的方明，在广播事业局技术人员训练班学习临近毕业时，被抽调到中央广播事业局中央控制室录音科工作，担任了两年的录音员。期间，方明接触到了古今中外可以说是当时所能接触到的各种文艺形式，品味到了多种民族风情，受到了艺术的熏陶，还从各处的地方戏中学到了很多可以借鉴到日后播音工作中的艺术创作手段，丰富了创作源泉，录音工作本身让方明很好地掌握了驾驭话筒的本领，也为他日后更好地在话筒前做好播音工作打下了良好的基础，成为他日后做好播音工作的重要基石。调入播音组后，在齐越、夏青等老师的教诲和关怀下，方明迅速成长为一名优秀的青年播音骨干，他的责任心、自尊心、上进心都与播音事业紧密相连，他不仅继承了老一辈播音员的优良传统，学到了他们的专业技能，还发扬了他们的创作作风。

中年的方明，正值播音创作的全盛时期，作为社会进步的受益者、目击者、传播者，身为新闻工作者的方明是历史的见证人。在播音工作期间，他感受最深的就是齐越说的"要玩真的"，他把自己纳入到整个社会生活当中去，跟国家跟社会融为一体，以真情实感带动每一次播音创作。

"文革"结束后的十多年，是方明播音创作最旺盛的一段时期，他的播音激越奔放而又不失细腻，既善于大气磅礴的表达，又善于含蓄深沉的抒情。那些年，他承担了大量的新闻、评论、通讯和重要文告、文件的播音任务，同时，他的文学播音、文艺播音也都享有盛名。1984年以后，他又开始为电视专题片配音，《让历史告诉未来》《西藏的诱惑》《天驹》等作品直到现在仍被誉为脍炙人口的经典名片。无论是庄重大气的新闻播音，还是豪放潇洒的文学播音，都饱含着宏大的气魄和深长的意蕴，方明把一个人可能拥有的声音魅力运用到了某种极致。

在长期的播音工作中，方明播出过很多先进英雄人物的事迹，参加过多种场合的转播工作，接触到许多先进人物。这些耳濡目染，使他的责任感、上进心，与党和国家的事业愈加紧密地联系在一起，成为他自觉的意识，渗透到对播音创作不断的追求中。同时，也进一步促成了他为人的正直坦荡、淡泊名利、虚怀若谷、平易谦和、热忱友善。这些性格上的特点，又直接或间接地体现在他的播音创作中，表现在他的播音作品上。为人处事的严谨与他在播音艺术创作天地的纵横捭阖互为补充，强烈的责任感帮助他恰切地体味和表现播音作品中的先进人物，平易谦和又帮助他广泛学习、密切合作，对美的境界的向往和追求化为他艺术创作精益求精的动力。把稿件文本和播音有机地融合到一起，既能结合时代背景阐发文本的独特性，又能实现播音员的风格显露，这是一个非常不易的"融会贯通"的过程。方明从"紧抓内容"的创作方法入手，投入真情实感，没有杂念干扰，通过自己对于人事景物的独特感受而形成的独特语感，在播音创作中展现出其独特的艺术特色和神韵，将形象感受和逻辑感受有机结合，把文本的内容和形式化为自己的语感内省，产生共鸣，然后凝聚于有声语言中，以整体的理念和感情传达给受众并引起受众的共鸣。

老年的方明，其播音创作已进入忘我的浑然天成的巅峰状态，其语言表达已在语言传播的三重空间中自然上升到审美空间。他的有声语言创作饱含着历史的厚度，时代的高度，哲理的深度，使人心驰神往，流连忘返。65岁的他曾以惊人的毅力战胜胃癌，手术后不久就以常人的心态回归到工作中，依然审音、录音、做节目、授课、演出，依然参加培训班、颁奖典礼、研讨会、人代会……，以最好的心态面对生活。出院不满3个月方明就在人民大会堂参加了"纪念毛主席逝世30周年诗歌演唱会"，会上朗诵了《水调歌头–重上井冈山》，紧接着又在人民大会堂参加了"纪念红军长征胜利70周年的《长征颂》"演出，2006年度中国播音主持金话筒颁奖晚会，中央人民广播电台举办的首届"十佳播音员主持人颁奖晚会"，中国传媒大学"齐越朗诵艺术节"。清晰地记得他在舞台上朗诵的《对衰老的回答》铿锵有力、意味深长，可谓听觉美感的"言为心声"。无论是曾经因视网膜微细血管破裂导致的视力问题还是癌魔带来的病患都没能够让方明放弃钟爱的播音事业，他的每一次播音创作都折射出了他的勇气、他的坚韧、他的智慧，也展现了他无比宽广的胸怀。他的表达创作中洋溢着对生活的热爱，对美感的享受，对未来的憧憬，对创造的欣喜……直至今日，他不仅一直带病坚持活跃在需要他的一线，还不忘经常前往高校为青年学子传授交流经验。

2011年在中国传媒大学讲座

（二）方明播音艺术作品综述

经历了半个多世纪的漫长历程，方明对播音事业的钟爱令其始终如一地坚守在岗位上，本研究以四类内容为主要研究对象：

一为日常新闻、通讯、专题节目播音等，包括系列广播报道《重唱创业歌》《民族正气歌》《煤海之魂》《中华百年风云录》《香港百年》以及广播栏目《阅读和欣赏》《平凡之光》《希望之光》《我看林业这十年》《对农村广播》《科技知识生活》等。

二为特殊历史事件播音，包括方明承担的陈毅、周恩来、毛泽东、邓小平等领导人治丧期间的主要播音任务，1965年起曾多次参加天安门国庆游行阅兵实况转播工作及党和国家重要会议的播音工作，包括1965年的"十一国庆阅兵式"、1968年的"五一国际劳动节"、1969年的"十一国庆节"、1976年的毛主席逝世追悼会和1984年的"35周年国庆阅兵式"等5次在天安门城楼上的播音。

三为方明的主要国际和国内获奖作品，包括广播音乐专题《曾侯乙编钟乐曲》荣获1984年因斯布鲁克"古代音乐传播广播奖"特别推荐提名，广播音乐专题——介绍交响音诗《流水操》、介绍箜篌与箫组曲《清明上河图》、广播特写《黎明前的交响》分获1986、1987、1996年亚广联"放送文化基金奖"；通讯《在大海中永生——邓小平同志骨灰撒放记》获第一届播音主持作品政府一等奖；报告文学《高原雪魂》和纪实文学《天地颂——两弹一星内幕》集锦分别荣获1996年和2001年中国广播文艺政府奖一等奖；配乐长诗《百年邓小平》获中央台特别奖；大型文献电视系列纪录片《让历史告诉未来》获中国新闻奖一等奖和中国电视奖（社教类）特等奖；电视艺术片《西藏的诱惑》获全国首届纪录片大赛一等奖（1989）及第四届全国电视文艺"星光奖"一等奖（1990）；《上下五千年》获中宣部"五个一工程奖"；《苏园六纪》2000年获全国第十三届电视文艺星光奖一等奖；广播文艺节目《吴歌》2002年荣获上海之春国际音乐节"金编钟"大奖；抒情配乐长诗《百年小平》荣获2004年中央人民广播电台特别奖等。

四为方明近年来参加的重要纪念活动，包括2005年8月《血与火的记忆》纪念抗日战争60周年大型经典作品朗诵会，2006年纪念长征70周年的《长征颂》，2007年纪念建军80周年的《八一军旗红》，2008年《唱响奥运》，2009年大型音乐舞蹈史诗《复兴之路》，2010年9月教育部庆祝教师节《播种未来文艺晚会》，2011年10月参加第三届中国诗歌节开幕式及中国新诗音乐朗诵会，主持"中国唐宋名篇音乐朗诵会"，"永不消失的电波名家名篇朗诵会"，"再别康桥——中外诗歌散文撷英音乐朗诵会"，"读者的挚爱——诗文音乐朗诵会"，"永远的春之采——杜鸣心先生从事音乐创作50周年作品音乐会"，"爱，让我们永远在一起"——音乐朗诵会，2012年在中国国家博物馆主持的百年国博庆典演出《中国古琴大师雅集》，2012年10月至今多次赴法国巴黎参加在巴黎联合国教科文组织总部演出的"和韵天歌——感悟《道德经》"、"仁者之歌——感悟《论语》"、"放歌亲情——感悟《孝经》"、"至善之道——感悟《大学》"等古典经典诗词咏诵会。

三、方明播音艺术创作历史分期及播音风格的形成

"播音是时代的艺术。不同时代的政治、经济形势，人们的实践活动，社会思潮、价值观念、审美追求，这些对播音风格和特点的形成都会产生强烈的影响。这种影响和制约作用，不仅体现在同一时期不同播音员的相同之处，还体现在不同时期同一播音员的不同之处。"[①]回首方明五十余年的播音创作历程也正是如此，从新中国和平建设时期开始，在不同的历史时期表现出不同的艺术特色，一方面受到时代性的影响，另一方面也是方明的艺术从入门逐步发展到成熟的必经之路。根据方明播音创作的发展轨迹与建国以来不同历史时期的基本状况，可将方明的艺术生涯分为五个阶段：

（一）方明播音创作的启蒙和熏陶（1960年之前）

诚然，在任何工作岗位上有所成就都不是一蹴而就的。方明之所以取得今天的成绩，能够登上有声语言创作的最高峰，绝非偶然。这离不开他不断的努力和长久的积累。受到家族的影响，他从小就喜爱朗读，对民

---

① 姚喜双、郎小平：《方明谈播音》，中国广播电视出版社2000年1月第1版，第320页。

族传统艺术有所偏好。从小学读书到后来担任录音技术工作，他始终善于观察生活、体验生活，从生活中吸取创作的养分，不断扩充自己的创作源泉，并寻找创作的灵感。对艺术的耳濡目染为方明日后的播音创作工作打下了良好的基础。

1960年之前，方明尚未接触播音工作，为播音创作的启蒙和熏陶时期。方明自儿时就养成了朗读习惯，从小学到初中、到技术人员训练班中的经历都锻炼了他的朗读能力。青年时期在广播事业局受到的熏陶，所从事的录音工作等也对他后来的播音工作提供了很大的帮助。两年的录音工作中，方明饱览祖国各地壮美的山河，接触了很多文艺形式，开阔了视野，潜移默化地受到了艺术的熏陶，陶冶了情操。在录音室与播音员的接触与交流，更为方明日后走上播音工作岗位奠定了基础。

（二）方明播音创作的起步期（1960—1965年）

1960年至1965年，方明开始师从前辈学习播音创作，为播音创作的起步期。这一时期方明从前辈身上学习了对他影响至深的三句教诲。主要播音创作作品包括《新闻和报纸摘要》《向毛主席汇报》《回延安》《桂林山水歌》等。

年轻时的方明

方明在播音创作初期的特点主要体现为脚踏实地、稳健扎实。方明是调到播音组之后才开始真正学习朗诵的。方明在进行播音创作时，从语音、发声到语言表达，他都力争做到尽善尽美。虽然作为北京人，他的语音本来就比较纯正，但是他仍然严格按照汉语普通话的规范要求纠正自己唇舌无力的弱点，调整自己的发声。在语言表达方面，他认真对待稿件中的每一个字词、每一个句子，对于段落和章节的处理细致严谨，不断揣摩。方明就是这样，以扎实严谨的态度在创作初期不断加强自身语言基本功的全面训练，以精益求精的精神在播音创作中力求做到最好。正因如此，经过五年的时间，方明的播音能力得到了迅速的提升，为更有实力去迎接未来的挑战做好了准备。

从方明在播音创作初期的启示中我们可以认识到，播音员在播音创作的过程中要有整体学习的观念，全面充实自己，深入人民生活，不断提高自身的政治素养、语言艺术修养等综合素质，要在继承借鉴的基础上勇于创新发展，只有这样，才能够在深刻理解稿件内容实质的基础上，切实感悟到传播重心，透彻分析创作的内容，坚持正确的舆论导向，在播音创作中做到明快、清晰、准确、鲜明、具体、形象、生动的表达，进而不断提升和完善自身的业务能力，在播音创作中获得长足的发展。1965年，年仅24岁的方明就作为新中国年轻一代的播音员中第一个登上天安门城楼参加国庆游行转播的人，和齐越、林田一起在天安门城楼上执行了国庆游行转播的任务，可见党和国家对他的

1965年10月1日和齐越（中）、林田（右）在天安门城楼直播国庆盛况

信任。

  向前辈学习,是方明在播音创作初期的重要工作内容。到播音组以后,很多老师一字一句地带他,齐越、夏青、林田、潘捷、费寄平、葛兰、林如、王欢、刘炜、陆茜、马尔芳、肖楠等老师,都手把手地教过他,并且都非常有耐心,他们从思想上、政治上、业务上、生活上处处关心方明,使他日益热爱上了播音工作并很快地融入到了工作中。老师们教导他如果不认真仔细备稿,播音时念出来的就只能是字而读不出意思,于是在每一次创作前他都会竭尽全力地做好案头准备工作。那时的齐越和夏青可谓是播音队伍的旗帜和楷模,方明从他们身上学到了很多。

  当时播音组的备稿室门后面有一个大表,每人的名字都会在上面列出来,谁播了什么节目也会列在上面。如果节目播得没有一点儿差错就会挂一面小红旗,倘若出了一个差错就会挂一面小蓝旗。方明刚到播音组的时候,蓝旗直线上升,因为他经常念些错别字。当时夏青老师告诉他如果一般人能认识5000字就差不多的话,作为播音员则是8000乃至上万的字都要掌握,他告诫方明每一次看稿都要认真准备,不认识的字必须好好查查字典,还建议他每天认真看3页字典,包括字形、字义、字音,本义是什么,引申义是什么,可以组成多少个词,名词多少、动词多少、形容词多少等,要将字典里面有而学校里没有学过的知识都掌握住。方明谨遵老师的教诲,脚踏实地地在一年内掌握了整本字典。

  在学习播音的过程中,特别是齐越老师,经常要求方明深入社会不同阶层体验生活,要到基层去,到煤矿、工厂、农村、部队等地方,和煤矿工人、农民、军人一起劳动,体验生活。给工人、农民和战士们读他所播过的稿子,读完以后要听听大家的意见,要问问他们听懂了没有,是不是说到他们心坎里去了。齐越老师还要求方明每天都背点东西,例如诗和散文,而且要求他要能够上舞台。在60年代初期的时候,齐越老师还亲自带着他到舞台上锻炼过。这些对方明日后的播音工作影响很大,不但帮助他在播音时可以快速地找准对象感，与听众产生共鸣，还练就了他对于不同类型节目的把控能力，增强了他的语言感染力。带过方明的老师们都在业务上给过他很多指导。方明说其中有三句简单质朴的话让他终生受益，并成为其播音创作观的基础。

1．"你要玩真的"：播音创作要充满真情实感

齐越在指导方明播通讯的时候一再强调："你要玩真的"，让方明用真实的思想感情来对待每一篇稿件。在播音创作工作中，方明将齐越老师的这句"你要玩真的"铭记于心，在每一次播音创作中都全身心地投入真情实感，通过他的表达创作呈现给广大听众一个个鲜活的形象与场面，留给听众以深刻的印象。

2．"你要感觉到"：播音创作要善于整体驾驭

夏青老师常言："你要感觉到。"他这句话是在讲授如何播政论文章"九评"的时候说的。对于当年的方明来讲，政论性的文章，逻辑性很强，有理、有力、有节，不大容易把握，像"九评"这样的政论性文章距离他很遥远。在夏青老师的指导下，方明日后的播音创作中牢牢地把握住这句"你要感觉到"，无论是国家的利益、党的利益、民族的利益，还是人民的利益，都在自己的胸中，努力去维护。方明结合自身的学习经验和体会，坚持正确的播音创作道路，在大局观的统领下驾驭稿件，整体把握，表达传神，张弛有度，目的鲜明，令人信服。

3．"你要处理好句子出意思"：播音创作要专注内容实质

方明深刻理解林如老师讲的"你要处理好句子出意思"的核心在"意思"上，处理好句子正是为了更好地传达语句的意思。对于播音员而言，播的是具体的事情和意思，而不是那些句子、字词或词组，要把这些组织好成为一个完整的意思告诉给听众，喜怒哀乐都应该在这个意思当中，不要让听众在听播音的时候还要自己去组织这些句子，然后再去猜想揣摩。

所以播音不是简单的照稿念字,而是靠播音员对于稿件的理解和感悟,将稿子所要传达的内容和精神实质以富有感染力的有声语言流畅地传达给受众,体现出汉语普通话的音韵美,而不是故意做出一种播音状。

(三)方明播音创作的蛰伏探索期(1966年—1976年)

1966年至1976年,方明在"文革"时期的播音,是播音创作的蛰伏探索期。"文革"时期的播音工作环境艰辛,工作中困难重重,但是方明能够迎难而上,在探索中提高了业务能力。方明在这一时期参加了尼克松访华期间的播音工作,陈毅、周恩来、毛泽东同志逝世期间相关治丧活动。代表作品包括《活在人们心里的马老师》和《中国工人阶级的先锋战士——铁人王进喜》等。

在当时的社会背景之下,方明的播音创作受到了极大的限制,正如恩格斯所说,"没有能超出他们自己时代所给予他们的限制。"[1]当时的播音原则和标准就是"不喊不革命""调高情亦高"。特别是在"文革"早期,方明的播音创作多以高调门的"喊"为主,喊得头昏眼花还得接着喊,以至于声嘶力竭,嗓音受到很大伤害,乃至"播上一两千字,就累得不得了",[2]即便如此仍然不许降调。方明在60年代初期继承的延安时期的优良播音传统也由于在"十年动乱"时期受到社会背景的影响不得不被丢弃,方明的播音创作也不得不压抑了艺术创作本具有的个性和自身感性的一面,和大家一起以整齐划一的表达方式进行播音。

---

[1] 恩格斯:《社会主义从空想到科学的发展》,《马克思恩格斯全集》第三卷,405页。
[2] 方明语。

1967年前后在中央人民广播电台楼前留影

"文革"前,中央电台的新闻节目都是直播的。"文革"中,要求将所有的直播节目都改为录制播出。遇到紧急突发事件和重大宣传时,播音员从接到稿子到录音播出,时间非常紧张,因为要经过研究稿件、领会精神、明确重点(或新的提法),确定基调和备稿几个环节后才能进录音室录音,录音时还要控制好语速,把控好录音时间,以便为后续的监听、复听、领导审听和复制录音等后续工作留出充裕的时间,方明在每一个环节上都十分认真,这在客观上也促进了方明的快速备稿能力和日后的直播能力。当时,真正有实质内容的节目主要体现在新闻通讯当中,方明的新闻通讯播音创作就是在此期间得到了快速的进步与成长。

直到1972年尼克松访华期间,播音的调子开始降了下来,在进行相关的报道时,方明坚持"不冷不热,不卑不亢,坚持原则,待之以礼"的十六字方针,播音表达基调平静、客观,语气拿捏准确适当,语音不高不低、不急不慢,气息平缓贯通,一改"文革"期间的高调门儿播音方式,得到了大家的一致认可。自此,方明的播音创作终于开始恢复了对

"文革"前播音创作优良传统的传承。后来通过"咽音发声法"的练习，方明的嗓音逐渐得到恢复，播音的情感表达也开始恢复较深地投入到稿件中。播音创作表达终于从"高、平、空"的"喊"逐步回归到发自内心的"说"。方明富有真情实感的传达通过无线电传播到全国，这种尝试，在客观上也带动了全国广播界回归优良传统的大趋势，以正常交流的方式引导广播节目走回正轨，进而对全国听众内心情感的人文化回归都起到了积极地推动作用。

（四）方明播音创作的成熟期（1977年—1998年）

1977年至1998年，文革结束到新世纪到来之前，是方明的播音创作成熟期。方明在这一时期逐步形成了大气稳健、遒劲潇洒的播音风格。代表作品包括国庆35周年阅兵式和群众游行实况解说（1984年），音乐专题《介绍民族管弦乐——交响音诗〈流水操〉》（1986年），电视系列纪录片《让历史告诉未来》（1987年），《民族正气歌》（1990年），《阅读和欣赏》，通讯《在大海中永生—邓小平同志骨灰撒放记》（1997年），现代诗歌《生命进行曲》（1998年）等。

在此期间，方明不仅承担并圆满完成了许多重大新闻事件的报道工作，还在日常的播音工作中创作出许多杰出的作品，荣获了多种奖项，如获亚广联（ABU）"放送文化基金会奖"、"全国优秀广播节目特等奖"、中国新闻奖一等奖、中国电视奖特等奖、首届纪录片大赛一等奖、全国电视文艺"星光奖"一等奖、中宣部"五个一工程"奖、中国广播文艺政府奖一等奖、首届播音主持作品政府奖一等奖、中国新闻奖特别奖等。通过自身的不断进取与努力，方明从一名普通的播音员发展成为播音指导，当选中央人民广播电台播音部主任和中国播音学研究委员会会长，并被评为全国广播电视系统优秀工作者。

2008年方明主持"爱,让我们永远在一起"常州朗诵会期间与常州局前街小学学生交流

播音风格本身具有多样性和可变性。正如我们所看到的,"同一时代的播音员具有不同的播音风格,同一播音员在不同时代风格也会有变化;同一篇稿件不同的播音员播会有不同的风格,同一播音员播不同的稿件风格也会有变化。"[①]以上这些都反映出了播音风格的多样性和可变性特征。

首先,从共时的角度来看,个体的播音创作具有多样性特征是播音创作本身的规定性所决定的,播音创作最突出的特点体现为它属于在原有素材基础上进行的二度创作,因此创作的限制性相对较大。播音员的创作素材来自于编辑、记者或稿件作者,是依据观念形态进行的播音创作,因此,播音员要在局限中主动驾驭和掌握各种类型的稿件并适应其不同的风格和特点。播音员的创造性正是在这种局限性中体现出来的,限制性越大,对播音员创作能力的要求也就越高。随着这种适应能力的增强,播音员的创作才会日趋成熟,其播音风格也才会随之逐步形成。由于受到二度创作性的限制,播音风格一经形成,就会体现出丰富的内涵,同时也必然呈现出多样化的特色。从方明的实际播音创作工作中可以看到,方明在整

---

① 姚喜双:《播音风格探》,中国文联出版社,1992年6月第1版,第33页。

个播音创作生涯中播出过大量多种类型的稿件，不一而足。甚至在同一天的播音工作中，方明也可能播出许多种不同类型的稿件，有时义正言辞、庄重严谨，有时自如温婉、潇洒飘逸，有时疾风骤雨、电闪雷鸣，有时喜逢春雨、润物无声……正是由于这种对于多种稿件的适应和驾驭，方明的播音创作日益成熟起来，成熟中自然包含着风格的多种特色。"方明说，具体稿件具体分析，找出不同节目的播音特点，体现不同风格，这是播音员的看家本领。即便是在某类节目或文章的播音上有突出特点的播音员，其风格也并不单一。"[1]这都是由播音的二度创作性所带来的。此外，节目的形式风格也会促成播音风格的多样化特征。同一篇稿件在不同类型的节目中播出，考虑到传播目的、受众的接收等方面的问题，播音员在表达创作上自然也要有相应的变化和调整。

其次，从历时的角度来看，由于受到播音创作时空的高频率变化的影响，个体的播音风格也会呈现出可变性的特点。因为播音是时代的艺术，播音语言具有鲜明的时代性特征，同一位播音员的播音创作在不同时期自然会体现出有不同的特点。"任何艺术风格的形成，都同时代密切相关。所有艺术家的创作个性，也都带有其深刻的社会历史必然性。"[2]以方明为例：在创作初期的和平年代，他的播音爱憎分明、稳健扎实；在十年动乱的"文革"时期，方明的播音创作受到挫折，特别是在"文革"早期，播音多以"高、平、空"为主；随着逐渐步入到播音创作的成熟期，其播音体现出亲切自然、生动潇洒的特点；进入21世纪以后，其播音则体现出返璞归真、真诚质朴的特色。这是从时代变迁的社会属性的角度呈现出的播音风格的可变性。若从具体时间不同的自然属性来考虑播音风格的可变性，方明在早晨《新闻和报纸摘要》节目中的播音创作会突显出明朗、高亢的特色，以适应听众在清晨时的心理和情绪；在晚间的《新闻联播》节目中，播音创作则会更加注重突显亲切、自然的特色，以适应听众在这一

---

[1] 姚喜双：《播音风格探》，中国文联出版社，1992年6月第1版，第36页。
[2] 姚喜双：《播音风格探》，中国文联出版社，1992年6月第1版，第68页。

时间即将准备休息的特点。

诚然,播音风格由于受到种种条件的制约,本身具有多样性和可变性,但是播音风格的多样化表现并不排斥播音风格具有相对稳定性的特征。方明在不同条件下所呈现出来的播音创作的变化可以看作他"在相对稳定的风格主旋律上的变奏"。①也就是说,方明历经多年的播音创作工作,在对大量稿件进行多样性播音创作的基础上,其播音创作已经随着适应能力的增强日趋成熟,其相对稳定的播音创作风格也随之逐步形成。方明汲取齐越、夏青等老一辈播音艺术家的精华,以自己多年兢兢业业的话筒前工作、坚持不懈的努力和求索,融人品、作品于一体,将声音的个性元素和个人创作特点逐渐消解,隐藏在作品的情感之中,并与之融为一体,从而有效地催化了作品情感在有声语言创作中的释放。其播音风格的形成是一种自然显现,而非主观的刻意追求,与当前一些播音员盲目追求声音的个性特点以彰显自我形成了鲜明对比。方明将自己独特的感受和表达自然而然地融入到播音创作当中,体现在他播音创作的各个环节和要素上,结合创作元素本身所具有的特点以整体美的形式通过播音创作作品传达给广大受众。在播音创作中,他大气稳健、遒劲潇洒的播音特点以运动的状态贯穿于他播音创作的全过程,最终以相对稳定的状态凝结在他所播音创作的每一部作品上,逐渐演变为他的播音创作风格。

从新闻消息到通讯评论,从专题音乐到广播剧演播,从重大宣传到文学综艺,从电视专题片解说到舞台演出,纵观方明的播音创作作品,无论是气势豪迈、大气磅礴的作品,还是刚柔相济、庄重严谨的作品,无论是刚健挺拔、意气风发的作品,还是淳朴自然、悠然自得的作品,无论是生动活泼、幽默风趣的作品,还是典雅深沉、潇洒飘逸的作品,他那堂堂正正的新闻播音和那豪放潇洒的文学播音,都饱含着宏大的气魄和深长的意蕴,方明在播音创作的成熟期逐步形成了"大气稳健、遒劲潇洒"的播音

---

① 张颂:《广播电视语言艺术》,北京广播学院出版社,2001年7月第一版,第170页。

风格。

（五）方明播音创作的巅峰期（1999年至今）

1999年至今乃是方明的播音创作巅峰期。由方明担任主持并朗诵开篇词《荡气回肠唐宋篇》的大型古典诗词音乐朗诵会《唐宋名篇诗词音乐朗诵会》，自1999年2月20日在北京音乐厅进行首演后，曾在多地进行巡演并受到社会各界的一致好评。方明在这一时期以真诚质朴突显艺术境界的返璞归真。代表作品包括《岳阳楼记》《梦游天姥吟留别》和《对衰老的回答》等。

1999年参加"唐宋名篇诗词音乐朗诵会"

从20世纪末进入新世纪的历史时期，方明的创作更多的由广播播音创作转为舞台诵读创作，他的创作已渐渐进入忘我的浑然天成的巅峰状态，其语言表达已在语言传播的"三重空间"[①]中上升到审美空间。他的有声语言创作饱含着历史的厚度、时代的高度和哲理的深度，使人心驰神往、流连忘返。由他诵读创作的大量经典之作，在业界引起广泛反响，受到广大

---

① 张颂：《播音主持艺术论》，中国传媒大学出版社，2009年1月第1版，第356页。

受众的一致好评。方明在该时期所体现出来的创作特点可以概括为：以真诚质朴突显艺术境界的返璞归真。

道家有云：返朴归真。可见，朴与真乃是本源。同样，真诚与质朴也是艺术创作的高境界。诵读要达到这一境界，创作者就必须追问内心，流露真实情感，摒除过度修饰和矫揉造作。

他所诵读的《岳阳楼记》和《爱，让我们永远在一起》以其浑然天成的质朴表达赢得了无数热烈的掌声和观众的齐声共鸣。当前，在诵读中借助强烈的声光电以及服饰、道具、视频等元素的配合，很容易渲染舞台气氛，刺激视觉观感和增强舞台感染力，但却容易喧宾夺主，使诵读者热衷于角色扮演，从而消弱了对语言功力本身的锤炼，分散了对表达内容本身的关注，这是一种应当引起重视的不良倾向。

诵读艺术创作和其他门类的艺术创作一样，对于技术、技巧的掌握是通往更高水准的必由之路，熟而生巧，至巧而拙，大巧不工，终达化境。而大多数人都停留在对技巧的执着之中，有口无心，难以更进一步。问题的关键就在于过于强调技术、技巧而忽略了与内容本身的融合。方明在诵读创作中所体现的高水平诵读是内容与形式的有机结合。它不是一个见字读音的直觉过程，而是一个有着复杂的心理、生理变化的驾驭语言的过程，它涉及到文字、视觉、思维、情感、气息、声音等各方面的相互联结和融合，在联结融合中强调技巧。但是，他的诵读并不主张"技巧至上"，反对任何纯粹的形式主义表达。在方明的诵读创作中，形式必须作为一种手段，服务于一定的内容和思想感情。过于强调形式必然弄巧成拙，只有将内容和形式完美恰切地结合在一起才能达到最好的效果，才会实现诵读的真正价值，达到诵读艺术的高境界。

2013年参加法源寺第12届丁香节诗会，朗诵"有一个字、与生俱来、排山倒海"

当前，数字媒体向用户提供信息的多渠道传播形态成为新媒体时代的标志性特征，使得以往诵读现场的共时性和通过广播电视媒体传播的定时性都被打破。作为"口耳之学"的诵读不再受到时空的限制，走向了更加广阔的空间。新科技不但为诵读提供了多元化的渲染手段，借助光、影、音效果来增强诵读的感染力，同时也提供了开放的传播平台，使专业和业余的诵读者都可分享自己的诵读创作，这是时代发展带给我们的欣喜。网络的快捷和便利使诵读作品总量大大提高，但是在一定程度上也使其整体水平有所降低，停留在自发的、即兴水准的诵读作品很多，经得住考验和推敲的佳作越来越少，创作者的审美取向和审美格调也参差不齐。在新媒体时代，把握诵读定位与文化内涵，对传承中华文明、弘扬中华优秀传统文化、激发爱国情怀都具有十分重要的意义。因此，特别需要像方明一样的诵读创作艺术家及时为广大受众做出审美引领和规范示范，让百花齐放的诵读天地拥有一盏指明灯，唯大师在前，我们的方向才能更加明确；唯典范在侧，我们的脚步才能更为坚实。

四、方明谈敬业

从1960年被中央人民广播电台调入播音组任播音员开始，今年78岁的方明同志已经为人民广播事业奉献了半个多世纪的时间，半个世纪的声音纪录使得方明在人们心中留下了难以磨灭的形象，而最令人难忘和敬仰的是他对播音事业的钟爱和他一丝不苟的敬业精神。

所谓敬业，就是尊敬、尊崇自己的职业，专心致力于自己从事的事业。中华民族历来有"敬业乐群"、"忠于职守"的传统。宋朝朱熹说，"敬业"就是"专心致志以事其业"，即用一种恭敬严肃的态度对待自己的工作，一心一意，精益求精。方明认为，播音员主持人内心对于播音主持行业的热爱、对受众和播音主持事业的高度尊重，是支撑其做好节目的灵魂，而对于语言规范持之以恒的不懈坚持和一丝不苟的严谨态度可谓是播音员主持人敬业精神的基础。

（一）播音员主持人的敬业精神首先应该体现在坚持和遵守语言规范上

方明认为，播音员主持人需加强对语言规范重要性的理解，要从落实语音规范做起。

1. 贯彻语言规范是历史发展和社会进步的必然要求

语言的发展，是由家族、部落等群居生活劳作中的各种语音、词汇逐步形成地域方言，各个方言经过分化融合等变迁，便有了不同时期的表现。当下的几大方言区，只是语言发展的一个阶段，以后还要遵循语言规律，继续向前发展。可以肯定的是，随着人类社会生活的全球化、信息化，随着国际间各类交流的日益频繁，语言规范化的趋势必然不可阻挡。某些语言，包括某些方言，可能会消亡，某些语言则要更广泛的普及。

今天，我们上网、写信，使用的汉字大家都能认识，所以不存在理解的障碍。如果当初没有秦始皇的"书同文"，今天恐怕就没有这么方便了。就像文字的发展一样,"语同音"也要经过从杂多到统一的过程,虽不可能一蹴而就,却离不开循序渐进。这其中,语言规范化、审美化的要求已经成为刻不容缓,迫在眉睫的事情。播音员主持人有责任和义务以语言规范化、审美化的带头人身份担当起对语言文化的教育、宣传、推广、普及、规范应用等社会责任,理应成为业内遵纪守法的典范。

2. 播音员主持人落实语言规范是应尽的法律义务

2012年11月底,中央人民广播电台开展了第三届十佳播音员主持人的评选活动,在这次评选过程中的一个环节,是作为评委的方明加上去的,在评选活动结束后的相关研讨会上,方明说这涉及到一个让他想了很久的问题,那就是汉语普通话字音的问题。方明指出,目前一线研究业务的空气不浓是个十分严重的问题。就拿一个字音的问题来说,现在不少播音员主持人对字音问题不以为然,不少单位让人点评后结果也不了了之。目前的一线主持人中,普遍存在对于专业问题缺少研究的现象。基层单位中,也对国家电台、电视台的播音主持人的基本功问题有很多质疑。因此,他专门在当年评选十佳播音员主持人的决赛阶段增添了语音辨识题目。

为加强广播电视队伍建设,倡导良好的职业精神和职业道德,规范广播电视播音员主持人的职业行为,国家广播电视总局特别制定了《中国广播电视播音员主持人职业道德准则》(以下简称《准则》),《准则》以六条——全文近六分之一的篇幅予以了强调,指出主持人要在"规范使用通用语言文字"上发挥"示范作用"。主持人的语言习惯对观众来讲具有引领的作用,"广播电视播音员主持人要积极推广、普及普通话,规范使用通用语言文字,维护祖国语言和文字的纯洁,发挥示范作用"(《准则》第二十一条)。

事实上,不仅是广播电视总局在业内制定了相关条文规定,我国宪法和法律也有很多相关的条文。《中华人民共和国宪法》第一章总纲第十九条第五款明确指出,"国家推广全国通用的普通话"。2000年10月31日,第九届全国人大常委会第十八次会议通过了《中华人民共和国国家通用语言文字法》，其第一章总则第三条也明确指出"国家推广普通话，推行规范汉字"。第二章国家通用语言文字的使用第十二条第一款指出"广播电台、电视台以普通话为基本播音用语"，第十九条第二款指出"以普通话作为工作语言的播音员、节目主持人和影视话剧演员、国家机关工作人员的普通话水平应该分别达到国家规定的等级标准；对尚未达到国家规定的普通话等级标准的，分情况进行培训"。第三章管理和监督，第二十六条第一款中指出："违反本法有关规定，不按照国家通用语言文字的规范和标准使用语言文字的，公民可以提出批评和建议。"第二款中指出："本法第19条第二款规定的人员用语违反本法第二章有关规定的，有关单位应当对直接责任人员进行批评教育，拒不改正的，由有关单位作出处理。"第27条中指出："违反本法规定，干涉他人学习和使用国家通用语言文字的，由有关行政管理部门责令限期改正，并予以警告。"在中共中央十七届六中全会《关于深化文化体制改革推动社会主义文化大发展大繁荣若干重大问题的决定》中，第五部分《大力发展公益文化事业，保障人民基本文化权益》的第三条《建设优秀传统文化传承体系》也明确提出要"大力推广和规范使用国家通用语言文字"。

这些法律条文都明确指出了普通话的重要性，同时强调了播音员主持人应该在普通话推广方面发挥示范作用，在工作中规范使用通用语言文字，维护祖国语言和文字的纯洁。

方明担任中央人民广播电台播音指导委员会主任期间，一直保持关注并留意记录节目中播音员主持人易错的读音。他从2010年4月份开始受邀承担受众信息中的咬文嚼字的点评任务，在这一年半当中，他每周都要写一篇点评，分析播音员主持人播错字、读错音的主客观原因，并提出解决这些问题的办法。

据方明介绍，夏青曾建议他每天认真地看3页字典，这样一年就可以掌握整本字典，他也建议播音员主持人能够坚持查阅字典，建议各个台都应该严抓播音员主持人的语言规范，播音员、主持人应积极树立良好的敬业精神，人手一本最现代汉语词典和一本新华字典，每一个节目组应该备有一本古代汉语辞典，一套辞海，一本康熙字典。只有这样，才是对播音主持这份工作最起码的尊重。

在广播电视节目中的误读会直接影响受众的接受，甚至会干扰受众收听收视的进程。现在，有的播音员主持人尽管普通话水平测试已经达到一级甲等，仍在节目中犯常识性的语音错误。语音的正误，绝不仅仅是知识水平高低的表现，它还是播音员主持人敬业与否的直接体现。如某位主持人在谈及新上任的女排教练时，竟然把"绍兴师爷"的"爷"（应读为轻声，是帮腔出主意的意思）念成了师爷（二声，变成师傅的师傅了），导致意思的大相径庭。本来一句很精彩很完整的话，在节目中由于一字之差被人议论，注意力转移，后面的话就很容易听不清楚了。

业精于勤，播音员主持人应该积极利用各种工具书锤炼业务能力。目前在一些播音员主持人中，有一种不好的现象，就是甚至不愿意认真地查一查工具书，对于认真大家好像是嗤之以鼻的。非常令人费解的是，在其一年半的点评统计中，有许多字词曾经多次点评过，比如说标识（zhi四声）很多人就念标识（shi二声），按捺（na四声）很多人读作nai（四声），慰藉（jie四声）很多人读作慰ji（四声），亳州（bo二声）就念毫州，肖像（xiao四声）不少人读一声，载歌载舞（zai四声）、载人航天飞船，都是四声，有人非读三声让你去载（同"宰"音）人，多可怕啊。还有一个桂冠（guan一声），也有很多人念错，像冠心病、冠状动脉（guan一声）也是如此，还是有人读作四声，还有卓越的卓（zhuo二声）始终有人读一声，直到现在还有不少人读错。这问题表面出在播音员、主持人身上，而事实上，应该从规范制度上着手，才能根本解决问题。在电台电视台的运行机制上，需要重视审音工作的各个环节，以加强监督、积极反馈的方式形成良性循环，敦促节目贯彻语言规范。

方明一贯的观点是，不要小看字音的问题，它牵扯到国家电台的声誉，更牵扯到行业形象。用规范的、标准的普通话播音，这是宪法、国家通用语言文字法赋予国家电台工作人员的责任、义务和任务。字音准确与否，体现出播音员主持人的基本功是否扎实，是否敬业。重视字音问题，就是在维护宪法法律的尊严，忽视、轻视、蔑视这个问题，就没有资格在国家电台这个神圣岗位上工作。

1998年在幸福三村家中翻阅字典

3. 播音员主持人的词汇、语法等规范不容忽视

除了语音问题外，词汇语法不准确、辞格运用不当、句群组织不合理等问题也是不容忽视的。例如在节目中说"一位莘莘学子"是不懂"莘莘学子"是群体名词，属于不了解词义的误用；有的主持人在节目中用"七月流火"来说天气酷热，是不懂《诗经》"七月流火，九月授衣"诗句的意思所导致的；还有的主持人竟然分不清楚"差强人意"和"不尽如人意"。此外，目前在广播电视节目中出现的外来语和缩略语的使用不当问题更是数不胜数。

方明指出，日常生活中不经意，语言教学中不在意，广播电视中不注意，学术研究中不留意，结果造成的现象就是：以"不标准"为"有个性"，以"港台腔"为"新风格"，以"男生女气"为"大趋势"，以"女声嗲气"为"贴近性"？我们的青少年们，在潜移默化中受到了极大的影响，语言中的是非、优劣，遭到了十分严重的误解和扭曲。

现在很多有待规范的网络用语已被应用到广播电视节目中，如有木有、神马、给力等，有的电台还开办了以"给力"引领标题的栏目。方明认为这些不仅破坏了汉语系统的内在和谐美，也不便于普通人阅读和理解，对小学生还有误导作用，因而建议政府有关部门加强对新闻媒体语言文字的监管、指导和规范。新闻媒体也不要跟风，而应该持慎重态度，注重语言规范，担当起对语言文化教育、宣传、推广、普及规范应用的社会责任。作为播音员主持人更要坚持发挥语言的规范化和审美化的引领和示范作用，做好宣传教育、推广普及的工作。

（二）播音员主持人的敬业精神要体现在每一次认真备稿中

方明的生活中有两个特别温暖的港湾，一个是家里的书桌，一个是办公室的写字台，几十年笔耕不辍，70岁依旧勤奋。方明认为，坚持认真备稿是准确播出、恰切表达的重要保障。播音员主持人的一言一行"随风潜入夜，润物细无声"地影响着受众，这就要求播音员主持人拥有出色的语言表达能力，具备较高的业务能力和文化素养。当谈起播音员主持人的业务时方明深有感触地说，播音员主持人第一位要掌握的是内容而不是形式，所以前提一定是要对内容做好充分的准备。急功近利地认为播音员主持人可以在短期内通过技能培训迅速成才是不可能的。比如很简单的一个事情——备稿，从学生时期的专业基础学习阶段就开始讲备稿，延安时期起老播音员就教育新播音员要认真仔细备稿，解放以后，夏青、葛兰、林田、潘洁、费寄平也教导他要仔细认真备稿，他参加播音工作以后因为没有仔细备稿曾经遭到过齐越老师的严厉批评。由于备稿不认真不充分，现在的播音对于稿件的表达仅仅停留在文字表面、播得不深的问题非常严重，特别是对于中央的方针政策以及外交活动中的深度、分寸，很多播音员不能在节目中恰切地体现出来。错把没有任何准备的生活常态的表达等同于贴近群众、贴近实际、贴近生活是不对的。

1998年在幸福三村家中备稿

有些播音员主持人，经过多年努力，已积累了相当丰富的工作经验，逐渐进入成熟期，有自己的固定栏目和受众群，在受众中也有一定知名度。与此同时，满足现状、不求进取的工作惰性也会随之而来。主要表现为工作状态懈怠、缺少责任心、缺乏创新动力，缺失工作热情，缺少敬业精神，从而在工作中出现失误。对于播音员主持人而言，最常见的失误就是语言的不规范。作为专业工作者，最根本的是要有严肃认真、一丝不苟的精神，不能认真备稿，这是一个大问题。中国的汉字、词汇浩如烟海，任何人也难以识全，播音员主持人必须认真备稿才能保证在语言规范的基础上表达内容。

（三）播音员主持人的敬业精神要体现在关注民生、走基层上

方明从小就和朗读有不解之缘，从小学开始到初中、到技术训练班，他都在班上读报，这在无形中锻炼了他的朗读能力。回忆起中学的语文老师，方明说老师不仅教文也教语，还经常到图书馆给他们借书，全班49名同学，老师就借49本同样的书发给每一位同学，让同学们看完觉得哪一段最好就读给大家听，后来选派方明等四名同学每天放学前在班里进行30分

钟的读报，因而在锻炼了方明朗读能力的同时也培养了他关注民生的习惯。当时老师还让他们听广播，方明一直坚持听李冰和万里播音的对中学生广播，此外，他还从广播里听到了齐越老师播的《谁是最可爱的人》，第二天拿到报纸后还在语文老师的带领下进行了朗读。1956年初中毕业后，方明考入了中央广播事业局的技术人员训练班，是57学员，当时学的是无线电发射专业。1958年4月广播大楼建成的时候，训练班主任找到方明，让他到中央控制室录音科做录音员，于是，方明开始了录音技术工作。因为在录音的过程中方明和播音员接触比较多，比如当时和夏青老师播过很多稿子，八届六中全会，八届十中全会的稿子都是他在大录音室录的音。此外，他还跟其他的播音员在录音过程中互相谈话，有时候还给播音员挑点小毛病，于是引起了播音组的注意。因为当时播音组男生人手比较少，所以写了个报告给当时的老局长要在本职职工中选一些男播音员。方明在参选的三四十人中被选中，从此与播音结下不解之缘。当时，对于播音，方明还只是爱好，谈不上热爱，甚至有点害怕，因为当时搞播音工作的很多人都是大学毕业，受过多年党的教育，他自认为水平有限，不大敢去。1960年4月方明被通知去播音组报到，他一直拖到6月份才去。这期间，他还录制了六部交响曲。

虽然是理工科出身，方明认为两年的录音工作对他后来的播音工作提供了很大的帮助，因为在录音工作中他接触到了古今中外可以说是当时所能接触到各种文艺形式，比如戏曲，除了京剧，评剧、吕剧、河南豫剧、湖南花鼓戏、四川的川剧、广东粤剧、上海越剧、黄梅戏他都接触过，东北的二人转、内蒙的二人台、福建的五大剧种、闽剧、湘剧、高甲戏、梨园戏、莆仙戏他也都接触过。当然还有其他一些形式，比如说当时在首都机场第一次中央乐团演奏贝多芬第九交响曲，他去参加了录音。录音的时候他要考虑到演员的唱，演员是用什么样的嗓子唱，他的话筒需要摆多高、距离演员多远为宜等，这些都是需要设计的。在他的记忆里最难录的就是川剧的高腔和江西抑扬高腔，一定注意不能把声音录破了。此外，演员道白的时候是有动作感的，这个动作感对方明后来学习播音也是很有好处的。比如演员他手要指那个方向，他必定是从这儿绕过去，你去看那儿，他有一个动作感，调动观众的视线，在语言上要有一个节奏变化，方明说这个节奏变化对他后来的播音处理非常有帮助。这些都在无形中为他后来的播音工作打下了很好的基础。

的确，生活中的种种都是触类旁通的，想到当年孙中山学医后来到了政治界，鲁迅学医最后成了一个文学家都是如此，更何况播音创作的源泉就是生活。方明认为搞播音工作应该多学一些其他门类的知识，播音主持工作不是单纯的去念稿子，不是单纯就某一个话题去谈，而是会涉及到很广泛的话题，需上知天文下知地理，这都需要播音员主持人在日常生活学习中不断积累的。

同样的文字同样的话筒，方明的播音和朗诵总会令人感觉到共鸣。当主持人问及方明其艺术源泉来自于哪里时，作为新闻工作者的方明毫不犹豫地回答他创作的源泉来自于生活，来自于他的老师的教导。方明回忆说，到播音组以后，很多老师一字一句地带他，齐越、夏青、林田、潘捷、费寄平、葛兰、林如、王欢、刘伟、陆倩、马尔芳、肖楠等老师，都手把手地教过他并且都非常有耐心，他们从思想上、政治上、业务上、生活上处处关心方明，使他日益热爱上了播音工作，所以他成长得比较快。直至今日，每当说起当时给过方明帮助的老师来，方明都如数家珍，他说之所以有今天这样的成就主要来自于老师们的谆谆教导，是老师们教他创作的源泉要来源于生活，使他至今坚贞不渝地热爱着播音这个事业。

在学习播音的过程中，特别是齐越老师，经常要求方明要到基层去，到煤矿、工厂、农村、部队等地方，和煤矿工人、农民、军人一起劳动，体验生活。给工人、农民和战士们读他所播过的稿子，读完以后要听听大家的意见，要问问他们听懂了没有，是不是说到他们心坎里去了。此外，齐越老师还特别要求方明要跟记者出去采访，方明回忆成昆铁路通车一周年的时候，他跟随记者一路坐着火车走走停停，沿线很多地方都要下来采访一年来的变化情况。他清楚地记得每一站下来都有一个烈士纪念碑，纪念无数为修成昆铁路付出了生命的代价的战士。在后来的播音中，方明很容易就找到了真情实感。

方明回忆说，这么多年来，很多老师带过他，有三句话他一直记忆犹新，第一句话是齐越老师说的"要玩真的"，就是要用真挚的感情来播音，真挚的感情要从老百姓那里来，要真正体会老百姓的生活、需求、喜怒哀乐，从而激发自己的感情。第二句是夏青老师说的"你要感觉到"，对于所播的东西要化为自己亲身经历过的一样，只有这样才能在播的时候有真情实感。第三句是林如说的"要处理好句子出意思"，要通过播音告诉广大听众说的究竟是什么意思，目的要明确、态度要鲜明，要让听众听明白。

从60年代从事播音工作至今，播音方式上已经发生了巨大的变化。方明回忆说，在文革之前的新闻节目基本上都是直播的，非常考验播音员的功底。过去电台电视台播音所用的稿子基本都是新华社的口播版稿子，电台电视台没有自己的稿子，都是随着新华社走，特别是大块的文章，一字一句都不能变。"文革"后，大家有一个想法就是要改变现状，广播和电视都要自己走路。播音也相应有了自己的变化：从"文革"前的读稿子到"文革"期间的大喊大叫，到"文革"后的降调降速，随后拉近和听众的距离，而后又变成了一对一地向日常生活语言靠拢。在播音过程中，尽可能用事先心理准备好的来播自己的体会和感受，这样就脱离了念稿的情况。总之，就播音方式而言，特别是最近20多年变化是非常大的。在此期间，播音员相当于从挂着拐杖走路到抛开拐杖自由的舞蹈，这期间要做到不脱离时代，跟得上播读变化的节拍，最重要的一点就是要到生活当中去，要经常地主动地做记者工作，经常去采访，只有这样播音员才能对事情的来龙去脉了解得清楚，才能掌握第一手材料，把事情说明白，从逻辑上对问题的阐述一步步地加深。如果是第二手、第三手材料就很难把工作做得那么贴切，让人感觉到实实在在。从培养播音员主持人来讲，一开始就应该让他们下基层、转作风、改文风。方明认为深入到基层就是坚持党的老传统在今天的继承和发扬。像范长江那样的老记者就是因为深入到百姓生活中才写出了优秀的稿子。穆青可以写出焦裕禄的稿子更是离不开切身体验，是流着泪写出来的，齐越老师也是流着泪播出的，像这样来源于生活本身的艺术创作怎能不感染人、不激励人呢？只有走进基层，播音员主持人才能真正感受到广大老百姓心声，创作出优秀的播音作品。因此，关注民生、走基层是播音员主持人敬业精神的重要体现。

（四）播音员主持人的敬业精神要体现在对播音事业的敬仰上

每一个行业都有自己本行业历史传承的、闪光的东西，应该挖掘出来在今天广大老百姓中有所发扬。每一个人都有自己的责任和承担，作为新闻工作者的播音员主持人更是如此。

方明说老前辈曾告诫他，前辈之所以能够在播音岗位上取得好的成绩，共同点是源于他们把自己的全部身心和生命都和我们的党、我们的国家和播音事业牢牢地捆绑在一起，党荣我荣，党辱我辱，把全部身心都投入到了这个事业当中。延安时期的老一代新闻播音员，在战争年代真是为了这一事业抛头颅洒热血，今天我们则是在很幸福的时代从事这个事业。今天我们在继承这一事业的时候应该在心里有所敬仰，切实地把它看做一个事业，而不是谋生的职业。不管是在顺利的时候还是困难的时候，想一想我们的老前辈，他们面对困难的时候是怎样对待的，就可以知道我们今天该用怎样的精神来对待我们所取得的荣誉和遇到的困难。

在拜金主义的影响下，整个社会都变得浮躁，"敬业"二字离我们生活似乎越来越远。潜心钻研本职工作的"敬业"，被很多人认为不合时宜。然而在实践中不难发现，像方明这样成功的播音员主持人，都是爱岗敬业的典型代表。相信只要通过努力，新一代的播音员主持人也一定能够扛起前辈们的敬业大旗，继承老一辈的敬业精神，通过高质量的广播电视语言传播，继续宣传我们的优秀民族文化传统，我们的主流意识形态，我们的本土话语特质，彰显中华民族精神与中华民族气节，在继承的基础上不断创新！胡塞尔说过，"我们切勿为了时代而放弃永恒"，时代的发展，当然会大浪淘沙，但那不腐的流水，必将不舍昼夜地奔腾汹涌，后浪催前浪，滚滚向前！

五、方明的艺术代表作赏析

（一）诗朗诵《回延安》

1960年，为了这首《回延安》，19岁的方明曾把自己关在中央人民广播电台四楼的小屋里面不下几百遍的练习、揣摩，将自己全部身心都投入到了创作体会中。受到齐越老师的影响，方明从不会一拿文章就开始读，充分的案头工作永远都是他创作准备的第一步。贺敬之写的这首《回延安》抒写了自己在回到阔别十年的延安时的喜悦之情，表现了思念"母亲"延安的一片赤子之心，赞颂了延安在中国革命史上的伟大贡献和建国后的巨大变化。诗歌采用陕北信天游的形式，语言质朴，感情热烈。除了从音韵上抓住诗歌的韵，处理好韵脚，在诵读之前方明还注意事先体会诗的意境，以便在表达时把自己的情感放到诗中，使得自己的情感节奏可以跟随诗歌本身旋律的跳动而跳动。因此，他所朗诵的《回延安》将陕北的音韵特点表现得淋漓尽致，情感充盈，荡气回肠！

对这首诗篇进行诵读创作的时候，方明首要是考虑作者的感受，设法去体会作者在延安成长，然后又离开延安十年后回到延安的心情。所以在诵读的开篇"心口啊，莫要这么厉害的跳"，方明用声比较轻柔而不是张扬的表达，因为他领悟到这是作者内心悄悄地在说。他设想第一段的前半部分是在作者回到延安见到亲人之前在车里的想法。"几回回梦里回延安，双手搂定宝塔山。千声万声呼唤你，母亲延安就在这里！"这句话的表达和前一句"心口不要这么厉害的跳，灰尘呀莫把我眼睛挡住了，手抓黄土我不放，紧紧儿贴在心窝上"相比，在语音方面音高要高、音强要强，音长要长，声音要亮，用声要实，音质由柔变刚，这样的表达处理先是悄悄地在心里说，然后再爆发出来的情感充分地通过有声语言展现了出来。在语言表达外部技巧的应用方面，首先在表达节奏上先由慢到快，再由快到慢，方明先运用虚声和适当的停顿来显现"悄悄地在心里说"，而后使用直连的快速连读体现出了内心激动的情感，后又转为较慢的语速以便表达对自己生活战斗过的地方所饱含的深深的情感。在重音的处理上，首先强调了"梦"字，借此抒发了对阔别十年的母亲延安魂牵梦绕的思念之情。紧接着强调了"定"字，宝塔山是延安的标志，革命圣地的象征，在表达中抓住了"搂定"的"定"字就相当于抓住了全篇的诗眼，在这一处进行着重处理，恰到好处地将作者回到故乡心潮澎湃的喜悦之情和内心由衷的骄傲与赞美之感都淋漓尽致地表现了出来。"就"字的重音处理充分体现出了作者日思夜盼地回到母亲延安身旁的急切心情。下车以后，"杜甫川唱来柳林铺笑，红旗飘飘把手招"，这时候方明利用情景再现的手法想象着看见亲人们都迎了过来，运用喜悦的语气把情感充分地展现了出来。"白羊肚手巾红腰带，亲人们迎过延河来。满心话当时说不出来，一头扑进亲人怀。"为了充分体现出见到久别亲人的情感，"扑"字的表达做了重音处理，将当时的心情表现得活灵活现，这一句的表达也随着情感的充盈变得节奏越来越快。

第二段，回到了曾经生活过的老乡家，"二十里铺送过柳林铺迎，分别十年又回家中。"方明通过强调"十年"将阔别已久的内心感慨和思念之情一并表现了出来。到家以后看到"树梢树枝树根根，亲山亲水有亲人"，诗文以"树"起兴，随着文字语言的画面构建，有声语言表达的节奏放缓，语速放慢，声音变得温婉亲切，使得听者仿佛就在现场看到了文中所提到的"树梢树枝树根根"并随之回溯到十年之前,在句尾突出"亲人"两个字,表现出了作者和延安以及延安的父老乡亲的血肉关系,再一次强调了思乡之情与溢于言表的内心涌动。"羊羔羔吃奶眼望着妈,小米饭养活我长大",方明突出了"小米饭"以强调对延安母亲养育之恩的感激之情。"东山的糜子西山的谷,肩膀上的红旗手中的书",这一句用赋的手法,选取典型事物,概括了当年热火朝天的生活,方明在表达中所强调的"糜子"和"谷","红旗"和"书"在语气处理上都非常亲切,因为作者整个参加革命的历程就是在那会儿培养出来的。"手把手儿教会了我,母亲打发我们过黄河。革命的道路千万里,天南海北想着你……",整句语速较慢,最后突出了"天南海北",体现出了母子亲情,同时表现出了作者对母亲的感激和怀念。

在这一段中出现的"根"和"人",有同样的韵脚"en","妈"和"大"有同样的韵脚"a","谷"和"书"有同样的韵脚"u","里"和"你"有同样的韵脚"i",方明在朗诵时以和谐的押韵表达,结合语意或铿锵或温婉的体现出了音韵美和节奏感。

第三段是描写作者真正在窑洞里面和老乡与亲人聊天。"米酒/油馍/木炭火,团团围定炕上坐""米酒""油馍""木炭火"这是陕北家常饭的特征,方明利用三个停顿将其突显,和后面"炕"字的重音处理一起突出了带有陕北地方特点的事物,烘托了热闹气氛。"满窑里围得不透风,脑畔上还响着脚步声",方明对于这一句的空间表达和逻辑链条处理都准确生动,主要得益于熟悉窑洞的构造,在山坡上是一层一层的窑洞,所以窑洞前面的马路很有可能是下一层窑洞的房顶,所以"脑畔上还响着脚步声"。"保卫延安你们费了心,白头发添了几根根",这是对当年在当地打游击的老人说的话,声音渐虚减弱,体现出了怜爱与感激之情。而后声音一转,"团支书又领进社主任,当年的放羊娃如今长成人。白生生的窗纸红窗花,娃娃们争抢来把手拉。"这一句以积极饱满的语气与前面形成鲜明的对比，也突显了团支书与社主任的年轻有为和延安的后继有人。加上两处韵尾"en"和"a"的和谐押韵，方明以响亮饱满的声音营造了三代人欢聚一堂，共叙新旧岁月的欢乐气氛。"一口口的米酒千万句话，长江大河起浪花。"这一句把交谈的过程简短地浓缩了出来。话题由延安飞跨千山万水，方明在表达中一方面注意韵脚的押韵，另一方面将比喻词"长江大河"加以强调，将全国的形势比作如长江、黄河般汹涌澎湃。"十年来革命大发展，说不尽这三千六百天……"，通过一个"尽"字强调出了作者说不完的话。

第四段是对延安新貌的描绘。带着回到延安后和老乡们聊到天亮的兴奋感，第二天天一亮，就要出去看一看延安，"千万条腿来千万只眼，也不够我走来也不够我看！头顶着蓝天大明镜，延安城照在我心中"，方明通过两次强调"不够"突显出了延安的变化之大令人看不过来。"一条条街道宽又平，一座座楼房披彩虹；一盏盏电灯亮又明，一排排绿树迎春风……"方明以四个具体形象的连读塑造出了扑面而来的感觉，令人眼前一亮。"对照过去我认不出了你，母亲延安换新衣"，通过强调"你"和"换新衣"借助拟人的表达手法来赞美延安新貌，进而赞美了十年来延安在党的领导下的巨大变化。

第五段歌颂了延安的光辉历史，也展望了美好的明天。"杨家岭的红旗啊高高地飘，革命万里起高潮"，以激昂豪迈的上扬语气领起，使人联想到大好的革命形势。接下来几节，"宝塔山下留脚印，毛主席登上了天安门！枣园的灯光照人心，延河滚滚喊'前进'！赤卫队，青年团，红领巾，走着咱英雄几辈辈人……"，通过自豪的讲述语气回顾了延安的历史，结尾处的留白给人以很大的想象空间，接着"社会主义路上大踏步走，光荣的延河还要在前头"又展望了延安美好的未来。方明在表达中气息充盈而畅达，口腔积极敞开，气流放纵外涌，唇舌动程加大，声音产生伸张感，让人从中体会到继续发扬延安精神将会带给我们的美好前景。

"大"和"还"两个字的重音处理使感情表达具备了更加充沛的力量。结尾一节,"身长翅膀吧脚生云,再回延安看母亲",特别强调了"再"和"母亲"两个词,以坚定的语气再次抒发了对延安母亲的眷恋之情。

正是由于方明当年上百次的练习与揣摩,铸就了这篇诵读佳作。方明朗诵的《回延安》早已成为大家耳熟能详的诗歌作品,不仅在上个世纪风靡大江南北,在今天的舞台上仍具有鲜活的感染力。

(二)通讯播音《活在人们心里的马老师》和《中国工人阶级的先锋战士——铁人王进喜》

即便是在"文革"期间的工作环境下,方明对自己的专业要求也从来没有放松过。由于真正有实质内容的节目主要体现在新闻通讯当中,方明在新闻通讯播音创作方面格外用心,他的通讯播音创作就是在此期间得到了快速的进步与成长,留给后人不少经典创作。与相对朴实的消息类播音相比,通讯播音语言多为生动细致的描述性语言。方明的表达不仅仅传达事件内容,还能够展现语言浓厚的感情色彩变化,表达手法多样,叙述表达饱含鲜明。

方明在谈及通讯播音的心得时说"播通讯最重要的是要把握住情感的抒发和控制,根据是事件本身的脉络,一个是以时间为顺序,一个是以横向的事件发展为顺序,然后再注意具体的细节。对于播音员来说,目的很重要"。由此也印证了有声语言的基本表达规律,即"目的是统帅,理解是基础,感受是关键,感情要运动,声音要变化,状态要自如"。

总而言之,方明的通讯播音生动、形象、真实、感人。经过实例分析和访谈了解到,方明之所以能够在通讯播音中做到以上这些,是因为在通讯播音创作中他能够从以下几点着手做起:

1. 理清线索,抓住主线,播出条理

对通讯播音创作而言,同样要遵循一个规律,那就是理解是表达的基础。和播报其他类型的新闻稿件一样，通讯播音的第一步也是创作前的充分准备，即备稿。只是与消息稿件和新闻评论稿件的分析不大一样，通讯稿件并非侧重于逻辑，主要不在于分析稿件内部的逻辑关系，而是侧重于分析形象，主要是要理清线索，抓住主线，播出条理。方明非常重视备稿这一创作前的准备环节。拿到稿件后，他都会先进行深入透彻地分析，将自己带入到稿件当中去切身体会和感悟，认真揣摩事件的发生发展和人物之间的关系。一是根据以时间和事件的发展顺序，梳理事件本身的脉络和细节，理清线索，抓住主线；二是根据剖析人物的内心世界，感受形象，揣摩人物，挖掘情感主线，把握情感抒发和控制。通过认真备稿，根据事件性质来准确定位基调，找到适合的语言形式，充分突显主题。

特别是人物通讯，基本是由一个个故事情节组织起来的，是以具体人物的具体活动为中心的。对播音创作而言，弄清新闻事实本身及新闻事件发展的脉络是十分重要的。理清线索，就是要弄清事实，通过对稿件的深入分析弄清楚事件发生的起因、经过、结果，弄清楚事件发生发展过程中涉及到的人物、人物在事件发展过程中所处的地位以及人物之间的关系，从而梳理出事件发展的主线，搞清事件的来龙去脉，抓住主线。在分析稿件的过程中，还要注意从整体上综观全局，理清全篇由哪几条线索构成，把握稿件的整体结构，理清创作思路，思考如何通过事件烘托出人物，并在此基础上概括出主题，这样，才能够抓住主题的脉络，在其指引下使全篇的条理清晰，播出条理。

比如通讯《活在人们心里的马老师》全篇共有46个自然段，备稿时要先对层次进行划分，通过分析梳理，方明整理出了四条主要线索，文章正是从四个方面来刻画马老师的形象的。全篇层次划分如下：

第一部分：1~9自然段，以倒叙的手法拉开序幕。介绍了马老师牺牲的具体时间、地点和自然环境。通过社员王庆的一系列描写，从侧面交代了马老师的牺牲以及她在人们心中的重要地位。

第二部分：10~28自然段，是第一条线索。描写了马老师克服一切困难艰苦倾心办学、想方设法地不能让一个孩子失学的艰辛历程。

第三部分：29~32自然段，是第二条线索。描写了马老师在教学岗位上兢兢业业、严于律己、精益求精的敬业精神。

第四部分：33~37自然段，是第三条线索。描写了马老师坚持党的教育方针，坚守教育阵地，全力以赴地战胜了"四人帮"带来的歪风邪气。

第五部分：38~44自然段，是第四条线索。描写了马老师在暴风雨中护送学生回家的途中为抢救落水学生不幸光荣牺牲的场景。

第六部分：35~46自然段，是全篇的尾声。描写了村民们对马老师的深切怀念之情，马老师将永远活在人们的心中。

在分析了段落层次，理清了主要线索之后，方明从整体上对全篇进行了综合概括，抓住主线，把握住了新闻事件的本质，归纳出了文章的主题。

该篇通讯的主题是：乡村教师马金锁克服困难艰苦办学，坚持党的教育方针，在教学中严谨敬业，一丝不苟，将全部心血乃至整个生命都献给了乡村教育事业。作者用朴素的文笔对马老师的一件件事情展开描述，歌颂了他作为人民教师的质朴、善良与敬业精神。

明确主题之后，再联系播出背景，也就明确了播出目的。为了能够播出条理，就不能孤立地去看待发生的每一件事，孤立地对待每一条线索，还要进一步找出主题与四条主要线索之间的连结点，找出四条线索中内在的必然联系。这篇通讯是以一个"心"字将各个情节连结起来的。第一条线索中艰苦办学靠的是一颗充满热情与火焰的热心；第二条线索中精益求精的教学靠的是倾心办学的精心；第三条线索中坚守教育阵地靠的是坚持不懈的恒心；最后一条线索中为抢救学生而牺牲则是则是付出了自己的全部身心。四条主要线索就是围绕着一个"心"字从不同角度体现了马老师对党的教育事业的忠心耿耿，同时也解释了马老师与孩子和社员们的亲密关系的形成，刚好与通讯的第一部分社员王庆的焦心、惊心、揪心形成呼应，解答了听众朋友们听完第一部分所产生的疑问。

方明在理清线索，找出主线，对全篇文章整体把握以后，为了能够进一步加深对主人公的思想及其行动的认识和深入理解，他又进一步深入到各个线索之中进行细致的分析和揣摩，以帮助在表达中将条理播得更加清晰明了，更加易于听众接收。例如针对第一条艰苦办学的主线，他又深入分析出了几条小线索：1.马老师如何在艰苦的条件下自己动手建校舍。2.马老师如何走村串户调查情况，以多种形式办学满足孩子们的不同需求。3.马老师怎样风雪无阻、坚持不懈地翻沟过岭，到李大娘家教李平凡学习，直至做通李大娘工作使平凡上了学。4.马老师如何及时给予田岑义帮助，使他的两个孩子都上了学。

经过如此反复、深入地分析，方明更加深刻地理解了通讯稿件所要表现的主题和人物形象，也进一步激发了自己的情感，以便为上口播出做好充分的准备。在播音的时候就可以牢牢地抓住主题这条红线，再结合文章的多层线索将文章播得更加清晰而富有条理了。

2. 感受形象，揣摩人物，播出情感

对于通讯稿件中的人物形象，仅凭理性分析是不够的，还要结合分析抓住具体的形象感受。播音创作一向不提倡扮演角色，但是为了使语言表达得准确、鲜明、生动，在进行语言艺术创作时，需要努力去体验和感受通讯中的人物情感。这就需要在备稿时对人物进行仔细的揣摩。对方明而言，在社会经验和艺术修养方面比较有优势，因为他从小就开始了艺术感觉的培养，在后来的录音工作和播音学习实践中也积累了大量的社会实践经验和艺术经验，这样对于稿件和人物的把握力就会比较强。通讯是通过具体的形象来展开描述、反映现实生活的，所以播音员只有认真揣摩，感受到了具体的人物形象，才能播出情感。特别是针对介绍先进人物的通讯而言，方明在脑海中通常会塑造一个具体形象，包括具体的性别、年龄、身高、相貌，乃至衣着、表情、行动、思想、性格、声音等都有所设想，让稿件中的人物变成自己熟悉和了解的人。这样一来，在播音创作中就可以依此突显和刻画出人物的整体形象，进而增强表达的感染力。

（1）人物语言描写的表达：展现性格魅力

仍以《活在人们心里的马老师》为例。人物语言在表达时需要符合他的人物身份，方明在表达中不仅考虑到稿件中的语言文字本身，还结合了马老师的思想和性格，同时考虑到具体的语言环境，以帮助在表达中体现出语言的活力。例如在文章的第四部分，"文革"期间"四人帮"刮起"读书无用"的歪风邪气吹到了书堂学校，有一个学生不但不参加考试还满不在乎地顶撞老师说"交白卷能出名，何必读书下苦功。"这时，已经当了学校领导的马金锁对此很有看法，针对这样的现象他心里觉得想不通，于是连夜找到大队党支部副书记进行了倾吐，表明了自己的观点。他对书记说："我认为，社会上出现的怪现象，是不符合党的教育方针的，党叫我在学校负责一天，我就不能这么干，就要坚守这个阵地。"马金锁就是这样一个对党无话不说、对党的事业忠心耿耿的直爽性格的人，面对问题，他敢于直抒情怀，亮出自己的观点。在播音创作时，马金锁的这几句话要充分体现出他对"四人帮"所搞的歪风感到强烈的不满，同时还要揭示出他对党的教育事业的忠诚以及坚持执行党的教育方针的坚定性。既要反映出马金锁当时的领导身份和较为成熟的思想深度，还要符合说话时所处的语境，即在大队党支部副书记家与书记谈话，语气的处理既要深沉坚定，又要直率鲜明，不能大声叫喊，犹如和人吵架一样；也不能过于胆怯，显得软绵绵的没有力量。

此外，播音员在播读人物对话时也要对形象进行具体感受，要注意区别开不同人物的不同身份，把握好人物的不同性格和不同思想，抓住其讲话的目的。在人物语言的播音上，方明始终坚持选取转述的语气，注意与曲艺或戏剧表演相区别，避免失去真实感而有悖新闻播音员的身份定位。

例如文章中马老师和田岑义的一段对话：

  他推开田岑义家的柴门，"岑义哥，萍该上学了！"

  "马老师，不是不叫上，咱有难处啊！你看这……"田岑义说着，满脸都是阴云。

  金锁说："叫萍带着改敏上学校吧，啥困难有我呢。"田岑义点了头。

  方明在播这段对话时，对马金锁的形象是认真揣摩过的，首先从年龄上考虑，马金锁当时刚刚开始办学不久，应该还是一个20多岁的年轻人，心里有着那么一股子热情。曾经从山区走出去的他如今回到家乡，十分了解山区人民对文化知识的迫切渴望，同时也十分了解山区人民家中的各种困难。因此，他自己再辛苦也要克服一切困难，想方设法地不让一个孩子失学。他赶到田岑义家中动员他送孩子上学不仅十分热情，同时也非常亲切。田岑义是一位失去妻子的30多岁的农民，妻子去世后一个人工作拉扯两个女儿长大，如果大女儿去上学的话就不能在家帮助他照顾4岁的小女儿了，这让他很为难，和马老师说话的时候自然是满脸阴云，语气上感到无可奈何。而马老师则是以温和亲切的语气进行帮劝，不需要特别的雕饰。那一句"啥困难有我呢"是诚心诚意地想要帮助田岑义解决困难的语气，不能见字生情，播出全全包办、很有能耐的语气，否则就会有悖于马老师的思想境界和他的人物身份，同时也不符合当时对话的具体环境。就这样，结合具体的线索，在感受形象的同时通过丰富的想象和联想不断地引发和酝酿相应的情感，方明让自己也真正地被马老师的先进事迹所感动着，在心中激发起了情感的波澜，切实地体会到了马老师值得大家学习的地方，以此积聚了强烈的播讲愿望，直至迫不及待地想要把马金锁介绍给收音机前的广大听众朋友。方明就是这样以自己的心声去拨动听众的心弦，让大家都能够通过自己的传播认识和了解马老师，学习和赞美马老师，与听众产生强烈的共鸣，以马金锁的精神感动大家，激励大家，化为大家努力干四化的实际行动。

再以《中国工人阶级的先锋战士——铁人王进喜》为例。铁人王进喜和他率领的1205钻井队的感人事迹通过方明的播音走进了千家万户，为人们留下了深刻的印象。方明通过对人物的细致揣摩，从人物语言方面的表达突显出了王进喜的性格与思想品质。特别是在不同线索中的人物语言表达上表现得十分贴切，从不同侧面刻画彰显了人物的光辉形象。

"一个人没有血液，心脏就停止跳动。工业没有石油，天上飞的，地上跑的，海上行的，都要瘫痪。没有石油，国家有压力，我们要自觉地替国家承担这个压力，这是我们工人阶级的责任。"这是王进喜多次向战友们说的话，方明在播读时抓住了王进喜发自内心的感受，满怀激情，体现出了王进喜打心底里愿意为国家承担压力的高度责任感。

王进喜到达大庆看到黑色土地的时候，仿佛已经看到了覆盖在土地下面的大片油层，大声地对战友说："看，这儿就是大油田，这回咱们可掉进大油海里了！同志们，摆开战场，甩开钻机干吧！这一下子可要把石油落后帽子扔到太平洋去了！"这一段人物语言的播读，方明是在对比了这个性格刚强的老工人过去的经历的前提下，牢牢抓住了王进喜多年的愿望即将实现的心情加以表达的，以高兴不已的激动语气传达出了他的神情，浑身充满了力量。

初到大庆，面临着种种难以想象的困难时，王进喜向战友们说："我们工人阶级就要有这样的雄心。现在我们流点汗，吃点苦，为的是快快把我们国家建设得更强大，只要国家有了油，再苦再累也高兴。"方明在表达时语气坚定中带有诚恳，切实还原了王进喜当时任劳任怨的心情，很大程度地鼓舞和激励着自己与战友们的斗志。

一次，领导正在大会上批评王进喜所带的井队工作出了差错，王进喜刚好去晚了一会儿，走到会场门口时被一个工人好心提醒晚些进去，王进喜却说："看你这个同志说的，披红戴花的时候，让我抢着往头里去，受批评了，就叫我躲起来当狗熊，我才不当这个狗熊呢！"方明在表达时语气爽朗而幽默，既表现出了王进喜的率直个性，又不会让提醒者感到过于尴尬。

王进喜是一个言行一致的人，并且一直严于律己。他经常对队友们说："干工作光有一股子干劲，猛打猛冲是不行的，张飞还粗中有细嘛！打井一定要注意质量。要对油田负责一辈子，就要对质量负责一辈子。"的确，做起工作来，他始终坚持一丝不苟，扎扎实实地一步一个脚印。他每打完一口井，都要发动大家认真地总结经验，并以实际行动在油田上推广了"回访"的经验。在播读这段话时，方明紧紧扣住王进喜对待工作精益求精、一丝不苟的精神，没有从字面的表达上选取高高在上、下达命令的语气，而是以发自内心的中肯语气体现了王进喜在工作上严格的精神和严谨的作风。

王进喜几乎把全部心血都花在了油田上，但是面对荣誉他却总是说："我是个普通工人，没啥本事，就是为国家打了几口井。一切成绩和荣誉，都是党和人民的，我自己的小本本上只能记差距。"在这简短的语句中，方明以质朴的语气将王进喜的谦虚谨慎和简单纯朴的爱国之心展现了出来。

当阶级敌人阴谋从极"左"的方面散布谣言蛊惑群众、妄图砍倒大庆红旗时，王进喜怒火满腔地说道："我是铁人还是泥人，关系不大。大庆这面红旗是谁也动摇不了的。大庆，是毛主席的大庆，是全中国7亿人民的大庆。大庆红旗，是大庆工人阶级按照毛主席指引的道路闯出来的。大庆的一切胜利，都是毛主席革命路线的胜利。谁敢诬蔑大庆红旗，我们就一拳头把他砸到地底下去！"他的这番话义正言辞，方明播读时在语气上充满了气魄，体现出了意志坚定，再一次突显了他坚定不移的革命精神，也非常符合当时辩论会的环境，说到了大庆工人的心里，使得革命群众扬眉吐气，当场就把那股妄图砍倒大庆红旗的反动气焰打压了下去。

通过对一系列的人物语言的精准表达，方明的播音栩栩如生地刻画出了王进喜作为中国石油工人的光辉典范形象和作为中国工人阶级的先锋战士的崇高形象，同时也刻画出了他作为中国共产党员的杰出代表和优秀楷模，乃至中华民族的伟大英雄的光辉形象。广大听众切实地收获了一笔宝贵的精神财富——铁人精神。这就是"有条件要上，没有条件创造条件也要上"的艰苦奋斗精神，"宁可少活20年，拼命也要拿下大油田"的忘我拼搏精神，"甘愿为党和人民当一辈子老黄牛"的无私奉献精神，"干工作要经得起子孙万代检查""为革命练一身硬功夫、真本事"的科学求实精神，"为国分忧、为民族争气"的爱国主义精神。它有如一面旗帜，凝聚着工人阶级的朴素情感；它是一种力量，突显了共产党员坚韧不拔的信念与勇气；它是一种标志，凝聚着中华儿女不畏艰难险阻的民族气概。无论是过去、现在，还是将来，铁人精神都将彰显着不朽的价值和永恒的生命力。

（2）人物心理描写的表达：自内而外体现情感

除了人物语言描写外，方明在播音创作时还十分关注人物的心理描写。在表达时他紧密结合人物的实际生活经历和当时所处的环境，联系人物的言语行为，通过形象感受设身处地地去体会人物"此时此刻"的具体心情和内在情感，进而来把握具体的语气。

例如《中国工人阶级的先锋战士——铁人王进喜》这篇通讯中关于王进喜的两段心理描写：

> 从玉门开往大庆的列车，穿过一座座新兴的工业城市，在伟大祖国的原野上奔驰。王进喜禁不住心潮起伏。

这一段是描写王进喜在接到前往大庆进行石油大会战的任务后走在路上的心情。在播这一段心理描写时，方明在语气的把握上是满心欢喜地充满了期待。

1959年在北京出席全国群英会期间见到的一切，重新浮现在他的脑海里。那是他第一次到北京，看到大街上的公共汽车，车顶上背着个大气包，他曾奇怪地问别人："背那家伙干啥？"人们告诉他："因为没有汽油，烧的煤气。"听了这话，他没有再问下去。心想："我们这么大的国家没有汽油怎么行呢？我是一个石油工人，眼看让国家作这么大的难，还有脸问？"他越想心里越沉重，到人民大会堂开会，心情也一直不能平静。休息时间，他一个人悄悄地躲在一边，闷着头抽烟……

紧接着这一段的心理描写是从回忆出发的，对于公共汽车由于没有石油要靠烧煤气来运行一事，王进喜在疑惑得到解答的那一刻充满了感慨。而当他想到自己是一名石油工人的时候心里顿时结下了大疙瘩，感慨之余更多是感到沉重，这使得他久久不能平静，陷入了深深的思索中。其中的心理描写部分乍一看很容易将语气处理得过浓，方明在播这一段心理描写时语气把握得十分精准，结合前因后果和人物当时所处的环境，设身处地考虑到这是人物的心理活动，是自己在心里嘀咕，而不是和大家说，所以不能见字生情，过分张扬，于是采取了喃喃自责的语气，同时采取了伴有责任感的疑问式，贴切自然。

再以通讯《活在人们心里的马老师》中的两段心理描写为例：

马金锁的心要烧起来了，他下定决心："宁愿自己多受累，就是千辛万苦也不能让一个孩子失学。"

马金锁深知自己所要肩负的重任。在宁静的山村夜晚，马金锁躺在地铺上，望着自己亲手搭建的校舍，想到大队党支部和山村的乡亲们对他的期盼，思绪万千。充满激情的他抱定了必胜的信念，难以抑制地感到兴奋。因此在播读时，方明采取了激动而坚定的语气。

那一阵子他脑子里满是问号。夜深了，他思绪万千，不能入睡："是什么东西把天真活泼的孩子变成这样呢？都交白卷，办学校还有什么用呢？让孩子们都成睁眼瞎才算好么？不学文化咋搞四个现代化？……"一连串的问题，在马金锁的心里都结成了个大疙瘩。他再也睡不着。

这一段描写的是马金锁看到学生受到"读书无用"的歪风邪气影响后不愿意好好学习所产生的心理活动。他感到十分痛心，同时也感到生气和不满，陷入了深深的疑惑和思索当中，难以入睡。方明在播读这一段的时候设身处地地设想了马老师当时所处的特定情境和他的身份性格，语气沉重而带有疑问。准确地体现出了马老师当时的心情。

（3）人物行动描写的表达：注重现场感和画面感

人物的行动描写也是方明在播音创作中会加以关注的细节。人物行动对于表现人物形象来说也是必不可少的，能够比较准确地体现出人物的个性特征。对于人物行动的描写，方明在播音创作时十分注重现场感，以身临其境的状态进行表达，如见其人一般，表现得形象、逼真。例如《活在人们心里的马老师》中的一段人物行动描写：

伏天的夜晚依然暑气蒸人，马金锁点着马灯在门前的青石板上批改作业。汗水打湿了本子，蚊子咬肿了双腿，他仍然不肯放下手中的笔。数九寒天的深夜，寒气透过衣裳，手脚麻木了。他哈哈手，跺跺脚，继续坚持备课。

这一段通过炎热的夏日与寒冷的冬天的镜头描写，表现出了马老师在艰苦的环境下依然能够在教学上坚持认真严谨的态度，体现了他任劳任怨、废寝忘食的忘我工作精神。在准备这一段时，方明先设身处地地进入情境去想象"暑气蒸人"的感受，感觉到夏季夜晚的闷热。马金锁的工作环境非常简陋，他是在马灯所产生的光亮照明下在青石板上批改作业，一方面，这种光亮不同于日光灯，灯光昏黄，既不利于视力，又非常招惹蚊子；另一方面，青石板位于门前，高温加上夜里的潮气袭人会分外令人难以忍受，以至于"汗水打湿了本子，蚊子咬肿了双腿"，然而就在这种情况下，他还能够坚持不放下手中的笔，由此可以想象他一心想着教学工作，全神贯注地批改作业的情境：当汗水滴落在作业本上时他又全然不知，视而不见，依旧埋头工作；当他感觉到被叮咬时最多用一只手去拍一下而已，另外一只手始终在批改学生们的作业。接着面对"数九寒天的深夜，寒气透过衣裳"，方明又感同身受地去体验刺骨的冷，去寻找寒气顺着身体往上窜以至于手脚被冻到麻木的感觉，手已经冻得几乎握不住笔，脚则是冻得完全没有了知觉，体会到这一层面后似乎看到了白色的哈气，听到了阵阵的跺脚声，马老师"哈哈手，跺跺脚，继续坚持备课"，他克服一切困难伏案工作的身影仿佛就在眼前。正因为有了以上这些有如身临其境的真切感受，方明的表达才能够如此形象逼真，静中有动，动中有情，以深情的赞颂和钦佩之情在对比中播出了变化，也播出了马金锁全身心地投入到教学工作中，认真负责、爱岗敬业的工作态度。

再以通讯《中国工人阶级的先锋战士——铁人王进喜》中的行动描写为例：

  井喷，就是埋藏在地层深处的水、原油和天然气，突然夹带着泥沙，在地层的高压下迸发出来，如不赶快压住，不仅会井毁人亡，连那高大的井架也要被吞没到地层里去。在这十分危急的时刻，王进喜忘记自己的腿痛，立刻奔上前去。压井喷需要用重晶石粉调泥浆，井场上没有，他当机立断决定用水泥代替。一袋袋水泥倒进泥浆池，没有搅拌机，水泥都沉在池底。这时，王进喜奋不顾身，把双拐一甩，说了声："跳！"就纵身跳进了泥浆池，用自己的身体来搅拌泥浆。几个年轻小伙子也跟着跳了进去。他们整整奋战了3个小时，险恶的井喷终于被压下去了，油井和钻机保住了，王进喜的手上身上却被碱性很强的泥浆烧起了大泡，同志们把他扶出来时，腿疼得使他扑倒在钻杆上，豆大的汗珠不停地从脸上滚下来。

这一段通过王进喜在井喷现场的一系列动作描写，活灵活现地刻画出了王进喜全身心地投入到石油开采工作中的忘我精神。方明在播音创作准备中，先设身处地地想象王进喜在井场上拄着双拐来回指挥的情境，井喷的一幕是发生在王进喜被几百斤重的钻杆滚下来砸伤了腿后不久，他的腿伤还没有好就忍住疼痛拄着双拐在井场上来回指挥，可见他对工作的尽心尽责和自身意志力的坚强。这是在打第二口井的时候，随着轰隆一声巨响，钻机上几十斤重的方瓦忽然飞了出来，出现了井喷的迹象。就在这万分危急时刻，王进喜"忘记自己的腿痛，立刻奔上前去"。在现场缺乏搅拌机的关键时刻，王进喜又奋不顾身地"把双拐一甩，说了声：'跳！'就纵身跳进了泥浆池，用自己的身体来搅拌泥浆"。方明在播音创作时先依据情景再现的手段找到画面感，而后利用特写镜头抓住了细致的动作描写，依次通过"奔""甩"和"跳"的关键字眼儿，体现出了王进喜在工作中的坚决果敢和奋不顾身。播读时，语气坚定且充满力量。他以这种忘我精神打动了队友，在他的带动下，几个年轻小伙子也跟着跳了进去。经过整整3个小时的奋战，终于把险恶的井喷给压了下去。油井和钻机保住了，"王进喜的手上身上却被碱性很强的泥浆烧起了大泡，同志们把他扶出来时,腿疼得使他扑倒在钻杆上,豆大的汗珠不停地从脸上滚下来"。可以想象一个人在泥浆中作为人力搅拌机持续工作3个小时后的状况,在这种高强度的劳作下,即便是年轻力壮的正常人也会汗流浃背,更何况是已经日以继夜地工作了很长时间的腿伤尚未痊愈的王进喜。人们似乎看到了王进喜是在用自己的鲜血和生命换取一口口的油井。一个"扑"字和从他脸上"滚"落下来的豆大汗珠十分形象地交代了王进喜当时的身体状况。一般看到这样的描写很容易在语气上处理得沉重而伤感,然而方明在播读中所体现出来的语气却是带有心疼的同时充满无所畏惧的坚定力量,毕竟面对抑制井喷的胜利,王进喜的内心是充满了喜悦与欣慰的,方明借此结合王进喜的人物性格特征,将他的"铁人精神"进一步树立了起来。同时,表达也非常符合当时的历史环境和播出背景。

3. 进入情境,引发感受,播出变化

景物描写一般是散落在叙事之中的,虽然大多只有三言两语,却能够在人物通讯中对表现人物起到很好的烘托作用。所以在播音创作时,方明同样十分注意景物描写的表达,从不马虎对待。在播到景物描写时,一定要进入情境,要联想到人物,最大程度地发挥它在刻画人物形象方面所起到的烘托作用。对于具体的形象感受,方明非常善于充分运用情景再现的表达技巧,借用联想和想象,将文章中所描绘的景物变成眼前的立体画面,以摄像时推、拉、摇、移的方式在脑海中构图,无论是全景、远景、中景、近景,还是特写,都在脑海中呈现得非常清晰。他在播音创作的时候会竭尽全力地找到"我就在"的感觉,仿佛身临其境地感受到了景物和人物就在自己的身边,一切都发生在眼前,自己也要随着情境的变化不断调整,引发相应的感受,感受越强烈,感情的积聚就越饱满,从而就会带动强烈的播讲愿望,产生把所看到的一切告诉给广大听众的热情。另外,在播音创作中最忌平淡,伴随情境的变化和感受的不断调整,在播音表达上自然而然地就会相应地播出变化。

以《活在人们心里的马老师》为例。文章中开头一段的两句景物描写："大雨夹着狂风,整整下了一天。伏牛山也像是要被吞没了,在暴风雨中影影绰绰。"

方明在创作准备时就明确一定要通过这段描写的表达把马老师牺牲的气氛表现出来,播读时语气低沉,节奏缓慢,为后面的表达做好了充分的铺垫,很好地烘托出了氛围。再以文章第二部分的开头一段为例:

> 1961年春天,马金锁离开曾经教学的郑州,回到了自己的家乡禹县书堂大队。那时候乡亲们可高兴了,党支部研究决定,让金锁当民办教师,在一个叫石棚沟的地方办学校。

对于这一段的描写,方明在准备稿件时,先通过进入情境在脑海中塑造出了马金锁当时的形象。他是一个有理想得年轻人,是一个从小在山村长大的知识青年,通过努力学习走出了山村,到省城进行深造,刚从学校毕业他就回到了日夜挂念的家乡,希望能够为家乡的父老乡亲们尽自己的一份力量。他朴实无华,平易近人,阳光青春,富有朝气。从他的身上可以感觉到一颗年轻而火热的心在充满激情地跳动。具体进入到情境中,首先从时间上来看,马金锁回到家乡是在1961年的春天,方明寻找具体感受,在脑海里浮现出了春天万物复苏的景象:春暖花开,春风拂面,阳光明媚,绿意盎然。就在这样的情境下,一个充满朝气的年轻小伙子背着书包,提着行李,回到了山村。方明以轻快、喜悦的语气进行了表达,烘托了气氛,并对后面紧跟着的"乡亲们可高兴了"这一句做好了铺垫。紧接着方明想到,对于书堂大队这样偏僻的山村来说,已经有几十年没有出过一个像马金锁这样的读书人了,村子里没有学校,很少有认识字,马金锁是第一个从省城学习回来的人。他这一回来,乡亲们终于盼来了一个能给孩子们教书的人,山里的孩子终于有希望识字学习啦。为了能有这一天,父老乡亲们早也盼、晚也盼，历经几十年，终于盼来了这一天，怎么能够不高兴呢。想到这，方明似乎看到了乡亲们脸上绽放出了质朴的笑容。有了这些具体的感受，方明在播读这段话的时候自然表达得栩栩如生、形象丰满，将乡亲们看到马金锁时溢于言表的喜悦充分展现了出来。

文章中在写到马老师艰苦办学的这一部分，有这样一句话："说是办学校，实际上只有两间露着天的破草房。"可见当时马金锁办学的条件之差。不过对于"两间露着天的破草房"的描写却不能播得沉重，而要借此表现出马金锁抱定战胜困难的必胜信心和坚定信念，方明挖掘的内在语是：马老师年轻有为、朝气蓬勃，这点小困难算得了什么！方明以此引发情感，以坚定、自信的语气播出了变化，进一步衬托出了马金锁的人物形象。

文章在表现年轻的马金锁毕业回到自己的家乡，接受了党支部让他做民办教师的任务以后，心情非常激动的那一部分也加入了情景描写：

夜晚，马金锁躺在地铺上。山村的夜，格外宁静。"哗——，哗——！"松涛声传过来了，又传过去了。他睡不着，脑海里像被那不尽的松涛卷起了波澜，思绪万千。

方明在播音创作的过程中通过情景的想象，对这里面的拟声词"哗——哗——"进行了特殊的处理：第一个"哗"字播读时字头的"hu—"音处理得稍重，紧接着运用了柔和舒展的虚声将声音拉开、延长，等到渐渐无声的时候再归音到"a"；第二个"哗"字播读时字头"hu—"比第一个字再加重一些，然后再用柔和舒展的虚声进一步充分拉开、延长，直到渐渐无声的时候再归音到"a"位。通过这样的表达，"松涛声传过来了，又传过去了"的画面就生动地展现在听众的眼前了。方明借帮播音中的吐字技巧，辅以恰当的语气节奏，形象地展现出了事物的动态特征。通过对松涛声响、山风动感的生动描绘，方明的表达映衬出了山村夜晚的宁静气氛中所蕴藏的勃勃生机，以此烘托出了马金锁决心为山区教育事业奉献出全部青春的热切心情。

再以通讯《中国工人阶级的先锋战士——铁人王进喜》为例。稿件中讲到由王进喜带领的石油队工人经过一番努力正式开钻时的场景时，描写到：

> "1960年4月14日，当一轮红日从东方升起，巍然的井架披上金色霞光的时候，井场上一片繁忙，王进喜大步跨上钻台，握住冰冷的刹把，纵情地大喊一声："开钻了！"这声音威武雄壮，气吞山河！正象王进喜在一首诗中所写的那样："石油工人一声吼，地球也要抖三抖！"此情此景，使他感到自己不只是在向地球开钻，而是手执武器在向帝修反、向整个旧世界宣战！

这一段的表达是方明每每回忆起这一篇通讯都会涉及到的内容。当年，这篇长达110个自然段的通讯稿是由方明进行首播的。他回忆说这篇通讯是齐越老师把着他的手录制的。在他播完这篇通讯的首播以后齐越老师录了一遍，然后铁成又录了一遍，后来齐越老师跟随马尔方老师到上海又录了一遍。他最深的感受是齐越老师从大处着眼，几笔就把"铁人"的形象活生生地立体地立在那儿了，特别对于是"开钻啦！"这一句的处理给方明留下了极为深刻的印象。这一句的表达有如全篇的灵魂一般，一下子就把整体给拎起来了。

这一段描写，从太阳初升开始着笔写起，方明利用情景再现进入到情境当中，仿佛看到了整个井场都被笼罩在一片金黄色的霞光下，井架也被染成了金黄色，此时此刻，铁人王进喜在霞光照耀下也呈现出耀眼的金黄色，似乎把冰冷的刹把都给染热了。方明从这段景物描写的铺垫中似乎看到了我们的国家即将从此甩掉贫油帽子的前景,所以把王铁人在这样一个非常光辉的色调当中所喊出的一声"开钻了"表达得惊天动地。方明联想到我们的国家当时正处在贫油的困难紧缺环境当中,如果没有王铁人和他率领的1205钻井队、没有整个石油战线从上层领导到基层群众的强烈责任感,我们的国家要靠谁来分忧?又要靠谁来克服重重困难甩掉贫油的帽子?至此,方明在播音创作中通过情景引发了具体的感受,进而运用鲜明的语气、节奏等对比在表达中播出了变化,牢牢地抓住了听众,使得听众也因此对工人阶级那种国家主人翁的精神体会得更深了。

4. 抒情议论,画龙点睛,播出高度

播报时,方明在语言表达变化中不仅注意把握叙述和描写,同时还注意把握抒情和议论。通讯稿件中抒情和议论成分是通讯语言特点的主要表现,对主题的升华和深化起着画龙点睛的重要重用。作者强烈的感情难以抑制,直接抒发出来,很容易引起读者的共鸣。通讯中的抒情与散文不同,主观色彩没有那么浓厚,在篇幅中所占的比例也比较小,往往是跟随事件,在叙述和描写的基础上生发出来的简短的几句话。同时,通讯中的议论也不同于新闻评论,不会以大量的论据进行严密的逻辑推理。它不是以说理为主,而是缘事而发的作者主观感受,其目的是增强感染力,表明态度,突显主题。总之,在通讯中,抒情和议论时常伴随着叙述和描述出现,往往交织在一起,你中有我,我中有你,从而相得益彰。在播音时方明对于议论和抒情的处理,一般不会脱离叙述和描述,大都将其作为升华,以此表达出作者的倾向和情感,从而引起听众的共鸣,引人深思,令人回味。

以《活在人们心中的马老师》这篇通讯的结尾部分为例:

冬去春来,又是山花烂漫。在书堂学校里再也见不到马老师了。马金锁在这山沟里走完了他革命道路的全程。他做出了什么

惊天动地的事吗？没有。但是，他把自己的所有心血都献给了培养山村新一代的事业。这里的人们纪念他、怀念他。他永远活在孩子们的心里，活在社员们的心里。

在这一段的描写中，"他把自己的所有心血都献给了培养山村新一代的事业"这一句由前面的感情凝聚发展而来，点明了主题。方明在播读时抓住了这句话并同时抓住了其中的关键词语"所有心血"，对其进行了重音处理，通过饱含深情的浓重的语气点出了马金锁对山村教育事业的赤诚之心和他无私奉献的崇高精神境界，使得人物的思想境界得到了升华。同时，通过对结尾部分核心句的强调也总括了全篇。抒情和议论常常出现在文章的结尾部分。因此，表达会直接影响给听众留下的深刻印象，好的表达会令人感到余味无穷。

此外，方明在通讯的结尾部分还非常注意与前面的呼应。例如"冬去春来，又是山花烂漫。在书堂学校里再也见不到马老师了。"播读这一句的时候他睹物思人，情由心生，放慢了节奏，怀念的语气中带给人若有所失的感觉，同时在表达中特意强调了一下"又"字，令人不禁回想起1961年的春天年青的马金锁从城里回到家乡办学的场景。

又是春天，同样的季节和景象，可是马老师却已经不在了，引起人们深深的怀念。这一句中的"冬去春来"距离马金锁牺牲时隔半年，故此方明没有采用哀悼悲痛的情感，而是以怀念的情感恰到好处地表现出了对马老师的深切怀念之情。文章中接下来的部分对全篇进行了概括，也是对马金锁的一生所做出的总结："马金锁在这山沟里走完了他革命道路的全程"，"他把自己的所有心血都献给了培养山村新一代的事业。"正因如此，乡亲们都将他铭记在心中，难以忘怀。为了表达出这种深深的怀念之情，方明在停连的表达上特意做了处理，同时放慢了语速："他永远——活在孩子们的——心里，活在——社员们的——心里。"表达时用声扎实、语气深沉。这样就和前面的内容呼应上了，使听众们在脑海中又回想起了马老师的种种事迹，回想起了马老师的伟岸形象，给听众们留下了一个完整的美好印象。通过对议论抒情部分的创作表达，方明的播音创作进一步播出了高度，听众们的思想也随之得到了净化，马金锁的形象慢慢地在听众的心目中树立了起来，大家对马金锁的敬爱之情油然而生，马金锁的精神也由此鼓励和激励着更多的人在自己的工作岗位上不断前进。

在这一部分中，方明对于议论的表达就是通过抓住议论中最关键的字眼，加以着意强调，不仅自然，而且鲜明，画龙点睛，大放异彩，使内容得到了升华。

（三）国庆35周年阅兵式和群众游行实况解说

1984年10月1日，是中华人民共和国的35岁生日，祖国举办了盛大的阅兵仪式和群众游行活动，由中央人民广播电台负责现场的实况广播，方明和王欢负责担任现场解说的任务。那一年，他担任的天安门阅兵和游行的实况转播工作荣获了广播电影电视部的通令嘉奖。通过方明在国庆35周年阅兵式和群众游行时的解说，我们可以看到播音创作政治把握的关键性，事先做好充分准备的必要性，以及在工作中积极配合和灵活应变的重要性。

1．通过时代政治背景把握基调

43岁的方明当时已是中央人民广播电台播音部的副主任，不仅是播音队伍的骨干力量，更是中央台播音部的核心人物。在各项播音工作中，方明始终坚持政治把握，在播音创作准备中充分联系历史环境和政治环境。在经历了"文革"的十年浩劫之后，中央工作的重心已转移到社会主义经济建设上来，邓小平同志坚持"实践是检验真理的唯一标准"，解放思想、实事求是的方针路线，解放了思想束缚，国家开始进入到进行具有中国特色社会主义建设的时期。改革开放卓有成效，人们看到了美好的希望。在这种情况下，祖国迎来了35岁的生日。所以，方明将播音的基调确定为：将全国人民积极向上的热情通过国庆35周年阅兵式和群众游行的解说传达给全中国、全世界，告诉全世界：中国人民已成为东方的醒狮，将要以全新的面貌自立于世界民族之林。

和王欢在天安门东平台转播35周年阅兵游行实况

在活动当天整个的转播过程中，方明和王欢每个人要播1万多字，要求始终站在话筒前，保证1个字不许错。从9点45分开始播音，一直到12点多群众游行结束，在两个多小时的播音工作中，方明一个字都没有播错，流畅、顺利地完成了转播任务。更重要的是，方明在转播过程中灵活处理语气节奏的变化，准确地把握好了时代背景、政治背景和播音基调。在音调处理上恰到好处，活动开始的15分钟是静场播音，基调把握十分重要。方明情绪饱满，音调平稳有力，把握得很准确，得到了齐越老师的称赞。

2．充分备稿，有备无患

对于重大事件的播出活动，方明的备稿工作一向全面而完善。针对此次国庆35周年阅兵式和群众游行实况的现场转播，方明将备稿工作的外延积极扩大到活动之外的层面，周密而详尽地了解相关情况，远远超越了熟悉和掌握稿件文字的层面。

国庆35周年阅兵游行实况转播播音员方明、王欢和晚会转播播音员常亮、黎江一起备稿

考虑到要在两个多小时的活动解说中完成长达1万多字的解说稿的同时，还要兼顾解说与现场的对位衔接准确，并随时做好处理各种意想不到的突发情况的应急播音，方明从1984年8月15日开始就全身心地投入到国庆35周年的相关准备工作当中，一直到宣传任务的完成，前后经历了一个半月的时间。期间，方明跟随记者一起去采访，切身走到阅兵村观看各阅兵队伍的操练，了解战士们如何不辞辛苦地克服种种困难，保持高昂的士气，了解在操练过程中涌现出的各种感人事迹。通过深入到各兵种准备训练的切身体验，方明不但丰富了创作依据，掌握了充分详实的背景，同时还能够借此鼓励和帮助自己更好地完成转播工作。

转播稿件的文字是有限的，但是文字稿件背后的内容却是无限的。以游行队伍当中的彩车为例，每一辆彩车背后都有自己的故事。例如深圳蛇口工业区的彩车有如大鹏展翅，是因为蛇口地区的地形就好像一个大鹏，当地称为"大鹏湾"，所以他们的彩车做得也像大鹏鸟展翅飞翔一样，他们借此象征社会主义中国要展翅高飞。了解到这些后，方明将其融入到自己的脑海中，在播音创作中融入适当的情感，这样播起稿子来就能够心底有数，在表达中充满生机活力了。

再例如当机械化部队走过来的时候，方明要将播出解说词的时间和其出场的时间准确地对接上。但是自行火炮的外形和坦克十分相像，常人很难分辨，对于不十分了解武器的播音员而言，很难在转播时准确对接解说时间，因此，方明事先做好了功课，充分了解了这些武器各自的特征。转播当天，在天安门城楼上转播的只有方明、王欢和一个指挥，方明就是凭借事先的准备没有盲目等候指挥的手势，在看到机械化部队走过来的时候及时进行了自行火炮方队的介绍，保障了音响效果和介绍内容的协调一致。

在播音文字稿件的背后，不仅仅有关于彩车的故事，还有包括各行各业、各个民族、各个地区的人们在内的各种感人故事，这些方明都在事先的准备中了然于心，并以此保障了语言表达的准确性和感染力。

此外，对播音员而言，这样的转播除了对思想和业务是一次检验外，对身体也是一次检验。除了思想高度和业务水平外，健康的体魄也是确保工作顺利完成的基础。国庆前后，北京天气转凉，日夜温差较大，很容易感冒，方明为了确保嗓子不出现状况，一方面加强身体锻炼，一方面格外注意保暖，甚至在温度偏高的时候也不敢贪图一时的凉爽到外面去吹吹风。

3．积极配合现场动态，保证整体效果

方明的现场转播工作已远远超出了播音工作本身，他不仅要和中央台参与转播工作的其他人员配合，还要和国庆大典现场的各方密切配合，以尽量取得节目播出的最优整体水平。在万众瞩目的国家级庆祝大典的转播现场，方明的注意力高度集中，既要使播音工作完成的尽善尽美，又要兼顾与其他方面的动态，在一些技术性的关键环节更是全神贯注，以确保整体效果。

例如，稿件中有一句话是"阅兵总指挥秦基伟向军委主席邓小平报告"，方明要将这句话插播在秦基伟举手敬礼之前，因为敬礼之后秦基伟要向小平同志报告，"报告军委主席，庆祝建国35周年受阅部队列队完毕，请你检阅。阅兵总指挥秦基伟。"如果说晚了，容易和秦基伟的话重叠上，如果说得太早了，又容易显空。彩排时，方明知道小平同志乘坐的车出了天安门，过了金水桥后会拐一个弯儿面朝东停下，秦基伟的车会从东边缓缓地停在小平同志的车前，举手报告。所以，在转播现场需要紧盯着检阅车，由于方明身处城楼的东南角，从那里去看广场上的检阅车不是很方便，也不是很清楚，所以方明的双眼就紧盯着面前的监视器，当他看到秦基伟的车从东边缓缓地驶向小平同志的车时就做好了准备，在秦基伟的车刚刚要停还没有停的时候，方明就把这句话播了出去，播完正好秦基伟举手报告。

再例如在王欢介绍地对空导弹的时候，方明按照要求看着东边的天空。他被告知只要飞机一出现，大北窑那边就会开始拉彩色烟带，这时他就要让王欢停下来，开始介绍飞机。方明配合拉出彩色烟带的时间及时准确地把握住了介绍飞机的时间窗口。在他介绍飞机两三句之后，飞机刚好飞到天安门中间，从话筒传出去的刚好是飞机飞过的声音，这样一来，使得北京的听众在按照播音频率抬头时刚好可以看到飞机，同时能够听到飞机飞过的声音，使得现场转播和受众的频率做到了完全一致，充满了现场感。

同时，在解说的时候方明十分注意看好位置。在阅兵分列式开始时，第一个方队是仪仗队。前面有一位陆军军官高举军旗，在他的左右两侧各有一位空军军官和海军军官，在他们后面是仪仗队高擎着大旗。他们走到东华表时喊出一个口号"向右看！"然后集体喊一个预令口号"一——二——"，紧接着伴随整齐的步伐声变成正步。在广播播音中，特别是当第一次出现的时候，这样的效果非常具有特点，方明的表达没有将其淹没在播音中，而是特意将其突显了出来。在解说前面的内容时，方明看好了队伍行进的位置，队伍快到时他的播音就停了下来，把这个口号的时间给空出来，使得口号"一——二——"和"跨！跨！跨！跨！"的整齐步伐现场声很好地突现了出来，然后他再继续播读下面的内容。

此外，方明还将游行队伍中很多形象化的内容生动地传达了出来。例如彩车上的标语，有的标语并不是固定不动的而是旋转的，面对这种情况，方明在播标语的时候就按照标语转动的速度来播，不能太快也不能太慢，以便于将标语在现场出现时的形象化特点通过播音体现出来。

总之，在有限的条件下，方明积极配合现场的动态，准确地掌握了时机和节奏，尽可能地突出了现场的整体效果，为广大听众提供了身临其境的现场感。

4．处乱不惊，灵活应变

在大型活动的转播中难免出现临时状况。国庆35周年的阅兵大典也不例外。当时参加检阅的飞机分为四个不同梯队。第一梯队是大型轰炸机，第二梯队是歼击机，第三梯队是强击机。几个梯队的飞行速度都是不一样的，强击机的速度似乎要比歼击机快一些，这样一来，第二梯队和第三梯队之间就会有1分钟的时间间隔。转播当天空气质量不是很好，天空雾气蒙蒙，看不大清楚。方明当时想靠声音辨别也辨别不出来，因为下面是机械化部队，上面是飞机的声音，声音混杂。从近处看到第一梯队和第二梯队过去后，方明就开始看表等事先估算好的1分钟。因为强击机和歼击机都比较小，在当时的环境下很难看清楚，这时指挥说"第三梯队来了，赶快播！"指挥担心赶不上时间的话再播就来不及了，会影响到后面内容的播出，于是又催促方明"赶快播！"方明当时说"时间没到呢"，指挥坚持说"来了"，方明看着表坚持说"没来呢"。来回说了几次，空了1分钟，第三梯队按时到达，方明准确无误地把握住了播音的时间开始播音。倘若提早播出的话，就真的出现"客里空"①了。所以方明在彩排时的认真准备和在现场遇到紧急情况时的冷静头脑是播音员在直播中应该具备的素质。

---

① "客里空"原是苏联1942年出版的剧本《前线》中一个前线特派记者的角色，原文意为喜欢乱嚷的人或好吹嘘的人。从那时起，"客里空"就成了弄虚作假以及世界各地写假报道的记者及假新闻的代名词。

国庆35周年阅兵游行实况转播人员在天安门城楼上的合影

（四）音乐专题《介绍民族管弦乐——交响音诗〈流水操〉》

《介绍民族管弦乐——交响音诗〈流水操〉》是方明和林如一起解说的专题音乐节目，曾荣获1986年亚洲及太平洋地区广播联盟颁发的"文化基金奖"。

专题音乐节目是文艺广播中非常常见的节目类型，一般会有一个固定的主题，或者是就某一类型、某一组情绪相近的乐曲或者是某一首乐曲做比较有深度的音乐节目。对于层次和范围参差不齐的广大听众而言，深入浅出的解说是不可或缺的。这种类型的节目对播音员具有独特的要求和标准，需要播音员按照乐曲特定的意境、情趣和情绪来规定解说语言的表达。方明在解说中十分善于利用有限的自由发挥空间，既兼顾做好了规定动作，又在解说中通过自身的语言魅力为节目锦上添花。在具体的播音创作中，他主要从以下几方面着手展开：

1. 了解音乐内容，确定基调与情感

方明在拿到播音稿件后，首先是了解音乐，要先把音乐搞清楚、听明

白。包括对作者创作意图的理解，乐曲表现手法的应用，乐器的选取，音调和节奏的把握、情绪和意境的表达等。

《流水操》这篇交响音诗是彭修文先生创作的民族管弦乐曲。作者通过乐曲描绘的是祖国的大江大河以及两岸的美丽景色，欲通过对于壮美河山的风景音画歌颂祖国的大好河山，抒发对于祖国的赞美和热爱之情。方明拿到稿子后首先联想到的是捷克作曲家斯美塔的套曲《我的祖国》，这两首乐曲的意境是相似的，区别在于彭修文先生是站在中国民族传统的角度来歌颂祖国的大好河山，是具有中国的民族色彩的，他所选用的乐器也都是民族乐器。

面对解说稿，方明准备稿件不仅仅局限于稿件本身，还涉及到稿件之外的内容，正如他所认为的那样，丰富、充分的准备能够支撑他将稿子播好。为了将乐曲解说好，在具体播音的时候，方明将了解的内容切实落实到稿子，落实到具体的乐曲当中，按照乐曲的节奏、旋律和情绪变化，按照乐曲自身的特点把握解说的语言表达，以便帮助听众充分了解和熟悉乐曲。在解说的过程中，他首先把握住了乐曲的四个重要组成部分：小溪、江流、峡滩、大河。在四部分中每一部分都有自己相对独立、鲜明的音乐形象。从整体上来看，四部分又是一脉相连、一气呵成的：先是源头的"小溪"汇合成"江流"，然后几经急流险滩，经由"峡滩"最终汇成浩浩荡荡的"大河"奔向远方。从流水自小溪到大河的历程，方明联想到了中华民族五千年的文明史，联想到了中华民族的伟大与坚韧，他体会到这首乐曲实际上是折射出了中华民族几千年的文明史，折射出了一个历经磨难的伟大民族自强不息、坚忍不拔的伟大精神。就此他确定了播音基调，在解说中，语言的厚度随着乐曲的进程自然加强，语言的意境也随之拓展开来，通过解说将中华民族自立于世界民族之林、坚忍不拔的精神充分表现了出来，与乐曲的情绪和意境和谐地统一在了一起，使得解说与乐曲浑然天成，给听众留下了美好而难忘的印象。

2. 根据解说内容，设计身份与角度

在专题音乐节目中的播音创作特别需要播音员明确自己在节目中的身份定位。节目的一边是乐曲，一边是听众，播音员对于解说稿件的创作表达既不能够脱离对于乐曲本身的欣赏，又不能够忘记自己的解说身份，要时刻把握好自己作为"解说者"的身份和"旁白"的角度。

对于这类节目的解说，并没有整齐划一的解说方式，可以采取不带有感情色彩的旁白形式进行解说，也可以跟随乐曲的意境进行解说表达。针对《流水操》这篇稿件，方明采用了和作者一起来赞美祖国大好河山的方式进行解说，以充分体现乐曲的意境。彭修文先生创作的这首乐曲充满紧张而热烈的情绪，乐曲起伏跌宕、波澜壮阔，很容易令人陶醉其中。方明在解说的过程中，牢牢把握住"解说者"的身份，在跟随作者表达热烈的歌颂的同时又没有完全跳到这个乐曲当中变成乐曲的一个声部，而是积极热情地介绍乐曲，通过解说帮助那些不了解、不熟悉这首乐曲的听众来熟悉和了解它。

为了在具体的解说过程中使自己的语言表达和整个节目浑然一体，方明事先充分了解了乐曲的片段和素材，掌握了解说语言承接的是什么情绪的音乐，这样他就可以十分熟悉音乐的节奏和情绪。当音乐出来的时候，准确地把握好语气和节奏，做到既符合音乐的特定情绪，又不会一味地跳到音乐里去使自己的身份失控，以解说者的身份跟随音乐语言行进，在特定的节奏和情绪下娓娓道来。方明就是这样通过解说，将乐曲各个部分的情绪和画面呈献给了广大听众，在听众的脑海中留下了深刻的印象。

在播音创作中，要想将解说者的身份和旁白的角度把握好首先需要把握好情感的度，这样才能够在恰当地体现出乐曲的内涵和情绪的同时不干扰听众的理解与收听。方明在表达中就是通过身份和角度的把握很好地将解说与乐曲融为一体，表达得和谐一致。他在解说中站在旁白的角度来描绘乐曲中的景象，同时通过他的描绘将其中的情感表现出来。

例如方明在《流水操》中两段形象的描述性语言表达：

"突然，情绪急转，音量渐弱下去；风锣、小鼓的敲击声时隐时现，使人联想到长江巫峡的一线青天、两岸猿鸣、古松蔽日。"方明的表达处理得自然妥恰，首先"突然"二字的用声没有见字生情，音量不大，轻微一点即迅速转入到下一分句的表达，"急转"一词的表达以稍高的音量强调出了"急"字，"渐弱"的表达则是语速相对缓慢，音量渐渐降低，突出"弱"的感觉，其表达十分形象传神地渲染出了乐曲的情境。在后面又以略带紧张和神秘的"风锣、小鼓的敲击"声引出了"一线青天""两岸猿鸣"和"古松蔽日"，将乐曲所要展现的图景呈现在人们眼前，对于"古松蔽日"的尾音处理，方明没有将气息和声音充分放开，而是收着进行表达，尾音虚化且稍微上扬，以引出后面的乐曲。

音乐到总谱217小节后混入解说："乐队音量骤然加强，铿锵有力的旋律，像是船工们齐心合力冲向峡滩！"这一段形象描述的表达需要将船工们紧张的心情和用力的节奏充分体现出来，但是在表达时还需要注意把握旁白解说的身份和角度，不能跟着船工们一起划船，一起冲向峡滩，而是要站在旁边对情境进行描绘。在这一段的表达中，如果真的以划船工的心态来播音，解说和音乐就要一争高低了，因此，方明的播音音量虽然略微有所加强，却不十分明显，"铿锵有力"和"齐心合力"的表达重在通过内在的强劲感激动人心，让人能够通过他的表达感到内在的力量在加强，却不张扬。句尾处的"冲向峡滩"语势渐低，音量减弱，解说悄然而退，为展现音乐做好铺垫。

在乐曲解说中，不管画面描写得多么紧张，播音员都要把音乐放在主要位置，这是乐曲解说的一个基本原则。解说永远都要以绿叶的身份来衬托乐曲这朵红花，因此在表达中，方明为了突显出乐曲，并没有以张扬的解说方式和乐曲一争高下，而是甘当绿叶，通过解说更好滴烘托出所要表达的内容，帮助听众更好地去了解和熟悉乐曲。

在接近尾声的解说中,"江流的主题出现了,但这一次却是那样的含蓄、深沉,仿佛经过峡滩的磨练,而更加成熟了。"方明深知这一段的解说具有非常深刻的内涵,它体现出了中华民族的文化底蕴,因此,他的表达在亲切热情的语气中加入了从容、平稳、开阔、大度的情感,句尾"成熟了"的表达用声渐虚,句尾稍扬,给人以喜悦、亲切之感,同时依然站在旁白解说的角度收着表达,让人不觉张扬,语尾自然融入到后面的乐曲之中。他的表达没有那种"经过峡滩"的紧张急促,而是让人感觉到了心胸的开阔和宽广,同时体现出了大江大河从源头出发,一路克服了重重艰难险阻获得最终胜利的那种喜悦。他的解说以旁白的身份从头至尾伴随着乐曲,在整个的表达过程中,和着乐曲的旋律与情感,语言的节奏、语气的把握都随着乐曲情感的起伏而变化,表现出了我们中华民族在生成发展过程中历经磨难形成今天这般美好和睦的大家庭的历程,充分展现出了乐曲的主题。

综上,方明的专题音乐节说让我们认识到在解说的过程中播音员要设计好自身的身份和解说角度,把握好情感,争取做到收放自如,能进能出。

3. 在情感变化中,追求和谐与自然

在音乐专题节目的解说过程中,既有叙述,也有描绘,相应的语言表达形式是不同的,在表达时要注意有所区分,同时又要注意在情绪上的衔接,要在变化中自然转换。

例如在乐曲尾声部分结束后的一段,前半部分:"《流水操》这部作品,以它独特的曲式结构和发展乐思的手法,给人以清新美好的享受,作者以他丰富的想象力,以及对民族乐器的透彻了解,使乐队中'吹'、'拉'、'弹'三个主要声部得到充分的发挥,并在各组乐器巧妙的结合中,体现出配器艺术的魅力。"这部分主要是叙述,告诉大家乐曲的主题是以什么样的结构和手法来表现的。然后在后半部分解说这种结构和手法体现了一种什么样的情绪,如何突显出乐曲的创作特点:"这部作品突破了民族器乐曲只擅长表现单一风格的局限；强调了作品内在的冲突与对比；从'小溪'的深渊幽静，到'峡滩'的激越奔腾；从'江流'的委曲婉转，到'大河'的慷慨激昂，这一系列的冲突与对比，揭示出作品内涵的丰富哲理性，从而扩大了民族乐队的表现力，为民族器乐曲交响化，做出了有益的尝试。"这部分既有描述又有叙述，描述夹在叙述之中。方明在解说表达时，对于叙述与描述语言的转换和变化都是在不知不觉中进行的，在前面叙述手法的表达中，没有加入过多的感情色彩，但是到了描写的部分，就会把情感加进去，运用描述性的语言进行表达，后面再遇到叙述的时候，感情再自然收回来，可谓收放自如。从对乐曲的具体展现介绍上升到对乐曲总的评价，方明在解说的过程中随着表现写法的不同自如控制情感的变化，过渡十分自然。在"清新美好的享受""丰富的想象力"两处均以较淡的感情色彩加以点染，在叙述的语言表达中也不忘体现出亲切、赞美的基调，"从'小溪'的深渊幽静，到'峡滩'的激越奔腾；从'江流'的委曲婉转，到'大河'的慷慨激昂"，这一句充分运用了情感的对比变化，以描述性的语言结合情景再现的表达技巧，将画面呈现在了听众眼前，而后语势下滑，从抒情自然过渡到议论，既从理性上讲明了乐曲的优点与特点，又在感性上与听众产生了愉悦共鸣，以情理兼容的表达将听众带入到了乐曲的意境中去。

专题音乐节目解说一般都会采用这种夹叙夹议的写法，对于叙述和描述，或者是议论和抒情的语言，在表达中要做到既有区别又浑然一体，通过自然的转换告诉听众是什么之后再告诉听众用它来体现什么样的情绪。只有夹叙夹议的语言表达，才能充分地将乐曲的意境展现在听众面前。

（五）经典诵读《岳阳楼记》

《岳阳楼记》是大家耳熟能详的古文经典著作，范仲淹的文笔深刻隽永，脍炙人口，诵读者甚多。诵读风格和创作者的生活经历、性格特征、思维方式、创作习惯以及观察生活的独特视角等密切相关。在进行诵读创作的时候，创作得好，可以相得益彰；创作得不好，则会出现两张皮。关键在于诵读创作者自身的体会和感受，以及如何运用表达手段将情感自然而然地流淌到观众的心中，不产生苍白、生硬的感觉，带给观众以美的享受与共鸣。

诵读《岳阳楼记》时，方明特别注意整体把握，他对文章进行了透彻的分析和创作准备，表达创作中不仅注意语言的音韵美，还十分注意语言的逻辑美。具体分析如下：

首先，方明在创作准备阶段先充分了解了这部作品的各种背景，搞清楚了全篇的层次脉络，并确定文章并不重在写景，而重在说理。从篇幅比重表面上看文章主要是写景，但其目的还是为了说理，通过景色的变化来表达出一种思想情感的变化。因此，方明通过说理的逻辑来把文章分段，并就此逻辑链条掌握住文章应该具备的语言特点，朗诵当中追求形象性的同时，更给人以理性的启迪，表达的意境中有景、有情，更有思考的凝重。

在具体表达中，第一部分（第一自然段），方明先在心里和观众有所交流，先以讲述的语气告诉观众这篇古文的作者当时写这篇文章的背景是什么，进而再一层层地展开。在这一段的表达中方明与他人最大的不同之处在于他在诵读时注意运用了吟诵中的平仄关系，例如"庆历（仄声）四年（平声）~春（平声）~，滕子京（平声）~谪守（仄声）巴陵（平声）~郡（仄声）。越（仄声）明（平声）~年（平声）~，政通（平声）~人和（平声）~，百废（仄声）具（仄声）兴（平声）~"，表达时他把平声拉长，令仄声短促，使得简短的背景介绍也变得起伏跌宕，味道醇厚。另外，在停连的处理上方明一向十分注意，"刻/唐贤今人诗赋/于/其上"这一句经常被断错句，方明则准确无误地运用有声语言的停顿将语意表达得清晰明了。在段落结尾处，方明以有声语言中的停顿作为段落层次之间的标记，以充分的留白给听者以想象的空间和期待。

第二部分（第二至四自然段）的表达，方明对应每句话中的具体形象，都会运用想象的手法结合具体感受把握语言的意境，他眼中所看到的并不是干巴巴的字，而是真实的画面。"予观夫~巴陵胜状，在洞庭一湖~"，一个"湖"字处理得活灵活现，在音高、音长、音强和音色上都有变化，音高变低，音长加长，音强减弱，音色转润，使得湖景立现眼前，仿佛转瞬间就来到了洞庭湖边。"衔远山，吞长江，浩浩汤汤，横无际涯；朝晖夕阴，气象万千~"这一句几乎没有停顿，一气呵成，概括了岳阳楼的景观。"气象万千~"最后一个字音长有所拉长，一方面起到承上启下的作用，为后面做好铺垫，另一方面也展现出了作者看到景观后的感慨。在重音处理方面方明也十分注意，"前人之述备矣"，强调"前人"，是为了与今人和后人作对比，之所以强调"备"字不仅表达了作者对于同行前辈的敬重之情，体现了作者的谦虚品行，同时也借此突显出写作的重点并非在于景物描写，而是在于引出下文。"然则~北通巫峡，南极潇湘，迁客骚人，多会于此，览物之情，得无~异乎"这一句应接前一句点出了作者真正关注的内容。"然则"可译为"既然这样"，作为连词承上启下，在表达中音长有所加长，做以缓冲，给听者以思考转换的空间。紧接着先以贯穿语势一气呵成，直到最后一句渐弱渐缓，结合有声语言表达中"欲慢先快、欲轻先重"的表达技巧，方明在表达中利用对比突显了后者，重在思考并以引出下文。在重音的处理上，方明强调了"情"与"异"二字："情"字在于突显看到自然景物而触发的感情，而非停留在景物本身；"异"字则是为下文做好了铺垫，同时也与最后一段交相呼应，为文章的主题埋下伏笔。

  接下来的两段，方明用大幅度起落开合的表达将一阴一晴、一悲一喜两相对照，配合时而低沉时而澎湃的内在情感的涌动，给人以波澜壮阔、腾挪跌宕的语感冲击。在"霪雨霏霏，连月不开，阴风怒号，浊浪排空；日星隐曜，山岳潜形；商旅不行，樯倾楫摧；薄暮冥冥，虎啸猿啼"与"波澜不惊，上下天光，一碧万顷；沙鸥翔集，锦鳞游泳；岸芷汀兰，郁郁青青"这些骈句的处理上，方明的表达打破了文字本身对偶的统一格式，充分利用情景再现的内部表达技巧调动自己的思想感情，恰切地抓住了形象意境，借助停连、重音、语气、节奏等外部表达技巧大胆变化，在形象意境当中体现出了作者的心境，寓情于景，表达得生气勃勃。以语气的对比表达为例，第三段主要是表达悲的感情色彩，方明的用声偏虚偏低，特别是最后一句"感极~而~悲~者~矣"，气息沉缓如尽竭，口腔凝滞如负重，气流松散无力，唇舌缓动，声音产生迟滞感，从而很好地烘托出了极端悲凉之情；第四段则主要是表达喜的感情色彩，方明的用声高而实，气息饱满而上扬，口腔似千里行舟，气息似不绝清流，唇舌轻弹，气流轻快，声音产生跳跃感，表现出了荣辱皆忘的愉悦。该段表达在"渔歌互答"后面还顺势加上了行云流水般的笑声承接前后，这是方明在充分理解感受文章本身所描绘的形象的基础上引发投入自己的情感所产生的表达，因而毫不觉生硬，所谓见景生情，融情入景，在朗诵当中达到了"情景交融"的境界。

第三部分（第五自然段），以语音较弱的感叹词"嗟夫~"引出下文，重在情景表达之后的思考与感悟，是全篇的精神实质所在。在这一段的表达中，方明并没有以讲授的语气以理示人，而是选择以思考的语气与听者真诚交流，给人留下了难以忘怀的印象。结合文章的主题，方明在该段的表达中还特别注重重音的处理。例如"予~尝求古仁人之心"，通过强调"古"字来以古代与今天作对比；"不以物喜，不以己悲"，通过"不"字的重音处理使得表达态度十分鲜明，切中题旨，铺现了作者的旷达胸襟，深入人心；"居庙堂之高则忧其民；处江湖之远则忧其君。是进亦忧，退亦忧"通过"民"与"君"、"进"与"退"两组对比重音强调突显出了"古仁人"的高尚处事情怀；"先天下之忧而忧，后天下之乐而乐"两句突出"先"与"后"的对比，字字千钧的力度感透现出了作者宏大的政治抱负理想。"噫！（平声）~微（平声）~斯人（平声）~，吾谁

（平声）~与归（仄声）"的表达再次运用平仄关系，结合说理后的感慨，虚实结合，偏低沉缓和，听后萦绕耳畔，回味悠长。

文章最后一句"时/六年九月十五日"，是交代写作这篇文章时间的，原文中虽然没有标点，诵读时却要注意适时地停顿，要注意"读"与"看"的主要不同之处即在于要利于听，如若不做停顿地连读下来很容易产生歧义，会让听者误以为是"十六年九月十五日"。方明在诵读时一向注意细节的把握，注重每一次诵读的完整和精致，因而诵读时他会在"时"的后面刻意留有一个较长的扬停以避免歧义，便于听者理解。

2012年方明在西安人民剧场三秦诗会朗诵《岳阳楼记》

总之，方明诵读的《岳阳楼记》稳健、大方，颇有气度，全篇平仄起伏处理得字字入耳，表达技巧也颇有考究。从语言创作的艺术层面看，方明的语言表达富于变化和对比，无论是针对描写、议论等表达方式的转换，还是针对内容本身的变化，他都能够以深厚的语言功底把语言的轻重缓疾、虚实强弱、长短高低这些元素贴切地运用到表达之中，进而使汉语错落有致的美感跟着表现出来。所谓"错落"，就是表达要有变化，所谓

"有致"，就是表达要有规则，合乎情理。方明的语言表达就是运动变化的，同时又是符合逻辑规范的，因而会自然而然地呈现出汉语的韵律美，以其丰富的表现力和感染力带给观众以美的享受与共鸣。

与此同时，方明之所以能够以其丰富的表现力和感染力给听者留下难以忘怀的印象，与他的新闻意识密不可分。作为党的新闻工作者，方明在诵读《岳阳楼记》时具有很强的针对性，他能够由此联想到当前国际国内的形势，还能联想到对青少年的教育。他能够通过诵读创作揭示出作品丰富的内涵，既有哲理，也有感悟，既包括道德，也包括艺术。欣赏方明诵读的《岳阳楼记》可以去除浮躁的心态，慢慢平静下来，深刻地体味到"先天下之忧而忧，后天下之乐而乐"这种民族精英们所一直追求的道德情怀。

此外，在对《岳阳楼记》进行诵读创作时，方明自身定位很准确。作为播音创作家和朗诵艺术家，他不同于演员，他既没有扮演滕子京，也没有饰演范仲淹，而是将自身定位在一个引领听者思考的角色。在诵读中，他以引领者的身份既介绍了滕子京的情感历程，又展现了范仲淹的理性思考，他以语言感情色彩的转换在舞台诵读的瞬间完成了从宋代到现代的大跨度的时空转换，内容变化十分丰富。在时空转换中他始终体现出丰富多样的交流感，全方位调动了听者的思维和情感，很好地把握住了引领者的内涵。他仿佛在与范仲淹对话，又仿佛带着听者一起去看，又仿佛在和现场的听者进行交谈，体现了朗诵大家的风范。通过这种交流场的运转使得听者可以在他的引领下展开充分的遐想。

如今，年过古稀的方明仍活跃在有声语言艺术创作的舞台，退休后的他仍在继续他忙碌地生活，在用自己的实际行动竭尽全力地为播音事业出一分力，发一点光。当被劝说要注意身体，不要太忙时方明总是笑着说"忙比不忙好"。笑容真切而实在。方明的艺术创作已进入忘我的浑然天成的巅峰状态，其语言表达已在语言传播的"三重空间"中自然上升到审美空间。他的有声语言创作饱含着历史的厚度，时代的高度，哲理的深度，使人心驰神往，流连忘返。

2013年参加"仁者之歌"——感悟《论语》咏诵

方明的播音创作历程带给我们许多宝贵的经验，他的播音创作充分体现了具有中国特色的广播电视播音的特点，具有代表性和典型性。从他身上研究总结出来的播音创作经验对当下的播音实践和理论研究都具有非常重要的价值，可以令我们受益终身。从他的身上，我们可以看到一名优秀播音员的成长历程，并从其播音创作中得到诸多的启示。方明能够切实地把播音创作看作一个事业，而不是谋生的职业，一直都是爱岗敬业的典型代表。他始终坚持正确的创作道路，通过不懈的努力全面充实自己，并在继承与借鉴的基础上不断发展创新，紧握时代脉搏，结合自身优秀的人品与人格，通过高质量的广播电视语言传播，继承并宣传着我们的优秀民族文化传统，我们的主流意识形态，我们的本土话语特质，彰显着中华民族精神与中华民族气节。

　　作为播音界的典范、长者和老师，年逾古稀的方明一直坚持以强烈的责任感和使命感督促自己，以一流的敬业精神和职业素养锻造自己，在工作岗位上忘我奉献、恪尽职守、不断拓展、永不懈怠，以自己独有的方式在播音创作中创造了跨世纪的新时代优秀业绩，让同行与业界学子不得不由衷地向他致敬！

沈力

　　沈力，原名沈立环，1933年生，江苏人。1949年参加中国人民解放军南下工作团随团南下至桂林第廿四步兵学校文工团，1953年调至北京总政歌舞团，1957年进入中央人民广播电台担任播音员，1958年调到新创建的北京电视台（中央电视台前身）工作，成为新中国第一位电视播音员。20世纪70年代，曾转做编导工作，在此期间自编自导了大量优秀作品，成为"高产"作者。1983年1月，开始担任《为您服务》栏目的组长兼节目主持人，电视观众盛赞其大方仪表、端庄气质以及她的质朴真挚，同年，沈力被评为优秀节目主持人。1993年，离休后重回岗位担任《夕阳红》栏目主持

人，深受观众的喜爱。沈力是新中国第一位电视播音员，也是第一位固定的电视专栏节目主持人，是中国播音主持事业的开拓者，曾经获得全国优秀新闻工作者称号（1984）、金话筒开拓奖的特别金奖（1991）、全国播音、主持人杰出贡献奖（十佳）（1994）、第二届"金话筒"特殊荣誉奖（1995）、"中国电视主持人盛典"25周年杰出贡献奖（2006）。此外，在担任编导期间，其编导的作品《相声大师去哪儿了》《心灵的歌声》《冬妹为什么说谎》分别获得1983年全国专栏节目一等奖、二等奖和三等奖，由其担任组长兼主持的《为您服务》栏目曾获1984年全国电视专栏节目一等奖。

沈力是新中国成立后第一代的电视播音员和主持人，她以亲身的实践经历见证了我国电视播音主持艺术发展的变迁。在我国电视台创办初期，全国的电视机数量非常有限，电视观众还属于"小众"群体，沈力在艰苦的工作环境中默默地在荧屏上开拓、耕耘，开创了电视台早期的播音工作格局和明确了播音工作的细节要求。改革开放后的20世纪80年代，中国电视进入高速发展期，在荧屏上消失了近十年的沈力，重新以主持人的身份回归舞台，此时的她已年届五旬。然而，她凭借自己的努力探索，最终以"质朴、平易、真切、知性"的主持风格赢得了受众的认可和喜爱。90年代初，离休后的沈力再次在观众的殷殷期盼中重回公众视线，主持了《夕阳红》栏目，成为了老年群体的"代言人"和"贴心人"。从建国初期的电视播音工作，到改革开放初期的主持人节目，再到离休返聘后的再创辉煌，沈力的播音主持创作始终伴随着时代和社会的变迁，媒体的传播理念调整以及受众的需求变化，因此她的经典作品也体现了鲜明的时代烙印和媒体风貌。沈力的主持艺术成就不仅在她个人的播音主持工作生涯中占有突出重要的地位，在我国的播音主持历史上，同样具有不可磨灭的功绩。如今中国的播音主持事业进行得如火如荼，重温沈力的播音主持历史，可以让新时代的播音人始终做到"不忘初心"，激发对当下播音主持创作方向的思考、总结经验和传承创新。沈力作为中国播音主持界的实践开拓者，其独有的人格魅力和探索精神更为后来人树立了学习的标杆。

一、沈力的"机遇"人生

1949年当兵第一天拍摄的军装照

沈力出生在一个达官显贵的大家庭,祖上曾经是清朝军机大臣沈桂芬。沈力性格开朗,自幼受到父母的宠爱,在父母身边成长。直到1949年,16岁的沈力做了人生中第一个大胆的决定,开始了她的军旅生涯。这并不是她一时兴起的决定,参军的梦想早已有之。正如沈力回忆所说:"当解放大军举行入城式那天,市内万人空巷。人们都争睹解放军的英姿,那军爱民、民拥军的场景令人难忘。我和很多青年一样非常渴望当一名解放军战士。"①八年的军旅生涯,带给沈力的是终生受用的财富。这八年的军旅生活让沈力了解到了与过去生活完全不同的世界,同时,她也在这里体验了各种形式的战斗生活。最终沈力与文艺结缘,加入了部队文工团,参演了多部作品。正是这段文艺经历,让沈力和日后的播音主持职业生涯结下了不解之缘。经过了军旅生活锻炼的沈力变得更加坚强,在磨练意志的同时也增加了自己战胜困难的决心和勇气,这些都为她后来的两个"第一"光环奠定了坚实的人生基础。

1957年,沈力从部队转业考入中央人民广播电台播音组,一年后调至北京电视台(中央电视台的前身),成为我国"荧屏第一人"。当年的沈力作为我国第一位电视播音员可以说对电视是知之甚少的。因为在我国电视创办初期,它的观众还是个小众群体。受到信号发射范围和全国电视机数量的局限,仅有北京的几十台电视机能够看到早期的节目。当时,沈

---

① 沈力:《难忘的军旅生活》,《神州》,2003年第11期,第65页。

力既没有前人经验可以借鉴，也没有条件向国外的电视节目学习，她能够做的就是在工作中边实践边摸索。电视台创办初期，人员和设备都相当匮乏。在建台的前两年里，沈力一直是台里唯一的播音员，每天经受着高强度的工作考验。退居幕后，从事编导工作，是沈力在"文革"后期思考后的自我选择。思考让沈力能够正确看待自己，思考为沈力找到了提高能力的途径。当时她只是抱着多学一些东西的愿望，开始了新的尝试。

1982年，中央电视台决定让沈力担任《为您服务》栏目的固定节目主持人。从此，沈力再次回归幕前，并且成就了她事业中的辉煌历史。但刚刚开始做主持人的沈力，对于"主持人"这个称谓还是感到无比陌生。在毫无借鉴的情况下，她只好先向字典"求助"，由此展开了她对这一职业身份的探索和思考。

1993年，离休后的沈力应邀回归主持《夕阳红》栏目，此时的她已经年届六十。《夕阳红》栏目是一档以老年观众为主要收视群的节目。沈力可以说是这些观众的同龄人，这些老人当中有很多是沈力早年主持的《为您服务》的忠实观众。沈力在《为您服务》中的主持风格给大家留下了深刻印象，这也为她在《夕阳红》中的主持打下了良好的观众基础。

回首往昔，沈力的人生轨迹离不开"征兵""播音员招聘""主持人转型"这些机遇，而一切就像偶然中的必然，沈力不仅把握住了人生的关键机遇，并且依靠自身的脚踏实地取得了人生中辉煌的成绩。

二、沈力与播音事业的不解之缘

（一）带有"生活"印记的播音艺术养成

沈力的艺术生涯，既是一段艺术事业成就的历史，又是她个人的成长和生活经历。沈力的艺术风格中始终带有着生活的印记，对于"印记"的分析和汇总可以让我们更加全面地了解沈力的艺术创作。

1. 性格品质的养成

（1）童年时期：开朗，要强，教养好

沈力是在一个温暖和谐的大家庭中成长起来的，因为自幼性格开朗、活泼，受到了父母的格外宠爱。在她的记忆里，童年的生活还是非常美好的，家人对她的照顾很周到，自己很少进行家务劳动。开朗的性格其实有着丰富的内涵，童年的沈力过着无忧无虑的生活，此时的开朗在她身上主要表现为一种单纯的快乐。沈力表示，自己受姥姥的影响比较多，姥姥笃信佛教，教会了她很多的做人道理和准则，如"乐善好施""言必信，行必果""己所不欲勿施于人"等。这些人生道理对她后来的价值观和人生观的形成都产生了重要的影响。沈力的祖上曾是清朝慈禧手下八位军机大臣的沈桂芬，尽管到父辈家境衰落，但严格的家风、家教却依然得到延续。家中的规矩很多，就连家人一起吃饭，夹菜时也只能吃靠近自己一边的菜。外出吃饭则更讲礼数。良好的家风，再加上知书达理的母亲的言传身教让沈力从小就有了好的教养。沈力的主持风格中有朴中见雅的特征，与儿时内化于心、外化于行的家教熏陶密不可分。

回顾沈力的成长，可以看到她的人生经历过很多次挑战，直到60岁还有事业的新起点。如果说机会是偶然的，但是能够让她抓住机会，敢于迎接挑战的性格却是有几分必然。童年的沈力做出的最让家人惊讶的决定就是去参军，从未在家庭里干过重活的她，因为受到了解放军进城时气氛的感染，自己就英勇地报了名。当时的时间是1949年年初，受到经济和政治环境的限制，军队的生活相当艰苦，并且天下并不太平。沈力在此时选择参军，不得不说表现出了她的魄力和勇气，而她要强的性格则是重要的助力。这种要强的性格，沈力在后来的"五七"干校中也有表现，那时瘦弱的她竟然亲自动手杀了三头猪。沈力对此表示："我觉得性格里头有一个要强的一种东西。什么事情要做，我就尽量做好。我觉得这种劲头。我希望自己能尽可能地尽我的力量，能把所有的事情做好，也是我对自己的要求。"① 然而,沈力的要强又绝不是一种盲目,事实证明,她都做到了。可以说,这种要强本质上是一种自信的表现。随着年龄和阅历的增加,她在自信的基础上又多了几分理性,于是,文革后期,为了让自己的能力得到更多的锻炼,她主动提出申请转做幕后工作。

(2)军旅生涯:坚韧,乐观,服从

从16岁到24岁这段人生最重要的成长阶段,沈力在部队这个大熔炉里接受了全方位的锻炼。这一时期也是沈力的价值观和人生观形成的关键期。沈力曾这样总结部队生涯的收获:"解放军这所大学校培养了我,教育了我,锻炼了我,使我在人生的起跑线上明确了前进的方向。懂得了该怎样做人,怎样做事,怎样在艰苦的环境中磨练意志。8年的集体生活不断增强着我的组织纪律性;严格的要求,使我恪守着人生的信念。所有这些,在我几十年的人生道路上都起着重要作用。"② 由此可见,艰苦的革命生活帮她塑造了坚韧的品格,让她从不会轻易向困难低头。部队生活的考验是多种多样的,例如急行军,沈力曾经在烈日下身背行装,以每天45000米的速度急速前进,尽管双脚磨出了水泡,但她仍然坚持到底。这样的体力锻炼不仅磨练了她的意志,同时也让她的自信心得到增强。在生活上,沈力更是有了一种革命乐观主义精神。曾经过着衣食无忧生活的沈力,在部队因为长期无法洗澡而生虱子时,最终竟然能笑说革命虫了。部队生活让沈力褪掉了少年时期身上的稚气与娇气,获得了几分沉稳与大气。这种乐观的品质让少年时期的开朗得到另一种形式的延续。

中国人民解放军是纪律严明的部队,这种纪律不仅表现为对于日常生活的严格管理,更为突出的是部队严明的组织纪律,对于上级的命令要坚决服从。面对部队的临时调动安排,突击组织排练任务等突发指令,沈力每一次都是坚决执行、毫不犹豫。沈力的服从不是逆来顺受的应允,而是全身心投入去执行的果决。回到工作岗位上,虽然没有了严格的组织纪律

---

① 笔者对沈力本人的采访。
② 沈力:《难忘的军旅生活》,《神州》2003年第11期。

约束，但是沈力几乎延续了这种"服从"的特点，面对领导的决定沈力几乎都是坚决执行。即使在《为您服务》的鼎盛时期，领导决定停播，把它合并在新设立的杂志型节目《九州方圆》中，沈力仍然选择了执行。即使偶尔向领导提出了不同意见，但只要领导坚持，沈力仍然会全力去完成。用沈力自己的话说就是："服从就是心甘情愿的。"这种"服从"随着时间泛化到她的性格当中，最终又表现为一种性格的"顺从"。

（3）工作实践：谦逊，沉稳，勤奋

沈力从业四十载，"谦逊"是她给人留下的最深刻的印象之一。沈力的谦逊品质在四十年的工作中从来不曾改变。当年曾把沈力挑选到电视台的孟启予评价说："我见到的沈力仍然和过去的沈力一样，除了更加成熟之外，没有什么改变。她还是那样朴实、真切、真诚和谦虚……"[①]从业四十年的沈力，从最初在荧屏上的默默无闻到后来的声名显赫，在各种鲜花和掌声中，沈力从来没有迷失自我，反倒是内心多了几分宠辱不惊的冷静与从容。也正是因为这种谦逊与低调，使她能够全身心地投入到业务研究之中，从没有一丝懈怠。正是因为谦逊，她主持的节目中从没有说教，并且十分重视观众的意见。如此，才有了她稳定的荧屏主持风格和精湛的节目主持技艺。

从沈力的成长经历来看，沉稳是沈力在经过生活打磨之后表现出的品格。艰苦的部队生活以及在最紧张的革命环境里与敌人做斗争的革命考验，让沈力逐渐具有了一份责任担当和处事的沉稳。早期的电视台工作条件相当艰苦，同时又有直播的压力。工作常常紧张到在一个演播间播完节目，必须趁放开场曲的几十秒时间跑进另一个演播间继续播报。在电视台开办的最初几年里，沈力作为台内唯一的一名播音员，播音工作任务可以说相当繁重。但是她仍然经过重重考验，圆满完成了工作任务，得到台内领导的一致认可。另一方面，沈力的沉稳还是"无欲则刚"的外化。尽管

---

① 中央电视台研究室主持人节目研究委员会编：《中国荧屏第一人——沈力》，中国广播电视出版社，1999年6月，第20页。

播音员主持人在很多人看来是一份很有光环的职业,是很多人梦寐以求的,但她从来不看重虚名,有的只是对工作本身的执着。因此,会有她在荧屏上坦然地"激流勇退"和"见好就收"。(沈力曾把《为您服务》时的离开说成是"激流勇退",把自己离开《夕阳红》说成是"见好就收"。)

沈力的勤奋可以说是有目共睹的,很多人对她的勤奋表示出惊叹,但沈力却总是轻描淡写地把她说成"下笨功夫"。从最开始的凌晨4点起床"背稿"到后来的精心"改稿",从"高产编导"再到最后的"策划主持",无论哪个阶段的工作,沈力从来没含糊过,有的只是那份勤奋、认真。她所做的这一切,没有任何人的要求,只是源于她那份责任心。沈力个人认为自己的文化程度不高,为此颇感不足。然而,荧屏上的沈力在观众中的印象却是优雅、知性的代表,这不能不说与她的勤下苦功有关。《为您服务》时期,她经常翻阅各种杂志和书籍,有时为了解决观众来信中的问题,她还会亲自向专家求教寻找答案。事实上,她凭借自己的勤奋早已弥补了她所认为的"不足"。但她从不满足,勤奋已经变成了她的一种本能、一种习惯。

2. 业务条件助力

业务条件,即所谓做播音员和主持人的天资。沈力进入到播音主持的队伍中来是经过层层选拔,她之所以能从人群中脱颖而出,主要依赖她本人具备的天资条件。在主持实践工作中,天资成为了她个人主持风格形成的基础。

(1)符合大众审美的外形条件

电视是视觉的艺术,主持人的形象首先应该符合大众的视觉审美。另一方面,主持人作为党和政府的代言人,她还应有能得到官方认可的气质内涵。孟启予回忆1958年挑选播音员的过程时表示,当时对于外形条件的要求只有四个字:相貌端正。沈力的外形条件最大的特点就是"正":一是五官端正,眉目清秀,身材比例匀称,气质纯朴,符合传统民族审美标准。从沈力早年的工作照中，我们也能感受到她那恰到好处的形象美。二是品行端正，充满正气。经受过革命精神洗礼的沈力，个人气质已经发生了由内而外的变化，从她那炯炯有神的眼睛里，分明能够看到心中的那团正义之火。与沈力共事38年的同事赵忠祥诚恳地表示："她（沈力）是一位具有十分朴实的情感与十分内向而不会张扬也嫌弃轻飘、浮躁的人。这正是当年我们的事业、我们的老领导、我

1958年沈力电视播音员工作照

们当年电视人选择一位电视播音员的重要条件，辨貌而观色。"①中央电视台主持人张悦回忆第一次在台内遇见沈力的情形："当时见到沈力老师的时候，因为那个时候虽然都是蓝灰黑的一片，可是她那时候就特别出众。我第一次见她的时候，她好像穿的是一身藏蓝的衣裳，非常纯朴。可是那么纯朴的人，也掩盖不了她与生俱来的一种特别的，要按现在来说叫磁场吧，特别有吸引力。就是让人在众多的人物当中看见她。倒不是因为她穿得多么出众，主要是她的气质让人一下觉得特别好，特别的端庄，特别吸引人的那么一个同志。"②根据时间推算，这一次相遇应该是在"文革"末期，在那个穿着一致、消灭个性的年代，沈力的由内而外散发的气质仍让她格外显眼。由此可见，沈力无论是在外形条件和个人气质上都展现出了先天的优势。

---

① 中央电视台研究室主持人节目研究委员会编：《中国荧屏第一人——沈力》，中国广播电视出版社，1999年6月，第20页。

② 笔者对张悦的采访。

（2）良好的语音基础

这里的语音基础主要包括沈力个人的嗓音条件和语音标准化程度。沈力的嗓音甜而不腻，柔而不弱，实而不虚，在语流中体现出了力与美的统一。值得一提的是，沈力的声音形象与荧幕形象具有相当的一致性，共同传达出了一种自然亲切温暖的美。早年沈力在解放军总政歌舞团赴外演出时，还当过临时的列车播音员。那时就有同事评价说："你的声音很好听，为什么不去做播音员呢？"①可见，沈力的嗓音带给人们的印象和感受是美好的。在语音标准化程度上，沈力吐字清晰，普通话标准，完全符合作为一个播音员的基本要求。这方面则主要得益于家庭的教养和部队的熏陶。在解放军总政歌舞团工作期间，为了适应当时的合唱需要，沈力还专门学习过科学用声的方法，并且坚持练声。1957年，进入中央人民广播电台，师从齐越老师，也学习到了一些用声和表达的技巧。这些都使她在自身具备的业务条件上又进了一步。

（3）过硬的心理素质

心理素质是人们在先天与后天的合力作用下所形成的一种调控个体自我实现与社会要求之间矛盾的协调机能和处理个体期望与个体能力内部冲突的平衡机能。②从定义中可以看出，心理素质既包含先天的因素也涉及后天的养成。随着主持理论研究的不断深入，心理素质已经成为主持人职业必备的综合素质之一。良好的心理素质是"影响主持人成功主持最为重要的能力特长"，这是在中央电视台总编室和人事办公室联合开展的电视节目主持人素质评价指标体系的研究报告中，对498位主持人的调查问卷中开放问题的总结。③在沈力走进广播电视行业之初，心理素质还没有得到专门的重视，因而也没有专门的心理方面的考核。但事实上，沈力曾经参加的每一次面试考核，心理素质的考量都以隐含条件存在着。没有过硬的心理

---

① 沈力：《难忘的军旅生活》，《神州》，2003年第11期。
② 余小梅：《主持人心理素质》，华中科技大学出版社，2006年，第10页。
③ 余小梅：《主持人心理素质》，华中科技大学出版社，2006年，第13页。

素质，就很难发挥出自己真正的水平。

沈力在描述自己当年参加电视台的面试时从没有提到紧张、压力等心理素质不好的表现，相反，她觉得自己当时更多的是"不知道""试一试"的放松与自然。儿时就表现出一定自信、开朗倾向的沈力，在心理素质上可以说有一个好的起点。在部队从事文艺工作期间，她有经常登台表演的机会，甚至参加了不少赴国外的大型演出。这些经历不仅让她积累了表演经验，更为重要的是锻炼了自身的心理调节能力。这也能够解释在电视台建台之初的强大工作压力下，沈力能够适应且保质保量完成工作的原因。

3. 创作理念的影响

（1）"观众情结"激发创作热情

"情系观众"是沈力在播音主持艺术实践中始终秉承的创作理念，这也为沈力主持艺术风格的形成提供了重要的情感依据。追根溯源，这种观众情结最早源发于她早期在舞台上的强烈的创作体验。1954年，沈力曾随中国人民解放军总政歌舞团到朝鲜演出，慰问当时的志愿军战士。在那里，她亲眼目睹了战争后留下的满目疮痍，战斗生活条件的艰苦。想到志愿军战士能够在这种恶劣的条件下击退敌人一次又一次的攻势，沈力内心对他们的敬意油然而生。这种强烈的情感极大地激发了沈力的创作热情。为了能让更多的志愿军战士看到他们的演出，沈力和她的战友们宁愿翻山越岭连夜前往。演出路上的条件也十分艰苦，他们常常靠冻馒头充饥，在车上打个盹就算是休息。这样的亲身体验，进一步增强了沈力的创作体验和创作热情。最终，无论志愿军观众的多寡、演出条件的好坏，沈力都能够全身心地投入到演出当中。

强烈的观众情结体验，极大地激起了沈力的创作欲望和舞台表演热情。在后来的播音主持艺术创作中，沈力非常注重在镜头前调动自己的真情实感，而情感的源泉就是对观众的那份真情。每当她面对镜头，脑海里就会浮现生活中与大家交流的场景，可能是邻居的问候，是理发师的微笑，也可能是家人的关怀、朋友的倾诉。在这些具体的情境激发下，沈力生活中对于观众那份真实的感情又重新再现在荧屏上。创作观念直接影响着艺术风格的形成，而创作观念的形成也是在不断的艺术创作活动提炼和总结出来的。沈力早期的艺术创作经验最终为她的个人主持风格的形成提供了参考和支持，为主持艺术创作理念的形成打下了基础。

（2）"自我融入"创造整体和谐

"自我融入"是沈力在主持艺术创作过程中非常看重的创作状态，她表示尽管自己主要做节目的串联者，但是同样需要与栏目的内容相协调。在担任播音员时期，沈力也会承担一些节目"串场"任务，那时她已经非常讲究自己的话语进入画面的时机。"你比方说，有一个是介绍朝鲜的舞蹈，它那个拍子是，哒哒哒，都是那种。你入画，我就入画的时候，我是要根据它的节拍的，我不能打乱了它的。这都是当时的在探索的，还真的是探索。你让它当刚起来，你说话了，打乱它那节奏了。你要融入那个节目里，你要根据它那个节奏。"①这种融入意识，让她在后来的主持中，能够有意识地把自己和节目融为一体，为了实现与节目的贴合感，沈力要求自己对每期节目内容进行熟悉了解。看沈力的节目从来不会有"两张皮"的感觉。

据沈力本人的回忆，这种"融入"观应该是在早年的部队演出中就已经初步形成了。"那时候演员就不懂什么了，参军，年轻嘛，文艺兵总做过。就是你怎么体会的把自己融到里面。那时候就是作为一个串联人。也不是主持人，也不是播音员，你是一个串联人。那时候大型的专题文艺节目，还是挺多的，主席诗词、《梁祝》小提琴协奏曲，就类似这样的。我就说在这种节目里，我应该是一个什么样的角色，应该是什么样的感情投入。你必须得融入这里面，人家那挺欢乐的，你出来绷着个脸，那就不对了。你应该能够融到这里面，就这个意思。"早年在部队文艺生活中的

---

① 笔者对沈力的采访。

"串场"经历,沈力就已经有了思考。不过由于年龄和阅历的原因,思考还没有深入,具体,但这种感受却始终留在记忆力,在进行主持创作中,这些过去经历的影响又重新被发掘出来。因此,沈力在主持艺术上的成功还得益于早年部队文艺经历的给养。

(3)"聊天风格"改变创作语态

20世纪80年代,沈力率先尝试在主持中使用亲切、平等的交流语态,在当时的受众中引起强烈反响。在此之前,荧屏上充满了政治话语,"传者中心"观念让媒体长期处于单向传播的模式。沈力的尝试可谓是大胆创新,让观众重新接触到一种新的传播语态。这种尝试与沈力前期的走访学习经历是密不可分的。当年中央电视台决定开办《为您服务》栏目时,对于主持人栏目应该以什么样的方式来呈现大家并没有一个清晰的定位。尽管西方电视节目的发展已经相当成熟,但受当时条件制约,国内还无法直接观看到来自海外的节目。于是,沈力所在专题部的成员带着学习了解、借鉴吸收的目的专门赴厦门观看了来自台湾地区的一些节目。这次观看带给沈力的触动很大。虽然由于语言的障碍她无法听懂内容,但是港台节目主持人那种"聊天式"的主持风格,让她印象深刻。在随后的体会交流中,专题部的其他成员也都认同了这一特点。这也成为了《为您服务》栏目早期的语态参考。

"聊天式"主持风格的接触,让沈力从受众的角度体会到了"亲切"和"平等"的力量。她感受到这样的交谈风格,能够拉近观众与主持人之间的心理距离。值得一提的是,沈力的亲切交流语态是在台湾版的"聊天风格"基础上融入了自己的处事风格,变"不拘小节的随意乱侃"为"有礼有节的倾心交谈"。在这段走访学习经历中,沈力还初步接受到了电视包装的艺术。台湾节目中轻松跳跃的片头风格和主持风格浑然一体,成为栏目风格的具体体现。作为组长兼主持人的沈力认为栏目的风格应具有内外一致性,最终全组开动脑筋,运用很多土办法做了一个在当时看来已经具有一定轻松个性风格的电视片头包装。轻松的片头加上沈力亲切的主持，共同构成了自然、亲切、平易的栏目风格。

（4）栏目的创作整体观念引入

带有策划意识的主持艺术创作是沈力主持艺术的一大特点，这种策划意识的形成和早期的编导经历密切相关。在8年的编导经历中，沈力全身心投入到业务的学习锻炼当中，系统掌握了从确定选题、外出采访、组织拍摄、后期剪辑等一系列专业技术，最终做出了精辟的经验总结，即选题要准，立意要高，角度要新，构思要巧，形式要活。这样的总结在今天看来也并不过时，可见，沈力当时已经从门外汉变成了行家里手。沈力曾表示，编导经历对于自己的主持艺术有很深的影响。笔者分析，在这些影响当中，观念的影响应该是最深的。对比过去的播音员经历，沈力只是专门负责播报这一个环节，对于节目制作的整个过程并不了解。然而，编导的经历让她具有了全局把握的观念，这样在进行节目主持时，她会很清晰、明确地找准自己的位置和传播的目的。沈力回忆说：在《夕阳红》栏目主持阶段，自己有很多的无稿创作经历，有时甚至把编导的策划活自己全担了。在这一阶段的合作，尽管她并不是《夕阳红》栏目的负责人，但是没有与大家产生任何交流障碍，栏目给了她极大的信任和广阔的创作空间。这一方面得益于沈力的整体创作观念让自己的主持艺术能够和编导的思想相得益彰，另一方面也体现了栏目组对沈力个人能力和主持风格的认可。从90年代主持《夕阳红》栏目开始，沈力的主持风格已经走向成熟。广阔的创作空间让她的主持风格内涵得到了丰富，让她的荧屏形象也更加深入人心。这种带有策划意识和整体创作观念的主持艺术也成了沈力主持风格的独特性。

（二）"一分耕耘一分收获"——沈力的创作作品

建台初期，作为台里唯一的播音员，沈力除了播新闻，给新闻片配音，还要预报节目、串联节目、人物专访，以及评价一些文艺节目。如此繁杂的工作内容对沈力来说既是挑战，也是机遇。沈力认为，自己能够在工作初期就接触到多样的工作形态是一种幸运。沈力当时经常从早忙到晚，有时忙得连饭都吃不上。"每天下午3~4点钟领导审片，审片时播音员一边读稿，一边记画面。因为只有这一次对画面的机会，万万不能疏忽。差不多下午5点多，沈力才能拿到最后定稿，这时离直播没有多少时间了，要保证直播不出错，晚饭根本顾不上吃。当时，稿件出自多位记者和编辑之手，加上领导审核时的批注、修改，文字辨认难度之大难以想象。而新闻的播出量又较大，国内外新闻和专题片加起来大约需要50分钟，都是直播，紧张程度可想而知。"[1]

退居幕后，从事编导工作，是沈力在"文革"后期思考后的自我选择。思考让沈力能够正确看待自己，思考为沈力找到了提高能力的途径。当时她只是抱着多学一些东西的愿望，开始了新的尝试。此时的她并不曾想到，后来的职业辉煌与这一段转岗学习有着密不可分的关系。转岗后的学习，对沈力来说，也有着不小的压力。从播音到编导，对她来说又是一个全新的课题。电视是综合艺术，涉及面非常广，它是文字、画面、声音的有机结合。面对这一巨大的转变，沈力再次拿出了当初做电视播音员时的探索精神，不断学习与实践。就这样，她从一开始的跟着老编辑们学习，到后来开始独立做节目获得肯定，走过了充实的8年编导生涯。在这一阶段，她夯实了自己的采编能力。在《文化生活》工作的短短5年时间里，共录了85个节目。其中，沈力编导的《相声大师哪儿去了》获得了全国电视专栏节目一等奖、《心灵的歌声》获二等奖。这一阶段，沈力成为了名副其实的"高产作者"。

沈力从开始完全依赖编辑的稿件，到自己作为记者独立采访，历时大约两年。事实上，沈力早在播音员时期，就有过一些采访经历。但那时的采访，则主要依据编辑给出的文字进行转述，并没有自己的构思和发挥在其中。沈力认为，真正的采访是在担任编导后开始的。在此期间，她采访了国内外大量的人物，如杨振宁、赵浩生、伊文思、韩丁、美驻华大使伍

---

[1] 朱旭红：《沈力和她的两个"第一"》，《电视研究》，2011年08期，第56页。

德柯克、黄镇、陶思亮、丁玲、王光美和英雄模范人物等。

1982年，中央电视台决定让沈力担任《为您服务》栏目的固定节目主持人。从此，沈力再次回归幕前，并且成就了她事业中的辉煌历史。沈力主持的《为您服务》创下了辉煌的历史：一个25分钟的小节目，开办仅5个月就收到了上万封观众来信。这一节目在当时的收视率仅次于《新闻联播》。

主持《夕阳红》栏目时，沈力有了更多的时间对自己的主持"较真"。审视的角度变化了，她又找到了新的乐趣，充满了创作的冲动，也深感责任之所在。《夕阳红》同样是处于探索中的节目，主持人用哪种语言，把握什么分寸，用词是否经得起推敲，语法是否符合口语规律，语言是否简练，用语是否礼貌，话语是否流畅并符合自己的年龄与身份，是否言之有物，关于主持的每一个小细节，她都会去关注。沈力说，一辈子习惯了，"像着了魔似的"，说什么词脑子都在转、在斟酌，这是一种磨炼，也是一种追求。

沈力对于主持艺术的精益求精，并没有因年龄、身份的变化而改变，正是因为有了她"着了魔似的"投入，才有了观众"着了魔似的"认可她，爱戴她。北大的俞虹教授曾这样描述观众对沈力的肯定："几乎所有她的观众都对她心存感激，无论长幼，无论男女，无论内行，无论外行。"

三、走进沈力的播音人生

（一）萌芽期（1958—1966年）：初识电视

1958年，我国电视业正处在刚刚起步的阶段，经历着初创的艰难。苏联的专家认为我们还缺乏发展电视的条件，可是我们就凭着那股子不服输的劲头，自力更生，艰苦创业，最终成功建立了我国第一座电视台。同年，沈力通过选拔从广播一下子跨入了电视行业，郭镇之在他的《中国电视史》里曾这样描述："1958年11月2日，北京电视台开始口播《简明新闻》，每次5分钟。稿件起初是中国人民广播电台提供的，后来成为著名节目主持人的沈力是第一位电视播音员。"①初次接触电视的沈力在此之前对于电视几乎没有任何概念，沈力用"一无所知"来形容自己对电视事业的感觉。尽管并不了解电视，但她能够积极努力地去尝试和体会播音员这个工作，并且形成了自己的感悟。

　　沈力作为我国的第一位电视播音员，几乎可以说没有任何参考的材料和参照的对象，她就是在工作实践的不断探索中，对电视播音形成了初步的认识。首先，是对电视播音工作的认识。"电视播音员的工作小到代表一个台，大到代表一个国家，绝不是个人行为，要有一种使命感。"②这是沈力在第一次接受入台教育后获得的明确认识。播音性质的明确，为沈力日后的播音工作打下了扎实的根基。其次，是对电视播音特性的初步思考。在最初的工作中，沈力通过电视播音与电影的图像比较，获得了对电视播音特性的初步判断：一是电视直播是一次成像，没有返工的余地，因此播音员必须做足准备工作，减少出错率；同时，电视图像主要是以半身近景出现的，播音员的每一个微小动作都会被放大，稍不注意，就会给电视台带来不好的影响。最后，是对播音技巧的发掘。沈力在进入电视台之前，在电台待了近一年的时间。在那里，她曾接受过齐越的指导，尽管在电台的时间并不长，但对电台的播音工作和播音规律也已经有了初步的了解。因此，在播音技巧的发掘上，沈力可以说从电台播音中获得了一些启发。她先是通过与电台播音做比较，认为电视播音员要通过"荧屏"与观众产生交流。一是在态度上，要让观众感受到播音员发自内心的谦虚、热情和亲切；二是学会把镜头当作"观众的眼睛"，播音员要能通过镜头"看"到观众。三是要实现语言上的交流感，不能自说自话。至此，沈力开始了由念到讲的尝试，她要求自己能够复述。背稿复述是一件很苦的事，要想100%不出错，就要下120%甚至更多的功夫。为此，沈力每天凌晨4点就起床背稿，由于当时只有直播，因此每次节目重播她还要再背一次。

---

①　鲁景超主编：《真话实说——名主持人访谈录》，光明日报出版社，1998年，第292页。
②　中央电视台研究室主持人节目研究委员会编：《中国荧屏第一人——沈力》，中国广播电视出版社，1999年6月，第31页。

后来，沈力总结了经验，除了新闻节目之外，再面对生活服务类、文艺类节目时，已经能变"背稿"为"备稿"，用自己的话来讲述了。新闻节目由于常常时间紧、任务重，并且经常有那些不适合背诵的时政新闻，沈力便尝试把电台学到的播讲方法与电视的需要结合起来，并由此发现了播音时"抬头点"的奥秘。沈力要求自己在需要强调的重音位置，尽可能抬头与观众交流。如此一来，既让稿件播得清楚，又增加了与观众的交流感。事实上，当时领导并没有对播音工作细节提出如此严格的要求，电视观众也还是小众群体，因为整个首都也只有几十台电视机。沈力在这一阶段对电视播音规律的探索，可以说完全是自发行为。这种探索和尝试无形之中给本就忙碌的工作增加了新的压力，但是沈力却毫不退缩，执着地坚持着自己的开拓。赵忠祥这样回忆建台初期沈力的成就："我1960年2月参加工作时，我的唯一参照就是沈力。而在我来台之前，沈力在大家的帮助下，已经初步摸索出了中国电视播音的初步规律，在新闻、专题、文艺三大支柱节目中的串场、报幕、口播新闻、新闻影片、图片新闻画外音、现场采访和大型活动以及实况转播等环节都有了基本框架。她开创的工作格局与工作细节的要求及走向，影响了几代电视播音员。"[1]

单纯从早期播音工作内容来看，那时沈力从事的采访、串联和评价节目已经初具主持人的语言样态雏形。但沈力认为，那一时期自己完全没有"主人"的意识，并且基本是按照编辑的稿子完成任务，还不敢有自己的发挥，跟真正的主持工作还有着较大差距。

（二）积累期（1974—1982年）：向编导、记者的转型

退居幕后，从事编导工作，是沈力在"文革"后期的自我选择。当时她只是抱着多学一些东西的愿望，开始了新的尝试。此时的她并不曾想到，后来的职业辉煌与这一段转岗学习有着密不可分的关系。转岗后的学习，对沈力来说，也有着不小的压力。从播音到编导，对她来说又是一个

---

[1] 中央电视台研究室主持人节目研究委员会编：《中国荧屏第一人——沈力》，中国广播电视出版社，1999年6月，第13页。

全新的课题。电视是综合艺术,涉及面非常广,它是文字、画面、声音的有机结合。面对这一巨大的转变,沈力再次拿出了当初做电视播音员时的探索精神,不断学习与实践。就这样,她从一开始的跟着老编辑们学习,到后来开始独立做节目获得肯定,走过了充实的8年编导生涯。在这一阶段,她夯实了自己的采编能力。

1. 电视编辑能力提升

在做编导的这8年时间中,沈力将电视编导的活儿一样样学起。最终,她不仅掌握了多方面的电视技术,如镜头、声音、特技的运用,以及剪接点的把握等,而且开始形成了全局观念,不再像播音员只参与其中的一个环节。在编导时期,沈力已经有了很强的"受众意识"。1976年,在她担任《文化生活》栏目的编导期间,在确定选题方面,她主要考虑三点因素:总的方针政策、栏目宗旨和观众需要。在观众需要方面,她进行了细致深入的思考:当时的群众文化生活刚刚解冻,被禁锢了多年的优秀作品得以重见天日。节目应介绍这些优秀作品,力求弘扬民族文化、普及文化知识、提高观众的欣赏水平,给人以健康向上的精神力量。[1]从其个人思考中,可以看出,沈力的"受众意识"不仅仅包含迎合大众口味,还十分注意引领大众文化,提升大众审美。1981年5月,中央电视台在昆明召开了第一次全国电视《文化生活》专题座谈会,29个省市、电视台代表交流了经验,明确了"思想性、知识性、欣赏性三者的有机结合,是《文化生活》栏目的基本特性"。[2]可见,沈力最初的想法和座谈会的经验交流结果可以说是不谋而合。

当时,并非专业编导出身的沈力,却成为了编导中的"高产作者"。她在《文化生活》工作的短短5年时间里,共录了85个节目,可见沈力的个人

---

[1] 中央电视台研究室主持人节目研究委员会编:《中国荧屏第一人——沈力》,中国广播电视出版社,1999年6月,第37页。

[2] 赵华勇主编:《中央电视台发展史(1958-1997)》,中国广播电视出版社,2008年12月,第166页。

努力程度。这其中既有介绍民族传统音乐的,如"千年唐乐,重振丝弦(敦煌曲谱破译)""介绍三十年代音乐""介绍五四时期的著名音乐家及其作品"等。还有介绍现代歌曲和音乐的,如《蒙山沂水颂英雄》《高歌一曲赞红梅》《洪湖儿女赞》等。还有介绍外来音乐和文化名人的,如《飞翔的荷兰人》(访伊文思、罗丽丹)、《团结战斗的歌——列宁喜爱的歌》等。其中,沈力编导的《相声大师哪里去了》和《管弦乐的一家》都被写进央视台史,认为是当时较有影响的节目。同时受到肯定的,大都是一些专业资深的老编导,如张复华等。最终,沈力编导的《相声大师哪儿去了》还获得了全国电视专栏节目一等奖、《心灵的歌声》获二等奖。非专业出身的沈力在编导方面能够取得如此多的成绩,丝毫不逊色于专业出身的编导们,足见其个人学习能力之强、悟性之高。

2. 独立采访实践探索

沈力从开始完全依赖编辑的稿件,到自己作为记者独立采访,历时大约两年之久。事实上,沈力早在播音员时期,也有过一些采访经历。但那时的采访,则主要依据编辑给出的文字进行转述,并没有自己的构思和发挥在其中。沈力认为,真正的采访是在担任编导后开始的。在此期间,她采访过的人物有:杨振宁、赵浩生、伊文思、韩丁、美驻华大使伍德柯克、黄镇、陶思亮、丁玲、王光美等。独立做记者后,沈力经常会遇到各种突发的采访情况。这些采访通常需要临时进行策划和准备,并且只能依靠个人能力在现场把控完成,这对于专业记者来说都是一种不小的挑战,何况是"半路出家"的沈力。然而,沈力没有让人失望。在独立当记者后,她非常注意自身经验的积累和总结,已经有了很多有见地的采访认识。在"采访技巧的把握"方面,沈力已经有了不少心得,如创造谈话氛围、跑题的应对、插话的技巧、倾听的意识、"突击式"采访等。1978年墨西哥舞蹈家访华演出,文艺部导演要求沈力在幕间插空对其进行采访,而且当时能提供的资料只有一张节目单。沈力根据自己积累的经验进行了很好的应对,她记下了当时的思考:

（1）观众想了解什么？通过采访，我们要告诉观众什么？

其人（背景，在本国的地位、声誉）。

其物（响板是什么，起什么作用）。

二者关系（舞与响板的结合是独创）

（2）既然是外国舞蹈家，应请她简单说说来中国的感想。

（3）重点介绍响板。

（4）尾，礼貌语言。①

足见，此时的沈力，面对突发的采访，已经能够迅速形成清晰的思路了，而这绝非一日之功。沈力个人是这样评价这段经历的："这个阶段的实践，为我日后做节目主持人打下了基础。"

沈力采访著名演员王心刚

（三）成熟期（1982—1998年）：节目主持人的蜕变

1982年到1998年的这段时间应被分割为两段：一段是1982年至1987年，沈力主持《为您服务》栏目；另一段则是1993年至1998年，离休后的

---

① 中央电视台研究室主持人节目研究委员会编：《中国荧屏第一人——沈力》，中国广播电视出版社，1999年6月，第41页。

沈力重回岗位主持《夕阳红》栏目。这两个阶段看似是分隔的，实质却有着一定的延续性。沈力在《为您服务》栏目中开创了自己的主持风格，给受众留下了深刻的印象。正是因为有之前在《为您服务》中的突出表现，并且给观众留下了难以忘怀的印象，领导才会将与《为您服务》栏目风格有些相近的《夕阳红》交给沈力主持。此时沈力60岁的年龄也让她与《夕阳红》的观众形成了一种天然联系，同时，当年《为您服务》的观众中，有很多也正好在步入了老年阶段。正因如此，很多观众在《夕阳红》中再次看到沈力时，他们感到无比的亲切。

1.《为您服务》确立个人主持风格

1982年，中央电视台将原来设在播出部的《为您服务》栏目划归专题部，变为固定栏目，任命沈力为组长兼栏目主持人。电视节目专栏化由此起步，沈力也成为中国第一位电视专题栏目主持人，此时的沈力已经年届五旬。沈力主持的《为您服务》创下了辉煌的历史：一个25分钟的小节目，开办仅5个月就收到了上万封观众来信，这一节目在当时的收视率仅次于《新闻联播》。

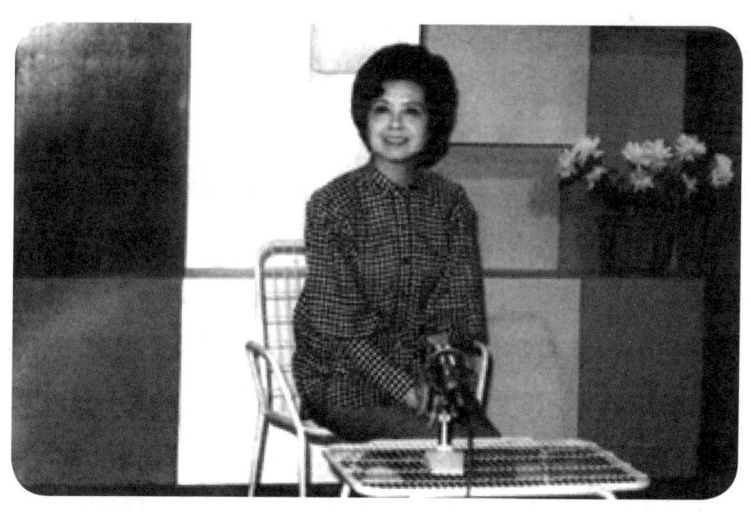

主持《为您服务》特别节目（1984年）

沈力刚开始接触到专栏节目主持人时，还并不了解"主持人"的真正含义。起初，她也只是忙于节目的制作根本无暇具体思考，但工作一段时间后，她很快就开始进入了角色，并取得了很好的社会反响。沈力坦言，播音员、编导和记者的经历对她做好主持人这一工作起到了很大的作用。她尤其强调编导经历的锻炼让她获得了飞跃式的成长。综观沈力在《为您服务》栏目中的表现，可以说，初识主持的沈力用很短的时间就抓住了主持的内核，并且很快确立了自己的个人风格。此时的沈力，对主持风格已经形成了较为完整的认识。她抓住了主持风格形成的重要前提，就是主持人应该能做到真正地"驾驭"节目，做节目的主人。沈力认为，要实现这种"驾驭"，需要做到"四会"——会编，会采，会写，会说。她强调"采编写"并非每个环节都需要主持人亲力亲为，但是主持人一定要做到"懂"和"会"，这样在主持节目时才能真正发挥主导作用，掌控整个节目。沈力不但是这么说的，也是这么做的。在《为您服务》栏目中，她作为组长和主持人亲自参与到写稿、改稿、策划、选题等多个环节当中，尽管有些子栏目的选题并非每一个均亲自参与拍摄，但她都做到对内容心中有数。这样，她在节目的串联过程中，因为对节目内容了如指掌，所以能表现得更加从容自如与栏目浑然一体。吴郁曾评价沈力的艺术成就为"起点高"，她认为沈力在《为您服务》栏目中实现了真正意义上的"采、编、播"合一。沈力对栏目掌握着相当大的话语权，因为她不仅仅是这个栏目的主持人，还是这个栏目的管理者，相当于今天的制片人。这样高规格的起步，在播音主持历史上都是不多见的。

由于有了播音员、编导和记者经历的铺垫，沈力做好《为您服务》这档栏目的主持人可以说是顺理成章。这一次沈力重新走到幕前，并不是早期电视播音员的延续，因为经历了8年的积累和历练，此时，出现在荧屏上的沈力可以说实现了播音主持艺术的一次质的飞跃。在节目中，确立了质朴、平易、真切、知性的主持风格，让人们通过电视荧屏感受到了中国传统知识女性的真善美。此时的沈力，对于主持风格的认识已经更加深入：

"主持人应根据栏目或节目内容的需要，拿出自己的见解，根据自己的感受和习惯，讲自己的话，这样，才有可能形成自己的风格。"[①]虽然这是沈力第一次接触"主持人"这个称谓，但因为有了长期在广播电视业务方面的经验积累，沈力很快就在节目中形成了自己的风格，并且得到了广大观众的认可。遗憾的是，由于中央电视台当时要设立大型杂志型栏目《九州方圆》，《为您服务》被归并其中。子栏目播出时间的不固定导致观众的大量流失和不满，最终，在观众的强烈要求下，1988年《为您服务》复播了，但此时沈力已经到了离休的年龄。

纵观20世纪80年代"主持人"一词的风靡使用，可以看出主持人职业角色在当时展现出的强大魅力。不过，此时对于主持人和主持人节目的理论研究还较少，实践远远地走在了理论前面。1986年，北京广播学院新闻研究所《新闻广播电视研究》编辑部在北京举行了关于主持人节目的研讨会。会上有人提出，目前节目主持人太"滥"了，不少播音员、报幕员、司仪等都冠之以主持人称号，这不但没有必要，而且也有损主持人的威望，容易造成混乱。会上还有人谈到节目主持人的个性问题，认为主持人必须保持个人魅力，没有个性的主持人，不容易形成权威性，不利于和听众观众建立密切的感情联系，不能增强节目的说服力。[②]从这次研讨会探讨的内容可以看出，对于主持人的理论研究还处在刚起步的阶段，在"主持人"职业角色的界定上还没能形成统一的规范，在实践中还存在着大量的"滥用"现象。值得注意的是，尽管主持人节目出现时间并不长，但主持人的个性问题已经开始得到了理论研究者的关注，并且认识到了它的重要作用。尽管在这个研讨会上，还没有形成进一步对主持风格的探讨，但并不是说主持风格不存在，而恰恰是体现了主持人理论研究还相对滞后，对于主持风格的系统性认识还没有形成。但不可否认的是，主持个性与主持风格之间存在着紧密的联系。只是主持风格的形成除了有主观因素的参与

---

① 李瑞英、刘连喜编著：《广播电视播音与节目主持人》，辽宁人民出版社，1991年，第191页。
② 敬一丹：《主持人节目研讨会综述》，《现代传播》1986年第4期。

外，还需要有客观因素的支持。相对于主持个性而言，主持风格的研究需要更加广阔的视角以及对多种因素综合分析的能力。

2. 回归主持《夕阳红》栏目

沈力主持《夕阳红》栏目时，已经年届六十。《夕阳红》栏目是一档以老年观众为主要收视群的节目。沈力可以说是这些观众的同龄人，这些老人当中有不少还曾经关注过沈力早年主持的《为您服务》。"您离休又复出使我们老年人感到无比振奋。每次看到您在电视里出现，我都感到是幸福，是享受（济南观众张明琴）。"①这封来信可以说写出了很多观众的心声。还有一封署名阿春的来信，"她说在她即将绝望的时刻，她又从荧屏上见到了十年前主持《为您服务》节目的沈力，她从'那火一般热情的眼神里，得到了生存的力量，从那真诚的心灵中吸取了活着的希望。"沈力收到这信的时间是1993年10月底，《夕阳红》栏目开播刚1个月。由此可见，沈力早年在《为您服务》中的主持风格给大家留下了深刻印象，这也为她在《夕阳红》中的主持打下了良好的观众基础。与主持《为您服务》时不同的是，沈力在《夕阳红》栏目中只承担主持人的工作，不再负责整个栏目。尽管如此，她却仍然保持了栏目的"主人翁"意识，她在参与之初，就曾经建言献策，不但设想了《夕阳红》这个节目名称，而且还建议写几句歌词，这些都被领导一一采纳了。

重回荧屏的沈力在《夕阳红》栏目中专心承担主持工作，这也让她有

离休后主持《夕阳红》栏目

---

① 李力：《难能可贵是品格——感受沈力》，《现代传播》，1996年3期。

更多的时间对自己的主持"较真"。审视的角度变化了,沈力又找到了新的乐趣,她充满了创作的冲动,也深感责任之所在。沈力对于自己在《夕阳红》中的主持艺术更加精益求精,主持人用哪种语言,把握什么分寸,用词是否经得起推敲,语法是否符合口语规律,语言是否简练,用语是否礼貌,话语是否流畅并符合自己的年龄与身份,是否言之有物……关于主持的每一个小细节,她都会去关注。沈力说,一辈子习惯了,"像着了魔似的",说什么词脑子都在转、在斟酌,这是一种磨炼,也是一种追求。①

此时的沈力对于主持风格的认识则更为深刻全面了,在自述中她是这样看待主持个性的:"主持人应该有个性化的语言。因为主持人是以真实的个人身份出现在观众面前,并与之进行直接的、面对面的交流的,而这种交流更多的是通过主持人的意向、认识、感受和语言来完成的。……另外,主持人的个性色彩应该和他所主持的栏目风格相一致,这样才能起到相辅相成的作用,才能融为一体。"沈力对于主持风格的梳理,抓住了主持传播的人际传播特色,意识到主持过程是一场以"个人身份"面对观众的人际互动。个性化的语言是主持风格的重要内核。同时她还关注到了主持传播的节目语境,认为主持风格不能脱离栏目风格的语境。

值得注意的是,从《为您服务》到《夕阳红》栏目,时间上存在一个断档,即1988年至1993年沈力的离休生活。事实上,这一阶段的沈力处于"离休不离岗"状态。沈力自感由于没有栏目的局限,她有更多的机会接触其他类型的节目主持实践,创作空间更加广阔。这一阶段她所主持的节目类型包括专题节目、智力竞赛以及文艺专场演出等。此外,其间一些讲课和当评委的经历,让她有机会能够更好地梳理和总结自己的实践经验成果,为后来的主持工作打下了良好的基础。因此,中间这5年的"离休不离岗"生活为《为您服务》和《夕阳红》栏目之间做了有效衔接,让沈力的

---

① 朱旭红:《沈力和她的两个第一》,《电视研究》,2011年第8期。

主持艺术得到了一以贯之地发展，同样是其个人主持风格走向成熟的重要过程。

四、沈力眼中的"个性"

（一）个性是独特感受

生活中独特的个人为何在屏幕上会给人千篇一律的印象？这是沈力在进入电视行业之初逐渐意识到的一个问题。当时，她听到了"广播员的画像就像大2寸照片"这样的评价。如果是军队，这样的评价说明大家是整齐划一，但对于播音员队伍而言，这样的评价更多则意味着千篇一律，缺少个性。诚然，这与电视播音主持工作的性质有关。沈力在自述中写道："电视广播的播音工作和电台广播的播音工作基本任务是相同的，都是党的宣传工作的一个部分。……他所代表的是电视台这个集体，而不是广播员个人。"这是入台初期沈力接受到的第一次教育。此时沈力是电视台唯一的播音员，她更为关注的是作为党和国家代言人的使命感，是对播音员职业身份的感受。随着电视台播音员数量的增加，沈力开始认识到"个性"的重要，她不满足于只给大家留下"大2寸照片"的印象。沈力开始关注个人的独特感受，不同的人即使面对相同的播讲对象，也会有不同的表达样态，这取决于每个人在阅历、年龄、性格等方面的差异。"对少儿广播中的一段话，有的可以长者的身份出现，有的则可以辅导员的身份出现。"[1]

沈力的独特感受不是特立独行、刻意表现，而是在个人和节目之间找到一种契合点——既不影响节目内容的表达，又能体现出个人的特点。在《月季欣赏》节目中，原稿的开头语是这样写的："在这百花争艳的季节里，我们来到天坛公园的月季园。今天，我们还特意邀请几位朋友来同您一起赏花。"沈力敏感地察觉，季节虽好，却并不是所有人都有时间和精

---

[1] 中央电视台研究室主持人节目研究委员会编：《中国荧屏第一人——沈力》，中国广播电视出版社，1999年6月，第35页。

力能够外出赏花的,不能忽略了这些观众的感受。于是,沈力做了这样的补充:"在这百花竞相开放的时节,如果您能走出家门去欣赏一下盛开的鲜花,一定会感到心旷神怡。可是据我们了解,很多同志由于忙于工作,忙于学习,忙于家务,难得出来走走。今天,我们特意来到天坛公园的月季园,还邀请了几位朋友陪您一起赏花。"修改后的稿件,加入了沈力自己的独特感受。这样的独特感受既能体现出沈力细腻的情感和对观众那份真诚的关怀,又把节目的服务性体现得更加到位、具体。

沈力的独特感受是建立在对普通大众生活的体察基础上的,她真正把自己看成是"普通大众中的一员"。通过荧屏,沈力和观众建立起了情感纽带,她在为观众带去服务信息的同时,也走进了观众的生活。由于每日工作繁忙,离休后的沈力并没有太多时间真正去体会老年生活,正是因为有了主持《夕阳红》栏目这样的机会,她开始真正走进老年人这个群体,并且对他们有了由衷的敬佩之情。在一次由她主持的老年人戏曲唱段比赛环节,有一位年逾古稀的老者唱功极佳,遗憾的是,最终他没能拿上一等奖。沈力的心里很为这位长者惋惜,担心他会为此不快。在节目的最后,沈力特地走到老人跟前问:"您获二等奖可以吗?"老人说:"可以。"沈力又问:"您高兴吗?"对方答:"高兴。"此时,沈力由衷地说道:"您高兴,我们也就高兴了。"虽然只是几句简短的互动,但在沈力看来这是十分必要的。因为她真心把老年观众当成自己的朋友,所以感同身受,为这位实力派老人没能拿到第一名感到遗憾。她担心老人会为此不快,因此有了现场的有感而发。相信那位老人一定也能感受到沈力真正把老年人的感受放在心上的那份真挚,纵使真有不快,也会在瞬间荡然无存的。

(二)个性是内外一致

沈力在节目中追求的个性,是对自身性格中与栏目定位和传者身份相符的特点的放大,因此她从不会在节目中刻意去突出自己某方面的个性,相反,她所追求的个性是内外一致,因为那就是她真实的自我。在主持《为您服务》栏目时，沈力有着组长和主持人的双重角色，可以说对节目有着相当大的话语权。在节目中，身为主持人的沈力成为栏目风格的代表，她的真诚质朴、亲切大方给观众留下了深刻的印象，这也成为沈力风格的重要内容。栏目外的沈力作为组长，对于和栏目有关的每个环节都十分注意，在她看来，栏目所形成的风格和主持人是分不开的。就拿每期电视周报上《为您服务》栏目的预告来说，沈力不满足于只是预告栏目的播出时间，她还会把每期栏目的子内容也都一一做出提示。尽管预告是提前半个月就登出，但沈力很少临时对节目内容进行修改，她认为预告的登出已经让观众形成了期待，如果播出的节目经常与预告内容不一致，会影响观众对于栏目的信任和忠诚度。也许在有些人看来临时更改预告内容是非常正常的事，但在沈力眼里，工作的每一个细节都非常重要，观众对于节目的信赖就是在点点滴滴中建立起来的。诚信是沈力做人的原则，节目内外她都秉持这个理念，她认为这也是对观众的尊重。

栏目内外，沈力把对观众的真诚进行到底，她总是用诚恳的实际行动去赢得观众的信任。阅读观众来信并不是沈力一定要完成的份内工作，然而，面对《为您服务》栏目每月上千封的读者来信，沈力尽管工作繁忙，却一直坚持每信必看，无形中增加的工作量可想而知。沈力的看并不是走马观花，她会把观众的每一个期望、每一点建议都记在心里，虽不能做到每封必复，却是每封必"记"。有一年冬天，一个观众来信寻求解决冬天出门眼镜上的雾气问题，沈力一年后在节目中做了这样的反馈："我们的编辑收到信以后，一直在寻求解决的办法，可是等我们找到办法的时候天气已经暖和了，所以时隔一年，我们才来回答这位同学提出的问题。此刻，这位同学如果还能坐在电视机前，那我就太高兴了。"虽然时隔一年，但沈力心中却一直惦记着观众朋友的来信请求。她在节目开篇真诚地说明了没能及时解答观众来信的原因，尽管只有寥寥数语，却能够让人感到她在节目之外下的功夫，可谓用心良苦。最后一句更是沈力的心声吐露，她是多么希望那位观众正巧看到了这个时隔一年的反馈，让观众知道她的惦念，足见，她对观众那份情谊的看重。她把对观众的真诚，把自己的"言而有信"进行到底。

（三）个性是坚持自我

沈力曾经这样评价自己，"看上去挺随和，实际上在某些方面也挺固执"。正是因为沈力的这分"固执"，才让观众看到了一个充满个性的沈力。在服饰妆容方面，她的"淡雅"之美给观众留下了深刻的印象。"淡"体现了沈力的不张扬、不浮夸的人生态度。她追求的就是那一分恬淡与自然，因此，沈力从不会在外形上过分修饰自己。她能够回忆起来的自己穿过的最"夸张"的服饰，就是在一段发往国外去的贺岁短片中穿上了一身红色旗袍。红色的旗袍也是考虑到对外宣传的需要，它既体现了过年的喜庆氛围，又有着典型的中国元素。除此之外，沈力的服饰一直以朴素、简洁为主。看似平常的穿着，却也是沈力用心的挑选。在服饰方面，她努力在朴素的基础上，穿出个性和品位，并且做到"三符合"——符合栏目、符合场合以及符合年龄身份。在主持语言方面，沈力一直坚持自己改稿的习惯，她从不会把自己当成念稿的机器，相反，却经常会主动修改编辑写的主持文稿。一次，编辑在稿子中写下了这样的对话：

主持人：现在进行第二轮历史知识竞赛。

历史老师：哎，沈力同志，您怎么忘了？上一次的奖品还没发呢！

主持人：噢，幸亏您提醒我，要不真忘了。好，现在请上一次获一等奖的同志上来领奖。

据说写这篇稿子的编辑是个性格开朗的年轻人，他或许希望用这个小插曲的设计，增加节目的趣味。但在沈力看来，丢三落四的表现跟自己的严谨个性完全不符。连一年前观众的来信都记得在节目中做出反馈的她，怎么会忘了发奖这么重要的节目环节呢？面对这样的稿件，沈力总是会坚持自我，不会随意顺从。沈力对此有着较为深刻的认识，"一味地去背编辑的稿子，那我今天成了'马大哈'，明天又是个捧哏者，就不会有一个稳定的形象了。"因此，沈力对采编能力非常看重，从主持《为您服务》栏目开始，她就一直坚持做采编播合一的主持人。从选题策划到编辑播出，虽不能保证全程参与，却要做到心中有数。"每个节目的内容和形态都装在我心里。因此，什么地方该说，说什么，怎么说，我感到能驾驭自如。"[①]因为对节目内容的熟悉，沈力的主持与栏目浑然一体，在驾驭节目的同时彰显了自身的个性。作为《为您服务》栏目的组长，沈力让这档服务类栏目不仅具有趣味性和知识性，更通过知识性的追求提升了节目的品位。知识性的追求源自于沈力的个人思想和审美认知，在栏目定位和个人喜好之间，她找到了一种平衡，坚持了自我。融入了沈力自我个性和追求的栏目，不仅迎合了普通大众的口味，也受到很多"高知"群体的喜爱。

沈力的坚持自我，还表现在她对自身特点的清醒认知。"文革"期间，播音员成了政治的传声筒，广播和电视中"千篇一律""千人一面"的呐喊式播报方式不绝于耳。此时的沈力认识到自己的声音条件并不适合这样的播报风格，她并没有任由自己随波逐流，而是主动放弃了播音工作，转而学习自己还不熟悉的幕后编导工作。由此可见，沈力的坚持自我中，不仅包含坚持，还包含了放弃。正因为她敢于放弃那些不适合自己个性的主持机会，才会有她稳定的屏幕形象的形成。事实证明，这段令人意外的转行经历也为她日后做主持人打下了坚实的职业基础。

（四）个性是精益求精

个性常常是出自无数细节累加起来带给人们的综合感受，对于栏目主

---

① 中央电视台研究室主持人节目研究委员会编：《中国荧屏第一人——沈力》，中国广播电视出版社，1999年6月，第52页。

持已经驾轻就熟的沈力更加注重对主持细节的精益求精。主持语言是主持人智慧的结晶，是主持艺术的核心体现。一位电影研究工作者高度评价沈力的演播风格和语言技巧，并热情地向青年演员推崇沈力，说她"语言高度洗练，没有多余的话和多余的字，更没有空话、套话，既通俗又文雅。她的演播是艺术化和生活化的高度统一，毫无做作痕迹，庄重大方，亲切自然，可信可敬"。[1]沈力的语言能够获得如此高的评价，和她自身对于语言表达的高度重视密切相关。她要求自己的主持语言要准确、简练，为此她会对主持稿件进行反复的修改。如她看到编辑的原稿写道："随着人们生活水平的不断提高，大家迫切需要一个丰富的文化生活。"这样的表达在电视中可以说经常听到，但沈力觉得这句话存在不够准确的地方，经不起推敲，如"一个"不能用来修饰"文化生活"，"大家"和"人们"同时使用显得有些重复和赘述，于是，她把这句话改成："随着生活水平的提高，人们迫切需要丰富多彩的文化生活。"如此一来，句子结构清晰了，语言也更加简练和准确了。除此之外，沈力认为，主持人的语言还应做到重点突出。比如，下面这一组沈力老师的改稿材料。

原稿：在古城南京，有一位每天带领一群中老年人晨练的老人，他叫魏廉，今年71岁。魏老年轻时从事过体育新闻记者工作。退休前在江苏省总工会专门负责职工的体育活动，无依靠倒立是魏老的一手绝活，同时也是这个项目的吉尼斯纪录保持者。下面就请收看我们的节目《倒立神翁》。

改稿：在古城南京，有一位71岁的老人，叫魏廉。他有一手绝活就是无依靠倒立。他的这手绝活不仅创造了吉尼斯世界纪录，而且还是这项纪录的保持者。下面就请您收看《倒立神翁》。

首先，从字数上说，原稿的120多个字经过修改之后已经减少到70多个字，语言更加简洁了。从内容上看，沈力删掉了对老人工作经历的介绍，主持词完全围绕老人的倒立绝活展开。删掉了旁枝末节的介绍，节目的中

---

[1] 朱景和：《沈力和〈为您服务〉——兼谈电视专栏节目主持人》，《现代传播》，1984年4期。

心内容得到了更好地突出。

沈力的精益求精还体现在对于表达效果的追求,她不仅要求自己的语言通俗易懂,还要让语言富有吸引力,具有可听性。因此,她不愿意总是按部就班地去表达,为了提升语言的魅力,沈力常常会主动调整表达样式,带来不一样的观众体验。请看下面这组改稿前后的对比:

原稿:在北京香山植物园里,有一个小小的古植物演化展览馆,创办于1989年,原中国科学院古植物研究所的研究员,62岁的朱为庆先生,就是这个展览馆的创办者。朱老坚信科学知识的普及就像高山隆起一样,只要每一个科学工作者都一点一点地努力,就能筑起我们中华民族的高峰。下面,就请您收看《慢慢隆起的高山》。

改稿:在北京香山植物园里,有一个小小的古植物演化展览馆。62岁的朱为庆先生,不仅是这个展览馆的创办者,而且还是研究员、讲解员、保卫员和清洁员。这恐怕是世界上独一无二的馆长了。下面就请您收看《慢慢隆起的高山》。

从文字内容上来看,原稿中的表述并无不妥。它只是按照传统的介绍方式展开叙述,暗含解释了节目标题的含义,最终引出节目。沈力修改后的稿子隐去了对于主人公背景的详细介绍和节目标题含义的揭示,强调了主人公"四位一体"的特殊身份,激发人们对于主人公和这所博物馆的好奇。删除了解释节目标题的内容,增加了节目标题带来的悬念,让观众带着好奇去节目中探索发现,寻找答案。这样的修改既增加了主持语言表达的吸引力,也去除了原稿中那种空洞的宣教意味。

五、重温经典

(一)将"服务"进行到底的《为您服务》

"服务"的概念自从诞生以来在学界就一直难以有统一的界定,甚至存在不少争议,每个人心中对"服务"的理解不尽相同。1982年,沈力刚刚接到主持《为您服务》栏目的任务时，对"服务"二字的认识还具有一定局限性。在大多数人的眼中，"服务"是一个颇具商业气息的词汇，通常就意味着"家长里短""婆婆妈妈"的琐事。这些让沈力觉得有些俗气，不够喜欢。于是她建议给栏目换成其他的名字，可是领导一概不批，就认定了《为您服务》。在后来的节目制作过程中，沈力慢慢开始对"服务"有了新的认识。但正是因为有了之前那些"不太对头的思想"，后来的节目中才有了沈力带给观众的不一样的"服务"。

1. 服务——朋友间的真心相待

在建国初期到改革开放的相当长的时间里，我们的电视都处于"我播你看"的状态，带有浓重的宣教意味。在这样的背景下开播的《为您服务》栏目，在当时可以说是具有开创意义的。沈力逐渐揣摩出领导的意图，"为您服务就是要加强和观众的联系，为老百姓服务"。[1] 对于如何在节目中落实好"服务"二字，沈力有了自己的想法。

《为您服务》开场的一句："观众朋友，您好！"问候虽简短，却已是历史性的跨越。"过去我们电视台播新闻，发布国家的号令，这种心态是居高临下的，代表着国家的形象。但《为您服务》不一样，它是和老百姓家家都有联系的，我们必须放下姿态，必须平等地和老百姓心对心地交流。"[2] "朋友"是沈力对《为您服务》中主持人角色的认识，平等是这一角色背后重要的关系支撑。"社会生活中，朋友之间最可贵的是什么？是真挚的情感，能够互相尊重，互相信任，平等相待。主持人要想成为观众的朋友，也应该遵循这些原则。"[3] 这也渗透着沈力对"服务"的理解，那就是朋友间的真心相待。

---

[1] 中国人民大学口述历史工作坊：《〈为您服务〉与中国第一个节目主持人——沈力口述历史》，2013年1期。

[2] 中国人民大学口述历史工作坊：《〈为您服务〉与中国第一个节目主持人——沈力口述历史》，2013年1期。

[3] 中央电视台研究室主持人节目研究委员会编：《中国荧屏第一人——沈力》，中国广播电视出版社，1999年6月，第53页。

沈力的"服务"完全是出于朋友间的真诚，毫无功利性可言。因此，她既不会在节目中颐指气使、居高临下，也不会刻意去讨好、取悦人。因为真心把观众当朋友，沈力的节目具有了朋友式的交流感和亲切感。沈力的真诚贯穿在每一期节目之中，体现在每一个细节之中。比如在《选字帖》这期节目里原稿这样写道："前一段时间，我们收到了不少书法爱好者，特别是一些青年学生的来信。他们问：现在出版的书法字帖种类很多，但不知哪些字帖比较适合于初学者临摹。的确，对于一个初学书法的人来说，字帖的选用是很重要的。为了帮助大家能够选择到一本合适的字帖，我们带着这个问题，走访了著名画家和书法家董寿平先生。"[1]这样的表述方式在今天的媒体上仍然经常见到，但沈力认为，这段话中流露出了"让我帮助你"的意思，听起来，主持人好像成了"救世主"，这样的表述欠妥。她认为，主持人在节目中传播的信息不是"恩赐"，而应该是与观众共同学习了解。于是，她对稿件进行了修改："我常有这样一种心情，每当看到别人写字写得很漂亮的时候，就很羡慕。我觉得字写得好，不仅自己看着舒服，别人看着也是一种享受。在我收到的青年朋友的来信中，很多人也表达了这种心情。他们说：很想练字，却不知道怎么选帖。为了使您练出一笔漂亮的字，我们特地来到了著名画家和书法家董寿平先生的家里，请董老先生来给我们指导。"[2]这样的改法，把主持人和观众放在了更加平等的位置。沈力就是如此，时刻把"平等"装在心里，不会放弃每一个细节。她始终保持这样一颗平常心，从不过高估计自己，过分表现自己，这就是沈力与朋友的相处之道。这也成为沈力在日后修改主持人串词时重要的心理依据。

对待观众，沈力总是保持着谦虚的态度，从不过分显示自己。在面

---

[1] 中央电视台研究室主持人节目研究委员会编：《中国荧屏第一人——沈力》，中国广播电视出版社，1999年6月，第54页。

[2] 中央电视台研究室主持人节目研究委员会编：《中国荧屏第一人——沈力》，中国广播电视出版社，1999年6月，第54页。

对明星时，沈力也从不过分谦卑，自贬身价，她仍然坚持着平等相待的原则，一视同仁。《为您服务》栏目中曾经邀请一位电影明星作嘉宾，起初主持人串词是这样写的："有一次，我在街上被几位观众朋友认出来了，他们问我，听说某某去深圳开公司当经理了，是不是真的？当时我只好说无可奉告，因为我也不知道。最近一次偶然的机会，我见到了她，并告诉她，许多观众朋友很关心她，希望她能和观众朋友见见面，她答应了。今天就请××同志来和大家谈谈近况。"①备稿时，沈力发现有两处说法不妥，一个是"观众朋友认出了我"，这个说法无形中就把自己的位置抬高了，这就不是与观众平等相待了。因此，她把这句话改成："观众朋友遇到我"。而在谈到明星时说"她答应了"，沈力感到这样说自己显得比明星矮了一截，这也不符合她的"不卑不亢"相处方式，后来她把这句话改成："于是我们相约今天在摄影棚里，请××同志和大家谈谈她的近况。"这些修改在很多人眼里常常是可以忽略的细节，但沈力就是在一个又一个这样的细节中体现着她的特点和服务理念。

2．服务——"想群众所想，急群众所急"

在沈力看来，能够加强和观众的联系，真正为百姓服务，节目内容就不能仅仅是节目组的一厢情愿，而要真正了解受众的需求。概括起来就是十个字："想群众所想，急群众所急。"既然是"想观众所想"，过去"我播你看"的过于主观的传播方式自然不能满足这种需要，于是，节目主持人兼组长的沈力进行了大胆的改革，变"我播你看"为"你要我播"。"我们的节目70%以上都是观众来信，根据观众的要求来设定我们的题目。"②面对每月三四千封，甚至最高到五千封的观众来信，沈力一直坚持每信必看，从中了解到观众的需求后，再通过和编辑们召开选题会来确

---

① 中央电视台研究室主持人节目研究委员会编：《中国荧屏第一人——沈力》，中国广播电视出版社，1999年6月，第55页。
② 中国人民大学口述历史工作坊：《〈为您服务〉与中国第一个节目主持人——沈力口述历史》，2013年01期。

定最终的选题，让选题做到"从观众中来，到观众中去"。在筛选选题过程中，沈力也总结了一些经验。面对观众五花八门的需求内容，节目时间有限，要想全部满足是不可能的。因此，她把选题分为两大类：一是具有普遍性的需求。比如当社会刚刚时兴买羽绒服时，很多观众朋友反映羽绒服买得起、洗不起。于是，沈力就在节目中请来了行家专门教大家如何自己清洗羽绒服。在流行穿西装时，又做了"西装与领带"的节目；照相机畅销时，他们又根据观众的需求录制了"摄影咨询"的系列节目……沈力的节目内容不仅做到了与时俱进，而且尽可能照顾更多人群的需要。另一类就是既有个性，又有知识性和实用性的问题。《为您服务》栏目中，曾专门设立了"小辞典"版块，专门回答观众一些有典型性的思考。如"一问三不知"是哪三不知？五音不全又是哪五音？等等。尽管这些板块很小，并具有不固定性。但就是通过这样的答疑解惑模式，沈力的服务节目牢牢抓住了观众的注意力。

在"及群众所急"方面，沈力在《为您服务》节目中也做出了突破，首次在节目中出现了监督报道。《为您服务》栏目开播不久，就收到了这样一封江苏的来信，信中观众反映他们夫妻用了一生积蓄买了台彩电，没用多久，彩电就出了问题，并且迟迟得不到解决，他们感到苦恼与气愤。既然是"急群众所及"，对群众反映的问题当然不能置之不理。但是观众的困难，并不是《为您服务》节目能够解决的，该怎样通过节目对观众有所帮助呢？于是，沈力决定，先对观众反映的信息进行核实。确认无误后，她在《为您服务》栏目里公开曝光了信件的内容。此举引起了厂家的重视，观众的问题很快得到了解决。这期节目播出后，反响强烈，栏目组开始收到大量反映产品质量问题的来信，沈力与《为您服务》栏目组一起，把这些观众反馈的典型问题以《为您服务》栏目组的名义发给厂家，无形中起到了电视的舆论监督功能。难能可贵的是，沈力不仅努力帮观众排忧解难，对于积极整改的企业，她同样会给予肯定与支持。河南某卷烟厂曾经是《为您服务》点名曝光过的企业，整改过程中，他们下大力度提高了产品质量。最后，不仅解决了观众反映的质量问题，而且获得了省优质产品的称号。沈力认为，这样电视舆论监督的目的就达到了。出于对厂家的爱护，《为您服务》栏目还把该厂领导请到了演播室，进行了一次现身说法。沈力关注的服务，以群众的利益为先，却不仅仅局限在问题本身，她更关注的是社会行业质量的整体提升，进而让大家都能获得保质保量的服务。

3. 服务——有品质的关怀

《为您服务》创办于改革开放后不久，当时的经济正处于振兴期，人们的思想认识和生活追求正在发生着翻天覆地的变化，这个栏目的出现极大地满足了观众的心理欲求。"知识性、趣味性和实用性"是这一栏目的创办方针，在很多人眼里，"趣味性和实用性"似乎和"服务"显得更加贴近，但沈力却更加看重"知识性"，这也暗合了她不想把节目办成"婆婆妈妈，家长里短"的初心。中国传媒大学播音主持艺术学院的张颂教授认为："人有人品，诗有诗品，节目也可以有品位，用以考察节目的规格、档次。节目中，有高雅品位、平时品位、通俗品位。……高雅品位，并不含有贵族、皇家所专有意思，大体是指有一定文化深度和审美层次的节目。"[1]沈力带给观众的服务节目就是具有着高雅品位的服务，她总能在满足观众的实用需求同时，在精神层面上对观众形成引领。例如，在面对部分青少年盲目跟风集邮，甚至有人以不正当的方式获得和售卖邮票的社会现象，沈力专门录制了《集邮爱好者》系列节目。栏目中不仅教会了大家集邮的方法，而且还帮助大家明确了集邮的目的和意义，并让观众学会欣赏国外经典的集邮作品，提升了大众的审美层次。

正是在这样的理念引导下，《为您服务》又创了几个服务类节目的

---

[1] 张颂：《播音主持艺术论》，中国传媒大学出版社，2008年12月，第8页。

第一：第一个在电视节目中介绍时装模特，第一个采用方针比赛的节目形式，第一个让健美走进电视，第一个把涉及法律的事件告诉观众，曾创下央视最高收视率的骄人纪录。①沈力把个人品位的追求和栏目有机地融合到了一起，不仅让自己的想法得到了最充分的发挥，同时也获得了观众对于节目和主持人的肯定和认可。大庆市李明山说："《为您服务》这个节目，像一本百科全书，办的短小精悍，知识性、趣味性、实用性得到了和谐的统一。"甘肃周泾清称赞这个节目"以它灵活多样的形式，丰富多采的内容、独树一帜的风格成为我们电视观众工作、生活的顾问，科学、文化的良师，切磋琢磨的益友"。②一档普通的生活服务类栏目，打上了沈力的烙印后，真正地做到了雅俗共赏，这也是最让沈力觉得欣慰的事。沈力的服务理念不落俗套，勇于创新，为观众带去了有品质的关怀。

4．服务——情感的沟通

如果说有品质的关怀让观众更加欣赏《为您服务》这个栏目，那么沈力的情感投入则是真正俘获了观众的心。沈力的服务意识是在真挚的情感下激发的，她不是机械地完成主持任务，而是从心底想要给观众提供他们最需要的服务信息，对他们有所帮助。沈力不仅从观

沈力主持《为您服务》视频资料

---

① 石长顺：《电视栏目解析》，华中科技大学出版社，2003年2月版，第191页。
② 朱景和：《沈力和〈为您服务〉》，《现代传播》，1984年4期。

众的来信中找到了选题,更为难得的是,她收获了和观众们在思想情感上的交流。"失去母亲的孩子,向我发出妈妈的呼唤。多少真诚的鼓励与祝愿,多少真挚的肺腑之言,这深情厚爱在我心中越积越多。"[1]尽管这是无形的交流,却极大丰富了沈力的创作依据。生活中的沈力,对待观众也是毫无架子可言,总能对认出她的路人报以亲切的微笑,她从内心把自己真正看成是普通大众中的一员。这些生活中与观众交往的画面都深深地印在沈力的记忆中,"有时是姑娘们的说笑,有时是年轻人的发问,有时是长者的关切,有时是学者或老师的指教和探讨"这些鲜活地生活瞬间,常常在摄像机开启的一刹那就活跃在沈力的脑海里,带给她无限的交流欲望和丰富的交流情感。如她所言,"观众"二字在我心里已不再是空泛的词汇了,而是像越烧越旺的一团火。有一次,我们向观众介绍4种凉食的做法,按说师傅教完了,主持人说声谢谢,就可以结束了。可是,当我看到观众朋友正在津津有味地看着、学着时,一种任务完成而情谊未尽的感觉油然而生,于是我加了这么几句话:"观众朋友,4种凉食做好了,按说应该先请您尝尝,可惜隔着荧光屏您没法尝,只好请您自己动手,自己品尝了。祝您做得成功,吃得高兴!"[2]这段结束语,完全是沈力的情之所至,没有预先设计,却很好地与电视机前的观众进行了真诚的情感沟通。

  沈力与观众的情感沟通是十分自然的,因为一切出自真诚。即使是对一个孩子的诉求,她也不会轻易忽视,相反,她还会给予特别的关爱。《为您服务》栏目中有这样一段串词:前些天,我收到北京黄村五小王子苏小朋友的一封来信,信是这么写的(信略)。是这样的,这位小朋友的确代表了很多观众朋友们的要求,请王子苏小朋友的爸爸、妈妈和其他观众朋友收看我们特意为您录制的节目。[3]沈力在节目中提到了小朋友的名

---

[1] 中央电视台研究室主持人节目研究委员会编:《中国荧屏第一人——沈力》,中国广播电视出版社,1999年6月,第57页。

[2] 中央电视台研究室主持人节目研究委员会编:《中国荧屏第一人——沈力》,中国广播电视出版社,1999年6月,第58页。

[3] 中央电视台研究室主持人节目研究委员会编:《中国荧屏第一人——沈力》,中国广播电视出版社,1999年6月,第61页。

字，首先让人感到她对这个小观众的重视，也一下子拉近了她与这个小朋友的距离。然而，她并没有因此忽略其他观众的感受，她提到小朋友的要求也代表"很多观众朋友们的要求"，从侧面说明了这期节目在大众传播视角下的意义。在串词的最后，沈力用了"特意"二字，再次把对话交流回归到人际传播层面，相信这位小观众和他的家人一定能够感觉到沈力发自心底的真诚。

中央电视台电视观众来信汇编1984年9月3日

正如沈力所说,她和观众之间总像有"情感纽带连接着"。尽管《为您服务》栏目的串词并不多,但沈力做到了"无一字无依据",她让自己时时保持着与观众的情感沟通,永远传递着有"温度"的服务内容,这个温度就来自于她对于观众那颗真诚火热的心。这也是沈力的服务节目带给人们难以忘怀感受的重要原因。

(二)《夕阳红》栏目中的主持之"术"

央视《夕阳红》栏目的创办让沈力再次回归主持的舞台,此时的她虽已离休,却未真正停止对主持的探索。在离休的日子里,她所接触到的工作内容更加丰富了:到学校进行讲座,让她能够借此机会细致总结多年播音主持工作中积累的经验;应邀主持节目,让她接触了很多和《为您服务》栏目不同的节目样式,主持能力得到了多方面的拓展。经过积累和沉淀的沈力重新上岗,她有了更多施展自我的空间。作为《夕阳红》栏目的主持人,她终于可以专心研究主持之"术"了。

1. 做节目真正的"主人"

从最初接受主持《夕阳红》栏目的任务时,沈力对这个栏目就保持了高度的主人翁责任感,她努力让自己融入栏目之中,成为栏目真正的"主人",而不是定期应邀来客串主持的"客人"。这也是她在多年主持过程当中,对主持人职业内涵的深刻认识。

首先,以"主人"的情怀,提出中肯的建议。提到《夕阳红》栏目,很多人的耳畔立刻就会回想起那个熟悉的旋律:"最美不过夕阳红,温馨又从容……"从《夕阳红》这个栏目名称到《夕阳红》的主题曲,均出自沈力最初的想法。当央视领导告诉沈力,希望由她来主持一档老年人节目时,沈力就开始了认真的思考。她觉得老年人是这个社会需要关爱的群体,同时他们更应有属于自己的生活。

在吉林录制《夕阳红》栏目，与老年观众在一起

于是，她想到了"夕阳无限好"的说法，她觉得栏目的名字可以叫做《夕阳红》。既然是新开办的栏目，还应有属于老年人自己的歌，于是她建议专门给栏目谱写一个主题曲。沈力的建议立即得到了领导的采纳，最终由乔羽作词的栏目主题曲在社会上引起了强烈的反响。思考栏目名称和栏目曲，并不是沈力的份内之事，沈力完全是出于公心，提出了自己的建议。她对待主持工作的认真，和强烈的责任意识成就了她的"主人情怀"。

其次，以主人的心态，关心受众的反馈。对于重新回到公众视线，沈力是犹豫的。毕竟，20世纪90年代我国的主持人事业正处在飞速上升期，年轻靓丽的面孔层出不穷，此时的她已经年届六十，她不确定观众是否还能够接受她。所以，沈力给领导的答复是："试试吧！"听起来这是一个不太有自信的回答，但这正体现了沈力的责任意识。沈力永远把观众的利益放在第一位，观众的感受是她最看重的。她在各种场合，曾经多次表示："我不留恋荧屏，可是留恋观众；我重返荧屏，也是为了回报观众给予我的太多太多的关心、爱护和支持。"在沈力看来，观众对她的需要和认可才是她留在荧屏上的理由。事实证明，观众不但认可她，甚至在她离岗的岁月里，还一直在心里默默地期待着她。

最后，以主人的意识，完成节目主持。主持人是节目的主人，她不仅要对观众负责，对栏目负责，还要对自己负责。尽管有着多年主持经验的积累，但沈力对主持工作却从未有丝毫懈怠，并且一直保持着非常认真的态度：她从不止步于念别人的稿子，而是要在稿件里体现自己的意志；她认为真正的主持人要有对节目的深度参与，这种深度参与常常是随着主持工作深入开展自然而然的要求；对于每次自己录完的节目，沈力都会仔细回看，确认无误方才结束工作；在主持艺术的追求上，沈力更是精益求精，看重主持个性的发挥。

2. 建立在采编能力基础上的主持艺术

沈力的主持之"术"，不仅仅是纯粹的播音主持技巧，她的主持艺术是有着深厚的采编功底基础的。8年的编导经历让沈力的采编能力得到了极大的提升，当年的《为您服务》栏目中，沈力可以说已经成为了真正意义上的采编播于一身的主持人。尽管在《夕阳红》栏目中，沈力的职业角色只是主持人，但这其中体现的主持功力，却常常与采编经历密不可分。

（1）串场有"设计"

《夕阳红》栏目中的沈力经常有机会接触各种形式的主持，有传统的杂志型节目的串联工作，有大型竞赛活动的主持，还有外出的采访报道等等，多样的主持形式让沈力的主持功力得到了充分的展现。沈力的主持常常会在没有太多稿件依据下完成，有时只有非常简练的提纲，有时甚至连提纲也没有。例如，沈力在节目中组织一次踢毽子的比赛活动，当时她只拿到了一个简单的节目提纲：

第一组，单踢；

第二组，对踢；

第三组，花样踢。

如果说简单按照提纲上的内容做个主持串场，相信这期节目只能按部就班进行，显得平淡如水。于是，沈力在节目提纲的基础上加上了自己的"设计"。主持的开场白是这样说的："各位观众，这次《娱乐宫》的内容是踢毽子比赛。踢毽子可以说是我国独有的一种具有悠久历史的民族体育运动，虽然只用脚踢，但全身都可以得到锻炼。（指大屏幕）看，这几位老人踢得多带劲儿。（大屏幕，老人踢毽子）"

这段开场白上来就点明了节目的内容——踢毽子比赛，属于开门见山式的开场。随后，简单介绍了踢毽子的历史及它的健身功能。但是到此为止，这还不足以引起人们的关注。紧接着，沈力加入了自己的设计，她用了一个"看"字成功引导了观众的注意力，让观众一下子沉浸到了老人们踢毽子的热闹场面之中。此时，再加上主持人语言的渲染，让观众一下子感受到了老年人那种老有所乐、积极向上的生活状态。接下来，选手们按照"单踢，对踢，花样踢"进行比赛。比赛本身虽然有不少看点，但由于参与者有限，现场的气氛还难以达到高潮。由此，沈力特别设置了"观众参与环节"：感谢几位老同志和小朋友的精彩表演！看他们踢得很轻盈，好像很容易。下面我们想请在座的各位上来试试，哪位同志能踢过10次，毽子不掉，将会得到一个小毽子（可请5人分别踢）。……现在，我们再进行一次对踢，两位同志踢过10次，也可以得到一份奖励（请两对上来）。这一段现场互动的设计，一下子活跃了现场的气氛。为了激发观众的参与热情，沈力在语言上也采用了一些技巧，先给观众暗示踢毽子看着不太难，大家都可以来试试。另一方面，她还为观众规定了一个可以"够得到的"得奖标准——连续踢10次，既帮助现场参与者定了具体目标，也让电视机前的观众可以一起当裁判。从单人连踢10次到双人对踢10次，把这个踢毽子比赛节目推向了高潮。这里面不能不说沈力充分发挥了主持人的掌控功能，让这期节目张弛有度地进行。

沈力的个性安静，不喜张扬，但在大型比赛的串场环节，她却能够有效调动观众的积极性，活跃现场气氛。20世纪80年代，知识竞赛类节目在我国风靡一时，当时的这类节目通常都包含以下环节：共答题，必答题，抢答题，再加上中间的观众答题这四个部分。沈力希望自己的主持既不落俗套，又能使比赛赛场的气氛不至于太沉闷，于是就有了主持环节当中的

"小设计"。沈力考虑到前三个竞赛内容主要是按照组织者的规定动作完成任务,可以发挥的空间有限。因此,她就把重点放在了观众答题环节。在一次知识竞赛的主持活动中,沈力把中场为观众出的题做了如下处理:第一题,她灵机一动,提议让在场属龙的观众来回答,当年正好是龙年。第二题,考虑到蛇年马上就要来了,她又把机会给了属蛇的人,这时观众们就跟随沈力的指引,都在积极地寻找属蛇的人,现场气氛逐渐升温。当大家都觉得摸准了主持人思路的时候,沈力又突然转变了参与要求,第三题答错的人不罚,答对的人可以领双份奖品,但必须表演一个小节目。通过这样的方式,实现了现场的双向互动,观众不仅有机会参与现场的竞赛,还有机会通过表演节目与现场观众再次互动。面对这类大型活动的主持,沈力的场面调动并没有靠插科打诨、哗众取宠,她依然延续了端庄、大气、知性的主持风格,有效活跃了现场气氛,赢得观众的肯定和喜爱。这不能不说得益于她在串场当中的设计意识。沈力的设计想得很细致,并且经常有调动观众的"好点子"。仔细思量,你会发现,很多"好点子"的产生是她站在编导的角度思考的。可以说,沈力的控场艺术是在编导思维的渗透下完成的主持活动。正如沈力所言:"凡是需要我参与主持的节目,我从不会给什么念什么,也绝没有主持、编导、策划之分。对于每一期节目,我都会尽自己所能,默默地尽一份力量。"

(2)采访报道有发挥

作为《夕阳红》栏目的主持人,沈力也经常被安排一些外出采访任务。但跟一般主持人不同的是,沈力的采访任务常常只有个大概方向,并没有太多照本宣科的依据,因此,沈力的采访,常常是由自己策划完成的。在一次《千位老人游三峡》节目的采访报道活动中,就有沈力的很多自我发挥。要完成对千位老人活动的采访报道,面对这样一个庞大的采访群体,沈力事前却对这些老人的情况一无所知。于是她果断决定要通过简单的问卷形式对老人们的基本情况摸个底,在对老人们的情况有了一定了解之后,沈力从中挑选了一些有典型代表性的老人作为采访对象。同时,她也会随机观察,及时发现那些值得报道的点。在这次老人游三峡的活动中,沈力颇为感动的就是主办方对老人们的出行服务做得非常到位,就连老人上厕所的问题都考虑得极其周到。这就成为了沈力选定的一个重要的采访报道主题——"为老年人开绿灯"。采访报道内容主要包括:

如此活动从构想到成型历时多长时间(体现组织者的严肃认真态度);

其间,有没有遇到意想不到的事(介绍老人非一等舱不去,踊跃报名情况);

组织这样的大型活动还需哪方面支持(介绍社会各方的支持);

怎样面对风险,采取了哪些措施,等等。

采访后紧接了一组画面:大幅标语、孩子摇花、气球飘舞、锣鼓齐鸣、亲人叮嘱、领导送行、儿女相扶、握手、拥抱、道别、车队一行驶去。沈力在现场配了这样一段画外音:"千位老人游三峡活动已经拉开序幕。第一批登上游轮的共有657位老人,在鲜花的簇拥下,在锣鼓齐鸣声中,老人们就要启程了。在送行的人群中有老伴、有子女、有朋友,还有有关的各级领导和老年机构的工作人员。这亲情、友情和爱情,共同奏响了一曲尊老敬老的乐章。"[1]

从上例可以看到,沈力接到的采访报道任务并非是明确具体的。在有限的时间内,她通过梳理信息找到了明确的采访主题——"为老年人开绿灯",并围绕这个主题设立了采访提纲。采访提纲中的问题清晰具体且有针对性,将主题层层推进。沈力的画外音不仅对画面做了信息补充,并且点出了这次活动的重要意义——"尊老敬老"。她在这次采访报道过程中

---

[1] 中央电视台研究室主持人节目研究委员会编:《中国荧屏第一人——沈力》,中国广播电视出版社,1999年6月,第77页。

所做的工作远远超出了主持人的工作范畴，并非仅有一些主持经验的人就能够顺利完成的，这一切工作的背后都有她强大的采编能力作为基础。

对于栏目提供了文稿的采访，沈力同样保持着强烈的把关意识。例如，在《养生杂谈——中风的电脑监测防治》这期节目中，编辑把节目分成了上、下两个部分。以上集的原版文稿如下：

大家都知道，中风直接危害老年人的生命健康。医学上说，中风就是脑血管病，就是脑子里的血管发生了异常情况，有人把中风叫半身不遂，也有人叫脑血栓。那么，中风究竟是怎么回事呢？今天我们请××谈谈有关中风的知识。

××教授，什么叫中风？中风和脑血栓是不是一回事？

中风有哪几种情况？有些什么表现？……

刚才××给我们讲了什么是中风，中风的表现和中风的危险因素。下次的《养生杂谈》节目，继续请××介绍如何检查这些危险因素，也就是怎样对中风进行监测。

沈力修改后的稿件为：

中风是危害健康的三大敌人之一。在全国经580万人的调查，中风病人在144万人以上。

1988年来，××教授根据国内外研究成果和多年临床经验，编制了用电脑监控中风危险因素的程序，为2万人进行了检测，使老年人预先知道自己有无中风的危险因素和如何控制危险因素，从而明显地减少了中风病的发生。

××教授，用先进的科学技术——电脑来监控脑中风，这还是一件新事物。用电脑怎么能监测出脑中风的危险因素呢？

脑中风的主要危险因素有多少？

监测的准确度如何？

有没有不可控的因素？

人的个体差异是比较大的，客观环境也会发生变化，那么编出的程序是否要随之调整？

电脑还可以开处方？

通过以上介绍可以了解到，用电脑可以预测发生脑中风的危险因素。下次，再向大家介绍如何用电脑开处方。[1]

从采访稿件内容的前后对比来看，沈力对原稿件可以说做了颠覆性修改。沈力认为，原稿件将主题划分为"中风"和"对中风的监测"与《中风的电脑监测防治》这个主题不够匹配，尤其是节目上集只谈中风，对电脑监测防治的内容没有涉及实属不妥。从修改后的稿件来看，沈力把节目的上下两部分的内容设定为"电脑对脑中风危险因素的预测"和"如何用电脑开处方"这两个内容，如此一来，节目上下两集内容都与主题紧密相关。在节目的开场，沈力就向观众交代了电脑在脑中风危险因素监测方面的背景资料，面对一个陌生的领域，观众心里一定有很多疑问，沈力接下来就按照人们的惯常思维习惯，代观众向专家提问，一层层地解答观众心中的疑问。在提问的过程中，沈力恰当地加入了一些有关中风的知识性内容，如"脑中风的主要危险因素有多少？"这样就做到了既不偏题，又加强了人们对中风的了解。而最后一个"电脑开处方"问题的抛出与节目的下集内容形成很好的衔接，让观众形成了一种心理期待。原本有了采访稿可以让沈力少费很多功夫，但她并没有"放权"，对每一次自己的主持采访工作她都会严格把关，保证质量。在她看来，真正的主持不能是盲目地照本宣科，而一定要有自己的思考参与其中。

---

[1] 中央电视台研究室主持人节目研究委员会编：《中国荧屏第一人——沈力》，中国广播电视出版社，1999年6月，第79页。

3．言为心声的主持艺术

主持人的语言是主持艺术的核心载体，沈力对此有着非常深刻的认识，她认为，主持语言点点滴滴都在渗透着主持人的意志和品格。因此，沈力从不会把别人写好的稿子拿来就读，她一直坚持着改稿的习惯。即使当她60岁重回央视主持舞台，她仍然没有放松过对自己的改稿要求，相反，她对于主持语言的要求更加精益求精了。她不但会修改编辑为她写好的稿子，就连自己写的稿子，她也常会反复推敲琢磨，进行修改。在改稿方面，沈力一方面十分注意主持语言的规范性，例如准确，流畅。另一方面，也是更为重要的，她一直坚持言为心声。因此，很多人在提到沈力的主持艺术特色时，总会谈及一个"真"字，或言"真诚"，或说"真挚"。

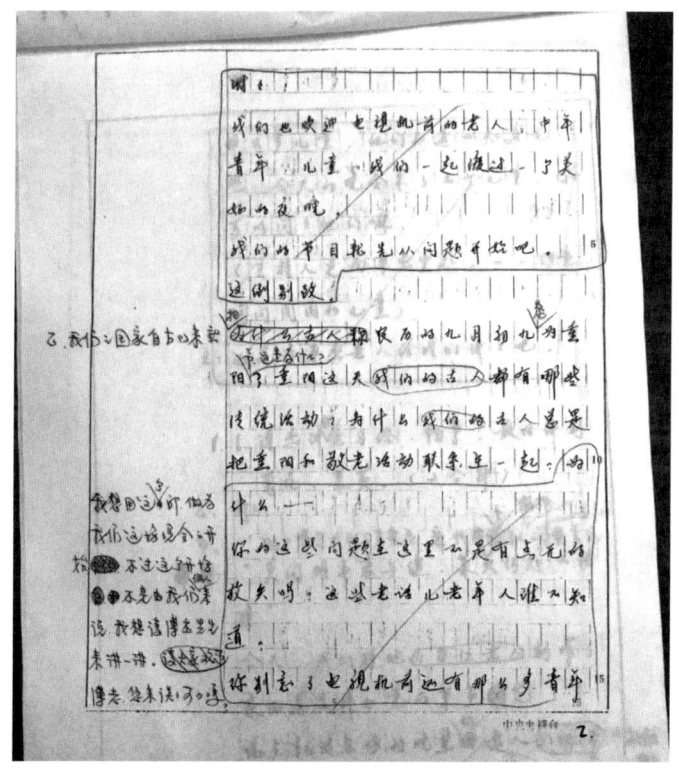

沈力的《夕阳红》栏目设计修改稿

（1）心系观众，细致周到。一次沈力在节目中请陈强老先生（著名演员）介绍他的陈氏醋卤做法，当他听到陈老说要用15种原料时，她马上回应说：这么多？为了方便大家记忆，您说慢点好吗？观众朋友，您不妨找支笔记一下，免得动手做时想不起来。好，请您一样一样说吧！"[1]沈力考虑到15种原料不容易记住，一是提示陈老可以讲得慢一点，另一方面建议观众用笔来辅助记忆。这样的提醒在沈力主持的节目中比比皆是。正如沈力所言，她和观众早已通过荧屏建立起了情感纽带，"观众"二字在她的心中像越烧越旺的一团火。沈力主持的《夕阳红》栏目的收视对象主要为老年人，在节目中沈力对这些老年群体有了更加深刻的认识："我觉得我们这一代老年人非常非常值得让人尊敬，也非常可爱，他们有坚定的生活信仰，有那种对待生活的乐观和态度，还有那种锲而不舍活到老学到老执着的精神，有一种豁达的心态，我从他们身上学到很多。"[2]在节目中，沈力和观众找到了一种心灵共鸣。在新版块节目的开场白中，编辑给出的原稿为："用老年人自己的话说，人生能有一点追求，有一些爱好，会使人们的精神生活丰富起来，对上了年纪的老人来说也不例外，更应该超脱繁杂环境，引向无限乐趣的境界，永葆奋进的活力。"沈力认为"应该"一词的使用让主持人的表达说教味太浓。以她对观众的了解，老年观众早已是生活的明白人，无需主持人再来给他们讲大道理。于是，进行了下面的修改："很多老年朋友都有一种愿望，希望自己的晚年生活能有所学，有所为，有所乐，用老年朋友们自己的话来说就是'人生需要有一点追求'。是啊，追求可以说是点燃美好生活的长明灯。我想，追求并不是年轻人的专利，很多老年朋友都有自己的追求，像路大姐就是其中的一位。"修改后的稿件，语气上也有了较大缓和，语言也更加舒缓流畅。沈力不仅顾及到了老年观众的内心感受，而且还在节目里说出了老年观众的心声，这一切都源自于她心中的观众情结。

---

[1] 中央电视台研究室主持人节目研究委员会编：《中国荧屏第一人——沈力》，中国广播电视出版社，1999年6月，第81页。

[2] 金鹰艺术节开幕前的网络采访，http://www.hunantv.com/c/20120908/1252351095.html。

（2）辞约意丰，有感而发。俗语说"文如其人"，在沈力看来，"话也如其人"。因此，在主持语言的运用上，沈力是非常下功夫的。那些主持的话语常常在她的脑海里"打转"，她总要仔细揣摩最佳的表达方式。沈力的语言特点在她大量的改稿中都有体现，非常简练、朴实。在她看来，真情不需要更多的修饰，简单朴实的语言更便于观众的理解，也更能够拉近与观众的距离。例如，《夕阳红》中的一段开场白原稿是这样写的：

如果有人向您说，生活从60岁开始，让我们快快乐乐地过日子吧！这时您会有怎样的启发呢？其实这种说法是很有道理的。离退休以后，一种全然不同的新的生活方式摆在我们面前。心理学家认为，老年人恰到好处的修饰，会带来青春的活力，典雅、得体、富有时代感的服装和浓淡适宜的化妆，是美的享受，她能让老年人感到自己还年轻，老来俏使您精神焕发。

（改后）前些时候，我从《长寿》杂志上看到一篇文章，标题是《拉住夕阳的人》。文章的主人公叫董木兰。说真的，我喜欢这个标题，更为董木兰同志创造的美所吸引。于是，我和摄制组的同志们一起驱车前往天津采访了她。我们的编导赋予了这个节目一个更有新意的标题：人生从60岁开始。

原稿的语言规范工整，并且用了不少形容词来丰富表达。多个祈使句的运用，看得出编辑在努力寻求与老年观众的情感互动。沈力修改后的稿件简单叙述了这期节目内容的由来，并直抒胸臆表达了自己对那篇偶然看到的文章的欣赏。尽管通篇没有任何溢美之词，但却句句发自肺腑。主持人语言没有了措辞上的矫揉造作，口语化更强，并多了几分质朴真挚的色彩，更加符合主持话语的传播语境。此外，沈力提到的原作标题《拉住夕阳的人》暗合《夕阳红》栏目的理念和定位，在此处颇有些点题的意味。

（3）设身处地，以客为主。沈力不仅仅能够照顾到电视观众的感情，对于每一位来到节目的嘉宾，参加比赛的选手，她也从不怠慢。来者皆是客，沈力总是能够设身处地为他们着想，希望他们能够享受参与节目的过程。《夕阳红》栏目曾经请一位民间艺人到节目中来教大家做布贴画，但是由于这位嘉宾很少参加节目录制，在现场非常紧张，没办法把做布贴画的过程讲清楚，最终编导只好临时决定让沈力在现场代替他来讲。沈力在教做布贴画前，对观众说："由于曹大姐讲话有些口音，怕您听不懂，所以我昨天特意先学了一遍。下面，我来做，请曹大姐指导（转头对曹大姐），您看可以吗？"[①]教做之后又加了一句："曹大姐，您看我做得对吗？能及格吗？"为了节目效果，曹大姐不得不被临场替换，她的尴尬可想而知。沈力深切地体察到这一点，感同身受，因此说了开场的那一番话。她先是用担心嘉宾的普通话观众听不懂来解释了替换的原因，相比表述能力不足而言，普通话问题嘉宾在心理上更容易接受。同时又强调了是为了照顾观众的感受，嘉宾则更能够理解。在教布贴画的过程中，沈力同样没有喧宾夺主，她把自己的教学看成是"学生"的现场演示，并且特意强调请嘉宾作指导。如此一来，嘉宾并不会在场上无事可做，感到尴尬，同时又感觉得到了尊重。在讲解结束后，沈力再次请嘉宾来点评打分，对嘉宾表示了足够的重视。沈力在节目中总能设身处地为他人着想，即使是细微的小事，沈力也常常能够照顾到对方的感受。这样的细节点滴积累，她不但赢得了嘉宾的信任和认可，还收获了观众的喜爱和支持。

术，即道也；主持之"术"，主持的方法和规律。沈力对于主持方法、规律的摸索主要依托于自身的实践和思考。因为一直在做"第一个吃螃蟹的人"，沈力几乎没有任何可以借鉴的规律。沈力常常自谦于"自己都是下的笨功夫"，"没什么专业的方法"，但事实证明，她当年的实践

---

① 中央电视台研究室主持人节目研究委员会编：《中国荧屏第一人——沈力》，中国广播电视出版社，1999年6月，第87页。

经验与当下发现的很多主持规律不谋而合。今天的主持专业理论产生,更是离不开沈力等老一辈播音主持工作者的实践探索。如今看来,沈力的主持之"术",重在"道法自然",她将"做人"与主持有机地融合在了一起,真实而不做作。看沈力的主持,更像是欣赏一场沈力"本色"的做人艺术。

赵忠祥

赵忠祥，1942年1月生于北京。1960年2月正式成为北京电视台（中央电视台前身）第"78"号工作人员。从1960年到1985年，赵忠祥播报新闻25年；1979年随邓小平同志访美并采访卡特总统，成为新中国第一位进入白宫采访的记者；1980年至今解说《动物世界》《人与自然》共三千部集，文稿两千万字；主持并参与了18届中央电视台《春节联欢晚会》、百期《正大综艺》……一行行的数字见证了赵忠祥在中央电视台五十余年的工作生涯。赵忠祥是我国第一位男电视播音员，也是我国电视播音主持事业的开拓者，他开拓并从事了新闻、评论、采访、专题、少儿、体育、综艺等各类节目的实践，播报和主持的节目类型多种多样，堪称"多面手"。

1960年2月,赵忠祥经北京市应届高中毕业生海选,正式成为中央电视台的工作人员,编号"78"。在中央人民广播电台进行岗前学习时,赵忠祥近距离地从齐越、夏青、林田、葛兰等播音前辈身上学习播音技巧,这些学习为其日后事业的发展奠定了坚实的基础。1960年国庆,赵忠祥在天安门城楼直播国庆典礼,这是他工作半年后第一次承担大型活动,经过精心准备,他圆满地完成了任务。

1976年1月周恩来总理逝世,赵忠祥承担治丧播报工作。7月朱德委员长逝世,他承担治丧播报工作。9月毛泽东逝世他承担治丧播报工作。

1978年,《新闻联播》节目诞生,赵忠祥成为该栏目的第一位男播音员。早期的《新闻联播》播音员不出图像,以影片画外音播报,最早是直播,后来是录音播出。第一次在《新闻联播》里出现播音员的图像,是在1978年年底,1979年元旦播出的节目。

1979年,赵忠祥在元旦播《叶剑英委员长告台湾同胞书》,担当了传达祖国统一大业信号的使命。同年,随邓小平同志访美期间采访卡特,成为新中国第一位进入白宫采访美国总统的记者,曾被美国一篇报道称为"中国的克朗凯特"。

1983年从第一届春节联欢晚会中担任报幕员亮相开始,赵忠祥一共担任15届春节联欢晚会主持人,参与18届春节联欢晚会。主持国庆35周年庆典、国庆45周年焰火晚会、香港回归大型晚会、国庆50周年典礼、澳门回归大型晚会等国家重要庆典及晚会。

1993年,赵忠祥获第一届金话筒奖特殊荣誉奖。

从最早期的新闻播报,到1993年的《正大综艺》;从三十多年前开播的《动物世界》,到今天北京电视台的《江山如画》;从央视第一次出现"节目主持人"称谓的《中学生智力竞赛》,到家喻户晓的春节联欢晚会;从走近伟人思想的《雄才伟略毛泽东》,到记载改革开放30年的《伟大的历程》……半个世纪的历程,这些风格迥异的栏目和节目铸就了一个风格鲜明的名字——赵忠祥。

2010年,由中国电视艺术家协会主办的"赵忠祥播音主持50年学术研讨会"在北京召开,通过我国播音主持界著名专家学者和节目主持人对赵忠祥播音主持50年的回顾总结,见证了中国电视的发展历程,对我国播音主持艺术的继承和发展具有重要意义。

一、聆听半个多世纪的声音

——赵忠祥播音主持艺术创作综述

（一）央视第"78"号员工的工作生涯

1960年春天，作为中央电视台第"78"号员工，赵忠祥正式开始了他的播音工作，一干就是50余年。1960年最早期的新闻播报，1993年的《正大综艺》，1981年开播、距今三十余年广受欢迎的《动物世界》，一系列大型纪录片解说，如《江山如画》《笔墨春秋》等，央视第一次出现"节目主持人"称谓的《中学生智力竞赛》，担纲主持人，主持参与家喻户晓的春节联欢晚会……半个世纪的历程，赵忠祥在他五十余年的从业生涯中，带给我们众多风格迥异的栏目和节目，也在这些节目中，形成了自己鲜明的播音主持风格。

青年时期的赵忠祥，步入工作岗位时刚刚18岁，一切都是新鲜的。那时候没有科班训练，北京广播学院也刚成立，还没有播音系，播音系是1963年才成立的。如何才能进行专业的训练，完成电视台的播音工作呢？赵忠祥被派到中央人民广播电台进行学习。在这里，他接受了"老带新"的培训方式。从延安时期到新中国的建立，中央人民广播电台已经形成了一支成熟的播音队伍，这支播音队伍水平高、专业强，总结了很多对后人有用的专业知识。北京广播学院播音系成立后，也是老一辈播音员们把自己的理论知识、实践经验编写成教材提供给学校进行教学的。

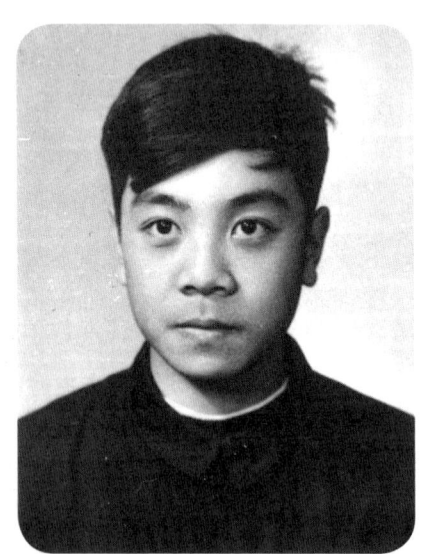

1960年2月进台留影

赵忠祥在中央人民广播电台进行学习的时候,由夏青老师进行一对一的教学指导。老师上班的时候他就一直跟着,老师进演播室,就搬个凳子在旁边看他播音,不允许进演播室,就去监听室进行学习观摩。

夏青老师当时要求赵忠祥,新闻播音时做到1分钟180个字,不能多也不能少。这一点在诸多要素中最难。因为当时电视台、电台设备简单,通过字数来限定时间。记者和编辑按照1分钟180个字的要求发稿,播报5分钟、10分钟、半个小时,稿件字数都是有要求的。播音员在播报的时候对于时间也是有严格要求的,30分钟的稿件要求30分钟播完,不能拖沓。调音室可以给5秒钟缓冲的时间,可以插入音乐,这5秒钟也是缓冲的最大限度了。在这样高强度、高要求的训练下,赵忠祥努力进行学习,提升自己的业务水平。两个月的学习时间,赵忠祥既学习老师精湛的播音业务,也学习严谨认真的为人态度。夏青老师一直是赵忠祥播音主持艺术生涯的楷模。

回到电视台,刚开始工作,困难重重。新闻片画外音的解说,晚上播出节目,白天要进行多次配音的练习,因为人员的紧缺,不可能专门配放映员,所以赵忠祥还要学习放片子。那时候他就深刻地认识到,作为合格的播音员,一定要一专多能。赵忠祥既负责影片的剪接、重新誊稿,练习的时候还要自己放映视频。在辛苦的工作中,赵忠祥迅速地成长起来。

1965年新闻播报

"在播报新闻的时候,经常遇到拿到一篇新稿件,没有时间准备,直接播音的时刻,其实心一直都悬着。要准确无误、状态积极到位地把稿件播完,播完之后经常会出一身的汗。这种紧张感难以言表。这么难的工作你都做过,一身一身的汗水都出过,那些经过多次排练的文艺节目的串联词,相比起来难度就减轻了不少,压力也小了很多。我一共主持了15次春晚,参与了18次,没有出现过错误。我还记得1997年春晚的时候,导演组临时给我安排了一首诗朗诵,朗诵结束后要敲响除夕钟声。我当时严格把握时间,朗诵结束后既没有空太长时间导致冷场,也没有紧紧张张仓促结束,我空了大约4秒钟,顺利地过渡到了敲响钟声上。如果没有之前播报新闻的经验,我不可能对时间有这么准确的把握。"[1]

赵忠祥刚开始工作时正处于三年困难时期,很多人都吃不饱饭。艰苦的条件下,赵忠祥要求自己播音时总是面带微笑,给观众们亲切的感觉。因为在特殊的时期,播音员作为信息的传递者时必须要振奋精神,不能萎靡不振。播音员在主播台前亲切细腻的感觉可以与受众进行更好的沟通,增进彼此的感情,也能让受众从中感到生活的希望。亲切细腻的风格形成初期是由这样的生活现状决定的。

播音风格的转变也与声音条件的变化有关。"文革"时期超负荷地用嗓,赵忠祥的声带受到了严重损伤,声音越来越哑。经过长时间的调理,声音的状况有所好转,但音色发生了变化,无法恢复往日的透明、嘹亮。赵忠祥就以现有的音色为基础,将播音风格逐渐转为亲切细腻和自然洒脱。

中年时期的赵忠祥,事业开始逐渐转型。1985年赵忠祥离开《新闻联播》,带着满满的收获,离开了工作了25年的播音台。从1960年到1985年,赵忠祥见证了我国翻天覆地的变化,见证了国家各个时期的大事。这种大风大浪的洗礼,以及播新闻时的紧张感外人无法体会。经历过播报新闻的状态后,后期赵忠祥参与到综艺节目主持、《动物世界》

---

[1] 整理自笔者对赵忠祥的采访录音。

解说、春晚主持等活动中去，感觉到受益匪浅，也能够胜任后期不同的节目类型。"我想用'曾经沧海难为水'这句话形容新闻在我心中的重要位置。"①

离开熟悉的播音工作岗位后，赵忠祥没有迷茫，而是迅速认准方向，积极策划编辑了一系列专题节目，如《谈宝钢》《逛灯会》《十二小时即时采访》等。这一时期的编辑、策划经历也为赵忠祥播音主持风格的成熟、稳定奠定了基础。这一年多的时间，赵忠祥也沉下心来去考虑一些较为现实的问题，也很好地调整了自己的心态。自此之后，赵忠祥播音风格中的自然洒脱之气更为明显。

步入新世纪的赵忠祥，其播音主持风格的沉稳厚重、儒雅大气在大型纪录片《江山如画》《笔墨春秋》中得到充分体现，在这两部记录片中，赵忠祥不管是对声音的虚实明暗，还是语言的表达技巧，都要求精益求精，这也是与他几十年的工作经验和人生阅历分不开的。

老年的赵忠祥播音主持风格已经成熟稳定，可总结为"沉稳厚重而又亲切细腻，儒雅大气而又自然洒脱"。

赵忠祥在《新闻联播》的岗位上工作了25年，没有失误；主持了15届春节联欢晚会，没有失误；主持香港、澳门回归大型晚会，没有失误……在工作的过程中，赵忠祥一直用直播的状态来要求自己，只要在摄像机前，就把镜头当作战场上的"枪"，精神不敢有一丝一毫的懈怠，稳重、严谨的性格特征影响着赵忠祥播音主持风格的形成，这种工作态度也值得年轻的播音主持从业人员进行学习。在工作中，与别的主持人搭档时，赵忠祥总是喜欢退一步，"给年轻人更多的机会，扶她们一把。"②谦逊、求实的态度是赵忠祥形成独特的播音主持风格的保证，但是这种保证是扎根在他坚实的思想基础上的。

退休后的赵忠祥依然坚持参与到中央电视台的各项节目中，他认为，

---

① 整理自笔者对赵忠祥的采访录音。
② 整理自笔者对赵忠祥的采访录音。

只要工作需要，只要身体还行，就一定要参与到集体活动中来，并且保质保量地完成任务。

"几十年前，由于技术的落后，我们没有可借助的外力和工具，所以对于我们业务水平的要求更严格。我相信，我们这些老一辈的播音员业务水平还是经得起时间考验的！"①

（二）丰富的作品种类，多样的情感表达

从1960年至今，赵忠祥在50余年的工作生涯中，一直坚守在工作岗位的第一线，也参与了众多不同种类的节目和栏目。他的播音主持艺术作品可分为四类：

1. 新闻播音作品

建台伊始，主要有三个类型的工作：新闻、专题（科技、卫生、少儿等）和文艺节目。当时的播音员负责晚上节目的总串联，也就是每个节目之间的衔接。开始要先跟观众打招呼，预告今晚的节目。最后预告第二天的节目，跟观众道别。同时负责当天的新闻播报，如果专题中需要播音员出现，如访谈中的提问，也要出镜提问。因为人员的紧缺，并没有详细的分工，只要能力允许，所有的节目赵忠祥都要参与。

播音工作具有广播电视的新闻属性，播音风格中蕴含的政治性也很明显，不同的政治立场和观点也是影响播音主持风格形成的因素。播音员是党和政府的喉舌，作为我国的第一大台——中央电视台的播音员，更要时刻以党的利益高于一切来要求自己，立场坚定。

1978年播报新闻

---

① 整理自笔者对赵忠祥的采访录音。

从赵忠祥进入北京电视台（中央电视台的前身）开始，首先接触的就是新闻播音工作，直到1985年离开《新闻联播》栏目。25年的新闻播报，形成了赵忠祥"沉稳厚重"的播音风格。央视《新闻联播》的播音员一向被称为"国脸""国嘴"，赵忠祥更是我国第一代"国脸"。新闻播报的过程不仅仅是信息的传播，更多的是代表国家的形象。新闻播音要准确、及时，赵忠祥一直坚持将准确放在第一位：一要保证信息的准确，不能读错字；二要保证态度的准确，新闻的态度不能夸张，要得体。如1978年元旦的《叶剑英委员长告台湾同胞书》，发出了祖国统一大业的信号，这就需要播音员有坚定的政治立场和过硬的专业素质，在这个特殊的时刻，不能出现丝毫闪失。赵忠祥的表现沉稳庄重，如"近三十年来，中国在世界上的地位已发生根本变化。我国国际地位越来越高，国际作用越来越重要。各国人民和政府为了反对霸权主义，维护亚洲和世界的和平稳定，无不对我们寄予极大期望。每一个中国人都为祖国的日渐强盛而感到自豪。"这一段中赵忠祥以其厚实的声音、坚定的眼神和语调，准确地将中国人民的自豪感及为维护祖国统一的使命感传递出去。

1979年初，凭借着《叶剑英委员长告台湾同胞书》的出色表现，赵忠祥被指派陪同邓小平出国访问，并采访了美国总统卡特。面对卡特，赵忠祥不卑不亢、沉着应对，作为第一个进入白宫采访美国总统的中国人，赵忠祥的自豪感油然而生。"就在这一瞬间，仿佛令人热血沸腾的国歌在耳边奏响，庄严的五星红旗迎风招展，千万只手臂在挥动……作为崛起的中国人的一员，一种自豪的情感占据了我的全身。"[①]这种采访前的合理想象使得赵忠祥既圆满地完成了采访任务，又得体地展现出我国播音主持从业人员的素质。

2. 栏目主持与解说

1981年，赵忠祥在《中学生智力竞赛》中担任主持人。成功从播音员

---

① 赵忠祥：《岁月随想》，上海人民出版社，1995年，第33页。

转型到中国第一代电视节目主持人。赵忠祥的儒雅大气以及身后的文化功底与知识竞赛的主题非常贴近，节目播出后受到社会各界的热烈反响，也获得了受众的肯定。同年12月，《动物世界》开播，赵忠祥担任解说，与栏目结缘至今，互为代表，共36年。在1985年到1986年，赵忠祥做了《看北京》《谈宝钢》《逛灯会》《十二小时即时采访》《撞击与反射》等一系列节目，并获得一致认可和好评。

1981年主持第一届《中学生智力竞赛》

从1991年开始，赵忠祥又参与到中央电视台的综艺娱乐节目《正大综艺》中。赵忠祥的沉稳亲切与杨澜的青春活泼搭档，互为补充，也扩大了节目的收视群体。这类节目需要主持人进行"控场"，不能太严肃，否则就丧失了节目的初衷，但也不能"放"得太开，这毕竟有别于夸张的娱乐主持。怎样把握主持的"度"，让节目进行得轻松而又自然，赵忠祥的表现，成为了众多主持人学习的范本。既儒雅大气，控制整场节目的氛围不能有失偏颇，又自然洒脱，调动了参与节目的嘉宾及现场观众的积极性。

赵忠祥与杨澜主持《正大综艺》

1994年央视成立新栏目《人与自然》,赵忠祥担任主持人,并获得中央电视台解说奖。

赵忠祥还为一系列大型纪录片进行解说,如《伟大的历程》《雄才伟略毛泽东》《笔墨春秋》《世博传奇》等,为受众展现不同时期的历史画卷。

3. 特殊历史事件播音

1960年国庆,在天安门城楼直播国庆典礼,这是赵忠祥参加工作半年后第一次承担大型活动,经过苦心准备,他圆满地完成了任务。1976年1月,周恩来总理逝世,赵忠祥承担治丧播报工作;7月朱德委员长逝世,他承担治丧播报工作;9月毛泽东逝世,他承担治丧播

国庆典礼现场直播

报工作。宋庆龄、董必武的追悼会也都由他播报。

同年,随邓小平同志访美期间采访卡特,成为新中国第一位进入白宫采访美国总统的记者,曾被美国一篇报道称为"中国的克朗凯特"。

赵忠祥还参与主持了国庆35周年庆典、国庆45周年焰火晚会、香港回归大型晚会、国庆50周年庆典、澳门回归大型晚会。

4．春节联欢晚会

赵忠祥从1983年第一届春节联欢晚会中担任报幕员亮相开始,一共担任15届春节联欢晚会主持人。

早期的春晚,节目形态单一,内容也比较少,整场节目需要主持人"撑"起来。1984年的春晚,作为主持人的赵忠祥用朗诵歌词的方式进行铺垫,引出李谷一的《难忘今宵》。朗诵内容虽然不长,但通过赵忠祥独特的表达方式,如字字珠玑,敲打在观众的心上,将观众依依惜别的心情带到了顶点。朗诵完"共祝愿,祖国好"后,音乐响起,很多观众的眼眶都开始红了。

春晚齐祝"新年好"

赵忠祥的备稿能力很强,每一篇拿到手里的稿子都不止一遍地练习,从而达到最佳状态。春节联欢晚会的舞台给主持人提出了极高的要求,主持人在台上既要稳重大方,又要优雅得体,还要严格控制时间,不能出现丝毫差错。赵忠祥从第一次联排就把台词全部背下来,一遍一遍地强化记忆,最后在直播中圆满完成任务。直到现在赵忠祥仍然可以很快将一篇相互没有什么联系的稿子背诵下来,这也归功于赵忠祥几十年的新闻直播和备稿的实践经验。

(三)"风格即人"[①]

风格是人格的真实体现,赵忠祥在五十多年的播音主持实践中形成了"沉稳厚重而又亲切细腻,儒雅大气而又自然洒脱"的风格,其中沉稳、厚重、大气可以说是赵忠祥播音主持风格的"内核",是主旋律,而亲切细腻、儒雅、自然洒脱则是主旋律上丰富的变奏,这也充分体现了他播音主持风格的多样化特点。这种鲜明风格的形成,也需要产生、发展、成熟的过程。

1. 酝酿阶段(1959年—1978年)

1959年,为了给北京电视台(1978年5月1日改为中央电视台)选取急缺的播音员,周总理亲自批示,在北京各中学应届毕业生中进行直接选拔。北京一百多所中学的学生,只有一位脱颖而出,就是赵忠祥。这要归功于他良好的语言表达功底和表演天赋。从1949年秋成为了新中国成立后的第一批小学生开始,六年的小学生活给予赵忠祥最丰厚的馈赠就是小人书的阅读了。由于经常看书,赵忠祥的表述能力也逐渐展现,他能在课堂上将印象最深刻的故事声情并茂地讲给同学们,成为了课堂的"小解说员",也为今后的播音主持工作打下了坚实的基础。

1960年,作为中央电视台的第78号员工,赵忠祥正式踏上了工作之路,他的第一项任务是到中央人民广播电台实习。在这里,他接受到了齐越、夏青、林田、葛兰、费寄平等老一辈播音大师的悉心指导。当时我国

[①] 整理自法国作家布封文章《论风格》。

的播音主持事业并没有理论支持，基本的播音工作都是靠"传帮带"才能学到，赵忠祥在这些老师身上学到了宝贵的经验。

返回到电视台后，当年国庆实况转播的任务就落在了赵忠祥的身上，这时，他才正式工作半年。经过长时间的苦心准备，赵忠祥圆满地完成这次任务，这也是赵忠祥的播音主持生涯中最值得纪念的一次活动。他年龄虽小，但沉稳厚重的播音特点已初露端倪。这也与他步入工作岗位后，

赵忠祥播报新闻

系统地对声音进行训练是分不开的。他师从中国歌剧学院的著名演员王嘉祥，老师每天早晨带他练声，练习气息控制、声带闭合、共鸣腔的调节。三年的练习，赵忠祥风雨无阻，苦下功夫，业务工作进步很快，直播基本上不会出错。

1966年到1976年，我国的人民广播播音事业遭受了严重的打击，建国后的播音班子被打乱，播音风格被扭曲，在这样的时代背景影响下，赵忠祥的播音状态也受到了很大影响。直到"文革"结束后，赵忠祥在很长一段时间内，因为超负荷、超限度地用嗓，嗓子暗哑无光，等嗓音逐渐好转后，已不像昔日透明、嘹亮，但也正因如此，赵忠祥开始按照自己的音色设计自己的解说风格，亲切细腻等风格已具雏形。

另外，从1974年以后，有关毛泽东的新闻都由赵忠祥播报，1976年，毛泽东、朱德、周恩来相继辞世，赵忠祥承担了治丧播报的工作，宋庆龄、董必武的追悼会也由赵忠祥播报。在治丧播报中，赵忠祥准确地把握感情，既表现出中华儿女的悲痛心声，又不失情感分寸，同时兼顾播音技

巧，这个难度对他来说是空前绝后的，也促使他在播音主持风格形成的路上迈了一大步。

从1960年播新闻开始，赵忠祥在新闻播音员的位置上工作了25年。《新闻联播》的成立，可以作为划分赵忠祥播音主持风格形成初探期和发展期的标准。赵忠祥是《新闻联播》第一个出镜的男播音员，《新闻联播》的成立，在他的工作生涯中，具有举足轻重的意义。

2. 发展阶段（1978年—1998年）

赵忠祥播音主持风格中的沉稳厚重，随着时间的推移，发展的更为成熟。1978年12月，赵忠祥工作的新闻节目改版，更名为《新闻联播》，赵忠祥成为该节目第一位出镜的男播音员，在元旦播出的《叶剑英委员长告台湾同胞书》中，赵忠祥的表现沉稳庄重，以其厚实的声音、坚定的眼神和语调，准确地将中国人民的自豪感及为维护祖国统一的使命感传递出去。赵忠祥用坚定的政治立场以及过硬的专业素质，发出了祖国统一大业的信号，在这个特殊的时刻，没有出现丝毫闪失。

这种沉稳风格趋于成熟的发展，还离不开赵忠祥境外采访的经验积累。1979年他随邓小平同志访美期间采访卡特，成为新中国第一位进入白宫采访美国总统的记者，他不卑不亢、沉稳大气的采访状态给美国人民留下深刻的印象，他还曾被美国一篇报道称为"中国的克朗凯特"，肯定了他在中国电视界的地位。

赵忠祥进入央视国际部之后，开始为包括译制片在内的国际部节目配音，在1980年开播的《动物世界》中，赵忠祥担任了三十余年的节目配音工作，这在中国电视界成了几乎无法打破的纪录。在节目中，赵忠祥对自己的声音进行了"二次塑造"，颠覆了以往传统清亮的播音状态，创造了一种亲切、洒脱的播音风格，与节目有机、完美地结合在一起。随着时间的推移，这种自然细腻的主持风格也在不断地调整和完善。

1981年，赵忠祥在《中学生智力竞赛》中担任主持人，这档节目开播于改革开放初期全民学习、崇尚知识的大背景下,赵忠祥从字正腔圆在主播台前播报新闻的播音员,成功转型为中国第一代电视节目主持人,他儒雅大气、亲切细腻的主持风格在节目中初露端倪,深厚的文化功底也在这个舞台上派上了用场。节目的播出收到社会各界的热烈反响,从侧面肯定了他的成绩。同时,这档节目的开播,也为赵忠祥风格的转换提供了客观条件。

在播报过严肃的新闻、主持过严谨的知识竞赛后,赵忠祥又参与到中央电视台的综艺娱乐节目《正大综艺》中。这档节目以介绍世界各地的文化为主,现场由主持人进行串场,调节氛围,使现场嘉宾与现场观众充分互动。沉稳而又亲切的赵忠祥和青春活泼的杨澜搭档并不显突兀,反而互为补充,主持的风格虽然不同,但团结协作,达到和谐的状态。三年的《正大综艺》主持经验,不但锻炼了赵忠祥撰写串联词的能力,还促使他主持风格中的亲切、儒雅大气发展得更为成熟。

赵忠祥与杨澜主持《正大综艺》

1985年之后,赵忠祥离开了《新闻联播》的岗位,转为幕后,从1985年到1986年,他参与制作了《看北京》《谈宝钢》《逛灯会》《十二小时即时采访》《撞击与反射》等一系列纪录片,获得业界的一致认可。这是赵忠祥事业的转折点,同时也为赵忠祥播音主持风格的发展提供了现实素材，从另一个角度发掘观众认可的主持人应具备的特质。

另外，对赵忠祥播音主持风格的形成起促进作用的节目还有春节联欢晚会，从1983年中央电视台的第一届春节联欢晚会开始，赵忠祥一共参加过18届，其中担任主持人的就有15届，直到年轻一代的主持人成长起来后，赵忠祥才逐渐退出了春节联欢晚会的舞台，但不可否认，十几年春晚的主持磨练，使得赵忠祥的播音主持风格在变化中保持了其独特性。

在这个阶段中，赵忠祥"沉稳厚重而又亲切细腻，儒雅大气而又自然洒脱"的播音主持风格已经形成，并趋于成熟。我们可以将1999年赵忠祥参与解说建国50周年国庆盛典作为第三阶段的开端。

3．成熟阶段（1999年至今）

1999年10月1日，中华人民共和国成立50周年的日子，赵忠祥登上了天安门城楼，为江泽民总书记检阅三军做现场报道。直播中，他态度沉稳、声音浑厚，中华民族的骄傲之情溢于言表，他的话语带领我们走进激情澎湃的画卷，看到中国未来的希望就在眼前。8个小时的播音，赵忠祥充分调动自己的积极性，展现给全国人民一个全面的自己。这次直播不仅是对赵忠祥播音主持工作的肯定，也是对他成熟的播音主持风格的检验。因为一个成熟的播音员主持人，其播音主持风格会贯穿他整个的播音创作生涯中。

初次接触到《动物世界》的配音时，赵忠祥对此节目并未有深刻认识，只是对自己的播音状态进行调整，更好地适应这档知识类的节目。随着年龄的增长，栏目的成熟，赵忠祥对自己的定位也不断地发生改变和调整，从一开始简单的传递信息，转化为真正关注生态、对自然环境充满忧思。心态的改变也促使着他播音主持风格的成熟，赵忠祥从三十余年的解说经验中总结出适合自己的独特的语言表达方式。

1994年《人与自然》开播后，赵忠祥从《正大综艺》的两人主持中，又转回到一人主持，这对他是一个挑战。新的节目要求他不但要摆正以前的主持风格，还要探求新的定位。在节目中，赵忠祥运用自己的声音特色，不断进行变化，带领受众进入到大自然神奇的美景中去，从充满魅力的画面走出后，又开始反思人与自然的关系。赵忠祥调整了自己的风格状态，将表达的技巧糅合在可感知的情感中，达到了"以无意识的弱控制为主，强弱控制相结合"的状态，其播音主持风格已经成熟。

步入新世纪之后，在大型历史文献记录片《笔墨春秋》中，我们又听到赵忠祥熟悉的声音。这部为庆祝建党90周年而播出的电视作品，从文学视角记录着党史变迁，记录着中国人民的心灵成长。赵忠祥以他深厚的文化功底、丰富的文学内涵以及成熟稳重的播音主持风格成功地为大家绘制了一幅我党成立后文化发展的恢弘画卷，也为受众展示了他几十年积淀的深厚专业功底。

二、"勤为径"、"苦作舟"的启示

（一）播音主持要下苦功夫

没有什么是不劳而获的，想要成功就要下苦功夫，播音主持的工作更是如此。正所谓"台上一分钟，台下十年功"，在播音员主持人成功的背后，凝结着他们大量的心血。从上班的第一天开始，赵忠祥就苦练基本功。

中央电视台从1958年9月正式开播后，就有一条约定俗成的规定：除新闻外，所有的图像必须背词。要保证一字不错的同时，还要注意语音、情感的表达。没有提示器，没有录像机，全部内容直播。赵忠祥每天都要花费大量的精力来背诵稿件，这样的工作十几年如一日，未曾停歇。春节联欢晚会的主持中，赵忠祥能将大段的主持词处理得声情并茂，丝毫不错，也与这么多年的新闻直播备稿经验是分不开的。

据统计，赵忠祥共参加《春节联欢晚会》18届，主持15届，从未出过一次差错。除了具备扎实的基本功外，还与赵忠祥的全身心投入是分不开的。

赵忠祥与倪萍主持《春节联欢晚会》

有一年的春节联欢晚会前,剧组临时交给赵忠祥一首《中华赋》,共16句,语句并不押韵,字与字之间也没有任何联系。当时距离直播只有6天。这时的赵忠祥已临近了春晚主持的"晚年",他接到任务的第一反应就是:"我不能错!我要是错了,会成为终身的遗憾,再也没有机会去改正了。"这种无形的压力转化为动力,督促着赵忠祥去完成这件任务。在那6天里,跟这段文字无关的他都不看,首先用尽所有办法先背下来,接着就是一遍一遍的重复。早晨醒来第一件事就是先背两遍,吃早点前再背两遍,吃完早点再背两遍……只要一有空闲时间,他就一遍一遍地背诵,用勤奋补足了记忆力的不足,最后在春晚的直播中丝毫未错。

播音主持的工作并不是单纯的见字出声,想要做一个优秀的播音员主持人,就必须要下苦功夫,苦练基本功。

(二)播音主持工作中要勤于"复盘"

在实现自我价值的过程中,赵忠祥一直主动地学习、总结和反省。播音员、主持人的工作并不是单向的"送出",这只是最基本的要求,还需要对整体节目把握的"收回",也就是及时获得反馈进行自我经验的总结。个人的总结就像是围棋的"复盘",要能回想自己做过的工作并有条理地进行分析,以后才能扬长避短。赵忠祥在《动物世界》解说过程中,从一开始单纯的读稿念词,到后来对播音员主持人定位的反思、对生态环境的反思,这都经历了一个"复盘"的过程。

在对赵忠祥的采访中我们可以发现,他总结和反省并不是只针对个人,而是对我国整个播音、主持事业发展的反思。我们的播音行业就缺少"复盘"的工作。播音员在工作的过程中会出现一些常见的基本错误,比如读错字或态势语不规范等,但这种错误屡屡出现,就令人深思,这也是值得每一个媒体从业人员思考的。

赵忠祥善于做总结,并不是对自我成绩的肯定,而是希望通过对老一辈播音员主持人的总结,为培养新生力量奠定基础。在播音主持工作中要勤于"复盘",总结成绩是希望青年播音员主持人进行学习、模仿,从而提高自己的整体业务水平;总结不足是为了帮助他们跨过这些"陷阱",不再重蹈覆辙,这些工作都是必需的。

(三)要善于学习和借鉴

学无止境,赵忠祥的生活,也从未离开过学习。刚开始工作的时候,我国的电视事业正处于起步阶段,并没有太多能够借鉴的经验,尤其是电视播音方面。为了使自己的播音更有力度、感染力更强,赵忠祥进行了多方面的学习。

在工作初期,我国还未构建相对成熟的播音主持理论体系,播音技巧的学习都是靠"传帮带"。新闻播音的基本功方面,赵忠祥以齐越、夏青、林田、葛兰、费寄平等我国老一辈播音员为榜样,经常向他们请教相关问题,并勤加练习。夏青老师曾规定赵忠祥1分钟播音180个字,赵忠祥就废寝忘食,反复练习,最终达到老师的要求;发声方面,赵忠祥拜师王嘉祥,学习科学的练声和用嗓方法,风雨无阻,苦练三年;为了学习侯宝林先生的宝贵经验,赵忠祥进行一次又一次的拜访……在他的眼中,不管老少、不论出身,只要有可取之处,都值得下苦功夫学习。不单是名家大师,就连十几岁的孩子也成为了赵忠祥学习的对象,他京韵大鼓的老师就是一位14岁的少年。

任何艺术风格都具有多样性的特征,这是艺术创作本身所决定的。艺术来源于生活,反映了真实的客观世界,也反映了不同人物的审美追求、创造才能等。只有艺术风格内涵的多样,才能将多彩的世界真正展现,才能够体现播音创作者独特的创作特性,满足人民群众多样的需求。赵忠祥的播音主持风格也是具有多样性特征的。既能在《新闻联播》、新闻专题的节目中表现得沉稳厚重,又能用亲切细腻的语调将《动物世界》的场景娓娓道来;既能作为央视代表儒雅大气地站在春节联欢晚会的舞台上,又能在主持综艺类节目时表现得自然洒脱。在欣赏赵忠祥的作品时,我们能看到他庄重大气的美,也能找到他细腻灵动之处。这些多样化的风格糅合在一起,就形成了赵忠祥独有的特点。

金话筒颁奖晚会

播音员和主持人工作中不可能只接触一种类型的节目,这也就要求他们的艺术风格要蕴含丰富多样的内涵。赵忠祥在工作后的空闲时间,也从不浪费。他经常会去寻师访友,拜访大家,向他们请教,播音主持界、曲艺界、戏曲界、文坛等，各方面都能涉及，这也为赵忠祥播音风格内涵的丰富多样奠定了基础。

在勤奋学习的过程中，赵忠祥还经常借鉴姐妹艺术。与工作相关的每一个分支，他都投师访友，进行模仿和借鉴。相声、京剧、京韵大鼓等等，他都有所涉足，他将这些姐妹艺术用声、用气的表达方式结合到播音主持的过程中去。可以说播音员主持人的工作就是一个学习的过程，渐进的过程，也是一个逐渐成熟和完善的过程。

从1960年到2012年，半个世纪的时间过去了，在播音主持的岗位上，赵忠祥由风华正茂的青年变成了年近古稀的老人，却依然工作在播音主持的第一线。从赵忠祥播音主持风格的分析中，我们可以更加深入地了解我国老一辈播音主持艺术家们的业务水平和风格特色，从中我们可以看到，他们在播音事业的道路上坚定正确的政治立场，全身投入的敬业精神，持之以恒的业务追求，勤奋好学的工作态度……这些都是我们从事播音主持事业的宝贵财富，也是值得播音主持新人学习和借鉴的。

对新一代的播音员主持人来说，通过与老一辈播音员主持人播音主持风格的比较，掌握他们播音主持中的优势和特色，也有助于新人们更加了解自身未来需要努力的方向。总之，对于赵忠祥播音主持风格的探析，既能更加深入对我国播音主持理论体系发展的研究，也能对更好地培养新一代播音员主持人有所借鉴，扬长避短，值得专业人士更为深入的研究。

三、赵忠祥播音主持作品赏析

（一）动物与人，融通的世界

——《动物世界》之《丛林霸主》赏析

中央电视台的《动物世界》开播于1981年，节目主旨是为观众朋友介绍地球上各种动植物的情况，使观众足不出户就能见识到大千世界中生存的各种生命，深入了解人与自然的关系。赵忠祥与《动物世界》的缘分也始于1981年。

赵忠祥独有的解说方式和磁性的声音，成为了《动物世界》的标志。在解说词的处理和把握上，特点鲜明。以《丛林霸主》为例，赵忠祥把动物和人的情感结合在一起，没有将狮子作为残忍的"恶棍"进行谴责，而是通过对整篇文章内容的把握，为大家描绘出了一个值得关注和同情的"另类"狮子。

"这个故事说的是一个非洲狮王坎坷的一生。当狮王还在襁褓中的时候，它并不知道外面的现实生活是很残酷的，现在，在它温馨而强大的家庭的保护下，它生活的十分惬意。然而，随着年龄的增长，它总得学会自己面对生活。它还要学会许多看起来十分残酷的生存技能，它必须学会审时度势，要知道什么时候该逃跑，什么时候要勇敢地迎接挑战。从一只小狮子成长为一个成年狮子的历程中，充满了危险和艰辛。但是，成功能给它带来的是统治一个王国的荣耀，能够最终问鼎王位的机会很小，但是我们这个故事的主人公是一只有机会成为非洲狮王的雄狮。"[1]

伴随着赵忠祥磁性的声音，故事开始了。第一句话在"故事"和"狮王"后都稍做停顿，目的是为突出停顿性重音内容"坎坷的一生"。也为本期节目埋下伏笔：到底如何"坎坷"呢？赵忠祥的声音从第二句"当狮王还在襁褓……"时，开始变得轻快，表示出小狮子童年生活当然是开心快乐的，这种无忧无虑的生活也与之后的"坎坷"形成强烈的对比，在声音弹性的变化下，这种对比更为明显。"然而"，气息包裹声音，压低慢慢吐出，小狮子的生活要开始发生改变了。"审时度势"这四个字成为第

---

[1] 《动物世界》解说词。

二个较为明显的重音，引出之后的内容。之后内容中的两个"但是"，虽然词语相同，赵忠祥处理的却不相同。第一个"但是"以虚声居多，语速缓慢且坚定，充满成功带来的荣耀感，第二个"但是"与后面内容连接紧密，语气轻松，实声居多，也体现了对主人公成为非洲狮王的信任。

"《动物世界》的发声理论上和新闻播音发声是一样的，只不过在表情达意上不太一样，因为我们要求内容和形式一致，形式要服从于内容。《动物世界》开播这么多年来，它栏目的宗旨非常清楚：所有人都在关心动物的生存状况，带着一种忧思，一种忧患意识。这样的一个群体，基本上是带着人文关怀来关怀动物，把它们摆在和我们同等位置的心思来做这样的事情的，所以从理念上来说跟别的节目是有区别的。另外就是从画面、音响、语境各方面来区分，节目与节目是不一样的，所以内容必须要与形式吻合。这个在宋代已经有人提出来了，苏东坡与他的门客聊天，问：'我的词和柳词有何不同？'这个文人就说了：'柳词，柳永的词，应该是二八娇好女子，手持牙板，轻启朱唇，杨柳岸晓风残月，学士当关西大汉，手抄铜板，唱大江东去。'学士为之绝倒。这个意思其实很简单，就是内容决定形式。《月亮代表我的心》用男高音、男低音唱肯定不伦不类，所以必须得邓丽君唱。裘盛荣的《铡美案》让青衣唱那也是不行的。因此，实际上一个播音员也好，一个主持人也好，他有多少套路数才能适应这么多不同种类的元素。"①

赵忠祥处理这篇解说词的时候，也体现出了鲜明的特色。

狮子需要捕食，如果它抓不到可以果腹的动物，就要忍饥挨饿，就要丧失生命。通过赵忠祥的解说，让受众明白在自然界中，并没有绝对的强者与弱者，它们都必须按照规律去生活、去拼搏。赵忠祥不仅仅是简单地传递信息，更多的是把对自然环境的深思、对生态平衡的忧虑加到了节目中去，无形当中影响着广大受众的环境观。例如：

---

① 整理自笔者对赵忠祥的采访录音。

"几个星期没怎么吃东西了，饥饿使得年轻的雄狮受尽了煎熬。经历了几个星期的奔波之后，狮群再也走不动了。年轻的小雄狮一时忘记了眼前的烦恼，它的母亲则时刻都处在惊慌与不安之中。当狮群在阳光下休息的时候，入侵者在悄然逼近。年轻的雄狮还不明白这些叫声所表达的意图，但是雌狮知道，这是入侵者示威的吼声。狮群已经无力抵挡外来者的入侵了，但是雌狮们还没有最后放弃。年轻的雄狮用困惑的目光观察着发生的一切。"[1]

赵忠祥在处理这段文字的时候也运用了内外部表达技巧。为了客观、全面地为受众展现"丛林霸主"的真实生活状态，赵忠祥将自己对自然界规律的思考融入到了解说风格中。赵忠祥在解说"几个星期没怎么吃东西了，饥饿使得年轻的雄狮受尽了煎熬。经历了几个星期的奔波之后，狮群再也走不动了。"的过程中，想到了物竞天择、适者生存的自然界，想到了狮子的凶狠只是建立在生存的基础上，语句中就带有了淡淡的同情与忧思，而不是对狮子行为的厌恶。再加上狮子卧倒在地，叼着一只小动物腐尸的画面，这样的情感表达就更为细腻。在处理这类语句时，赵忠祥很注意分寸，不将个人对动物的喜好夹杂到解说中，而是从整体效果考虑，从狮子的生存现状中引领观众联想到人类社会的竞争，这也为整部片子奠定了基调。

这种亲切细腻的表达和赵忠祥的发声习惯是分不开的。在《动物世界》的解说过程中，赵忠祥力求为受众营造一个静谧、自然的环境，所以他的发声近似于"耳语"。没有抑扬顿挫的状态，也没有气壮山河的激情，不给受众的耳朵增加收听的负担，而是让他们达到一个最和谐的状态。"在解说的过程中，还要注意节奏。我必须要将画面与声音结合得更

---

[1] 《动物世界》解说词。

好，才能给受众视听的享受。"①这样的考虑可谓是真正的"亲切细腻"。

初次接触到《动物世界》的配音时，赵忠祥对此节目并未有深刻认识，只是对自己的播音状态进行调整，更好地适应这档知识类的节目。随着年龄的增长，栏目的成熟，赵忠祥对自己的定位也不停地发生改变，从一开始简单的传递信息，转化为真正关注生态、对自然环境充满忧思。心态的改变也促使着他播音主持风格的成熟，赵忠祥从三十余年的解说经验中总结出适合自己的独特的语言表达方式。

赵忠祥运用自己的声音特色，不断进行变化，带领受众进入到大自然神奇的美景中去，从充满魅力的画面走出后，又开始反思人与自然的关系。例如："现在这只小雄狮出生刚刚几天，眼睛还没有睁开，它不但看不见周围现实的世界，也对自己未来坎坷的生活道路一无所知。母亲就是它的整个世界，母亲给它和它的姐妹们带来了温暖、安全和食物。在高高的巨石上找不到能够维持生活的食物来源，所以母亲时刻关注着周围每一个出现的猎物。小狮子对旷野上的声音一无所知，但是它的母亲却清楚地知道每一种声音的含义，是猎物、敌人还是朋友。"②

播音主持的创作过程中，需要合理的情景再现，赵忠祥在解说时也会按照解说词内容，将自己设身处地地放在每一个场景。本段解说词描绘了一幅小狮子与家人之间相处的画面，通过内容我们可以联想到如母狮子疼爱地舔舐小狮子、几个小狮子嬉戏打闹、母狮子在草原中眺望远方等画面，这些画面能更好地帮助我们在解说的过程中调动真情实感。

同时，还需注意解说词内容中隐含的内在语。从本段内容中我们能感受到小狮子家庭的温暖幸福，但仅仅只有这些吗？本段的最后一句告诉观众，并不是，"……它的母亲却清楚地知道每一种声音的含义，是猎物、敌人还是朋友。"猎物和敌人，是草原生活中极大的挑战，它关系着狮子的生存状况，是饱餐一顿还是被肆意捕杀。这种情感不是温馨平和的，而

---

① 整理自笔者对赵忠祥的采访录音。
② 《动物世界》解说词。

是需要解说者带有对大自然生存法则的思考和敬畏。

从语言表达技巧上来分析，赵忠祥用较快的语速处理第一句，在"睁开后"偷气且迅速的与后面"它不但"联系在一起，只有在"生活道路"后稍稍停顿，留出思考的情绪长度，放缓，加重吐出最后四个字"一无所知"，也营造出小狮子幼小懵懂的氛围。"母亲就是它的整个世界"中，声音缓慢，吐字清晰流畅且低沉。第二个"母亲"则是语调上扬，明显与前一句区别开来，也体现出母亲的重要性。生存不易，母狮子要时刻关注着每一个出现的猎物，随时捕猎，才能养活小狮子和它姐妹。这句话在处理时也加快语速，并未出现明显的换气、偷气声。最后一句出现了对比性重音，"小狮子"和"它的母亲"，其中"它的母亲"是需要强调的重点。转折词语"但是"语调稍上扬，语速放慢且停顿，给大家思考的空间。"猎物、敌人和朋友"，生存过程中三种不同的角色，也通过声音弹性的变化体现出不同，"猎物"，弱者，语调轻快；"敌人"，强者，语气慎重；"朋友"，同类，感情平和。简单六个字，不同的处理方式，也体现出赵忠祥鲜明的特色，且在日后的稿件处理中日趋成熟完善。

在解说《动物世界》的过程中，赵忠祥调整了自己的风格状态，将表达的技巧糅合在可感知的情感中，达到了"以无意识的弱控制为主，强弱控制相结合"的状态，其播音主持风格也已经成熟。

对于自己在《动物世界》的解说特点，赵忠祥分析得直观且朴素："一开始我只是从大的方面来把握，一这不是政论文，二这不是喜剧。在这样的基础上，我给自己了一个基本的设定。1980年的时候我们并没有与国际有太多接触，当时还不懂得环保的重要性，也没有去考虑生物多样性的问题，只是模仿了译制片中原来的风格。我必须在工作的过程中慢慢地'悟'，捕捉其中的有效信息。"①

如果拿《动物世界》初期的解说与现在相比，赵忠祥的语言表达技

---

① 整理自笔者对赵忠祥的采访录音。

巧和风格都有所变化。例如："它家族的领地是一个安定而富有的王国，食物取之不尽，只是小雄狮还没有学会去捕捉。这只小雄狮，未来的狮子王，需要仔细认识这块土地，可是现在它必须待在这块它出生的巨石上面。现在终于到了去草原上体验新生活的时候了。年幼的雄狮要开始学习什么样的动物可以捕捉，什么样的动物应该回避。每天都有新的发现，在这片广阔的原野上，当然，还生活着他的家族的其他成员。"①

在第一句话中，赵忠祥将"安定而富有""取之不尽"着重强调，同时将"只是"与前一句紧紧相连。一般来说，语言表达中处理语意转折时，会采取"停顿表转折"的方法，短暂的停顿换气可以表示语句含义的转折，同时也可以更好地突出重点，但赵忠祥的处理与一般方式不同。第二句中"可是""现在""它"后，赵忠祥都进行了大胆的停顿，这也超出了一般解说技巧的规范，充满了独特的个人特点。

前面的内容是为"现在终于到了去草原上体验新生活的时候了"，做的铺垫，强调了小狮子渴望长大、渴望融入集体生活的心情。表达时强调了"终于"二字，凸显出等待的煎熬。"年幼"是下一个需要重音强调的词语，同时也将下一个分句中"什么样的动物可以捕捉"一带而过，隐含地表示出小狮子捕猎的急切心情，给受众描绘出一只活灵活现的小狮子，贴近心灵的表示，让人对这只狮子没有惧怕感，反而觉得它很可爱，很真实。"应该回避"前停顿，补气，也强调了对强者的敬畏。这些独具特色的语言表达习惯，是赵忠祥在工作中自己摸索的，他也曾思考过是否可以采取另外的方法进行表达，但因为《动物世界》播放初期，并没有明确的学习目标，受众也因为节目定位的问题有过不同的意见，赵忠祥的解说风格也在不断尝试和探索。

独特的感受、独特的表达，赵忠祥在观看视频，准备解说之前，总是会将自己融入到每一期节目中，设身处地地思考动物们的心情，与它们的

---

① 《动物世界》解说词。

思想和情感进行交流。例如："小雄狮和它的姐妹们跟在母亲的后面，从巨石上下来，和它家族的成员打招呼，互致问候。但是，当这个长着鬣毛的大家伙出现在它的面前时，平日里胆大的小雄狮也感到一阵惊慌。它还不知道这只巨大的雄狮就是它的父亲。新出生的小狮子们相互见面的时候都十分兴奋，对于小狮子们的顽皮，即使是平时脾气暴躁的雄狮也特别能够容忍。为了能够喂养自己的孩子，狮子母亲自己必须先吃饱喝足。年幼的小雄狮还不能跟随妈妈去捕猎，它所能做的，只有观望和等待。"[1]在本段的处理中，赵忠祥就把自己的情感和小雄狮的情感融为一体。

在解说《动物世界》初期，由于学习和借鉴的经验较少，赵忠祥只能自己摸索，在对解说词进行二度创作的过程中，经常会有考虑的不全面的地方，但这些鲜明的个人技巧随着时间的推移，在赵忠祥现阶段的节目解说中日趋成熟。

"很多时候我都在想，如果现在让我回过头去处理当时的稿件，或许我会有其他的处理方式，这种方式比当时的处理更为适合。但是，播音员和主持人在给自己设定风格的时候，总是在不停地改变和学习，我也从未离开过学习。刚开始工作的时候，我国的电视事业正处于起步阶段，并没有太多能够借鉴的经验，尤其是电视播音方面。为了使我的播音感染力更强，我以齐越、夏青等我国老一辈播音员为榜样，经常向他们请教相关问题；为了学习侯宝林先生的宝贵经验，我多次向他拜访……只要是别人会我不会的，我都会学习。不光是名家大师，就连十几岁的孩子也是我的老师。我的京韵大鼓就是向一位14岁的少年学习的。这就是一个态度的问题。

我们的工作是渐进的、学习的过程，电视台为我提供了前所未有的学习平台。在央视，我可以接触到很多名人，各行各业，我积极地把握住和他们接触的机会，从中进行学习。我播报政论时是模仿夏青的，包括断句、神态等。现在有很多很好的表演艺术家，我们不能一看而过，而是要

---

[1] 《动物世界》解说词。

注意他们怎样候场、在场上怎样表现自己等。我们要从中吸取各家的长处。在台上要有王者的气势，舍我其谁？不去考虑错了怎样，不要胆怯，这都是年深日久'修'来的，这都是威望、气场加经验的体现。"①

赵忠祥已经解说了整整三十余年的《动物世界》了，他的名字也和《动物世界》这个栏目紧密结合在一起。总结赵忠祥在《动物世界》这档栏目中的工作，第一是熟练，第二是磨合，第三是缘分，第四是机遇，第五是适应，第六是风格。这档栏目的总体风格是稳定的，在这几十年的解说过程中，赵忠祥发现并总结：《动物世界》的所有片子都是带有一种赞美大自然生灵以及忧思的感觉，当它们不幸时替他们悲哀，并为它们今后的生活发出感叹。

《动物世界》的解说和经验给青年播音员和主持人们指出学习的道路，同时也需要我们千百次地实践、揣摩，进行及时地总结，才能在播音主持创作的道路上越走越远。

（二）沉稳与震撼

——《雄才伟略毛泽东》之《人民军队》赏析

《雄才伟略毛泽东》，这部电视记录片从人民军队、人民战争、战略战术、迈向现代化等多方面展现了毛泽东同志的雄才伟略，让我们从画面和声音的结合中再一次感受伟大领袖的魅力。

赵忠祥在本纪录片的解说中沉稳厚重、自然洒脱，既用声音表达出对毛泽东运筹帷幄的钦佩，也根据内容对语言表达技巧进行自如的调整。本篇开篇为毛泽东在开国大典上的资料片，解说词为："这是一段中国人非常熟悉的新闻影片，影片记录了新中国的开端。"解说词后接毛泽东宣布中华人民共和国成立的同期声。

这段影片带给所有中国人的都是震撼，我们从中见证了中华人民共和

---

① 整理自笔者对赵忠祥的采访录音。

国成立的庄严时刻，画面内容的价值要重于解说词。所以赵忠祥在处理第一句解说词时没有在声音上做过多的修饰，感情非常质朴。恰是这种自然洒脱的处理方式，反而烘托出了整部纪录片的氛围，引出下文。其中有这样一段内容：

"社会者我们的社会，国家者我们的国家，我们不说谁说？我们不干谁干？"学生时代的毛泽东就聚集起一批追求进步、志同道合的青年人，他们都有一种奋斗的、向上的人生观。毛泽东曾回忆自己的青年时代说：那个时候，我们不愿意谈论小事、琐事、和女人，主要谈论的是社会、国家还有世界与宇宙。正如他在《沁园春·长沙》中追忆的那样："恰同学少年，风华正茂。书生意气，挥斥方遒。指点江山，激扬文字，粪土当年万户侯！"这是何等的气魄！很难想象一个在青年时代就缺乏抱负的人，能够走出乡关，指挥千军万马，缔造出一个独立自主的人民共和国！①

赵忠祥沉稳厚重的播音主持风格体现在对专题片解说独特的表达上。我们可以从内外部技巧来分析这段内容。首先是内部技巧。这段话是对毛泽东青年时期远大抱负的描述，赵忠祥之前在新闻播音的工作中曾多次参与播发毛泽东出席会议或参与活动的重大新闻。在处理这段稿件时，赵忠祥就想到了以前播报的与毛主席有关的新闻，重温了主席的形象，又联想到新中国成立的伟大时刻与毛泽东年轻时期远大抱负之间密不可分的关系。将这些所思所想与稿件的内容结合在一起，不但表达出对青年毛泽东远大抱负的肯定，而且更深层次地体现出身为中国人由衷的自豪感。

在最后一句话"很难想象一个在青年时代就缺乏抱负的人，能够走出

---

① 《雄材伟略毛泽东》解说词。

乡关，指挥千军万马，缔造出一个独立自主的人民共和国！"中，字面意思是很难想象没有抱负的人能够有大作为，但内在含义则是毛泽东能够指挥千军万马、建立新中国与年轻时期的远大抱负有密切关系。在处理这句话时如果单纯地只表达字面意思，态度上就会处理成对青年时期无抱负之人的批评，语气上也会以严厉为主，但赵忠祥并非如此。他将这句话的语气处理得激动、昂扬，重音突出，放在"很难、缔造"等词语上，断句明显，用外部技巧充分体现了内在语的涵义，更为贴切地表达了段落大意。

第二是外部技巧。在这一段话的处理中，由专题片内容性质决定，赵忠祥的风格主要以沉稳厚重为主，辅以自然洒脱。他的语言自然流畅，文章的重点也较为突出。在重音的处理中，如第一句话中的几个"我们"，与"谁、何等"等词语咬字就较重，十分突出。在解说"社会者我们的社会，国家者我们的国家，我们不说谁说？我们不干谁干？"中，"社会者、国家者"后稍微停顿，声断气不断，与"我们"相接，利用"适当的停顿表示突出重点"的方法更好地突出句中的中心词"我们"。在长句子"毛泽东曾回忆自己的青年时代说：那个时候，我们不愿意谈论小事、琐事、和女人，主要谈论的是社会、国家还有世界与宇宙。"中，赵忠祥也通过表达技巧，在"说、国家"的后面恰当地偷气，一气呵成，使语句更连贯完整，从而更好地体现出他的播音主持风格。

播音主持风格是在播音员主持人长期艰苦的播音主持实践中形成的，并不是随便产生的。播音主持风格的形成也经历了产生、发展、成熟的过程，一旦形成、成熟后很难发生改变。赵忠祥的播音主持风格也是如此。

1959年，为了给北京电视台（1978年5月1日改为中央电视台）选取急缺的播音员，周总理亲自批示，在北京各中学应届毕业生中进行直接选拔。北京一百多所中学的学生，只有一位脱颖而出，就是赵忠祥。这要归功于他良好的语言表达功底和表演天赋。从1949年秋成为了新中国成立后的第一批小学生开始，六年的小学生活给予赵忠祥最丰厚的馈赠就是小人书的阅读了。由于经常看书,赵忠祥的表述能力也逐渐展现,他能在课堂上将印象最深刻的故事声情并茂地讲给同学们,成为了课堂的"小解说员",也为今后的播音主持工作打下了坚实的基础。

1960年,作为中央电视台的第78号员工,赵忠祥正式踏上了工作之路,他的第一项任务是到中央人民广播电台实习。在这里,他接受到了齐越、夏青、林田、葛兰、费寄平等老一辈播音大师的悉心指导。当时我国的播音主持事业并没有理论支持,基本的播音工作都是靠"传帮带"才能学到,赵忠祥在这些老师身上学到了宝贵的经验。

这种学习的态度也一直伴随着赵忠祥的播音主持生涯。

扎实的基本功,是处理好《雄才伟略毛泽东》解说的基础。例如:"在开国大典上,毛泽东首先向解放了苦难中国的人民军队致敬,他深邃的目光中包含了许多深刻的内容。但是由于当时的条件所限,后来的人们从拍摄下来的黑白影片中很难知道,这一天,毛泽东身穿的正是一套黄呢军装。在革命战争年代和全国解放初期,他的习惯总是穿军装。"[1]

本段内容在外部技巧的处理上,赵忠祥绵长的气息和清晰圆润的吐字给大家留下深刻的印象。第一句主干提取为"毛泽东""向人民军队""致敬",重音体现在"致敬"上,同时也突出了致敬的对象"人民军队"。作为典型的转折词语"但是",表示语意的变化,也引申到了情感变化上。虽然语句较长,但赵忠祥在处理的过程中并未多找换气口,而是一气呵成,在"黑白影片"前适当补气,仅在"很难知道"后进行换气。同样的长气息处理方式还体现在本段解说词的最后一句"在革命战争年代和全国解放初期,他的习惯总是穿军装""全国解放初期"后为标点符号",",也就是我们常说的常规停顿,但赵忠祥的处理却打破常规,并未停顿换气,将换气口放在了"总是"后,一方面补充气息,另一方面适当的停顿,突出重音"穿军装",这个词语也是段落重音。

---

[1] 《雄材伟略毛泽东》解说词。

"气乃声之帅"，气息的重要性可见一斑。赵忠祥也在工作后，对声音、气息等基本功进行系统的学习。中央电视台从1958年9月正式开播后，就有一条约定俗成的规定：除新闻外，所有的图像必须背词。要保证一字不错的同时，还要注意语音、情感的表达。没有提示器，没有录像机，全部内容直播。赵忠祥每天都要花费大量的精力来背诵稿件，这样的工作十几年如一日，未曾停歇。春节联欢晚会的主持中，赵忠祥能将大段的主持词处理得声情并茂，丝毫不错，也与这么多年的新闻直播备稿经验是分不开的。

"你一定要相信，这个世界上有人在下功夫，即使你身边的很多人没有练习，但你要相信仍然有人在练。我们可以承认，有天才的存在，要不然就达不到极致，但即使有天分，后天不努力的话，也不可能创造奇迹。我们都说庄则栋是天才，但据说当时他在练习的时候每天抡臂两万次。一般的馒头他每天要吃50个，还能够将它消化，我们简直不敢想象。我只能说这不是天才，这是大量的练习得来的。杨秋玲是我国著名的老艺术家，饰演穆桂英，扮唱俱佳。我有机会在政协会议后与她同桌进餐，向她请教专访中练功的方法是否真实。她说当时在戏校她睡在宿舍的上铺，每晚睡前就会在腿上拴上绳子，将绳子从屋内透气的"风斗"甩到院内，并请求院内巡夜的老先生3点钟拉这根绳子。不管是北风呼啸，还是炎炎夏日，每天凌晨3点，老先生一拉绳子，杨秋玲就开始起床，悄悄到练功房练功。这并不是一天两天，在戏校大概十年时间，几乎每天如此，杨秋玲一直坚持到毕业。每天能比别人多练两三个小时，坚持了许多年，很了不起，尽管杨秋玲只演了这么一个脍炙人口的角色，但她为了这一瞬间的成功，付出了十年的辛苦。

在他们的影响下，我从小就扎根一个信念：我不能靠投机取巧来成功！虽然我因为功力不够而没有达到他们的水平，但从意识上我跟他们同样紧张，这也影响到我对所有工作的态度。我脑子里知道要怎么做，该怎么做！所以在我练基本功时，我几乎尝试了所有的练声方式，包括声乐的发声、曲艺的发声、戏曲的发声等。"①

为了找到最适合自己的发声方法，赵忠祥也做了多方面尝试。赵忠祥的发声老师王嘉祥，自己总结了一套民族发声规律，在这一领域较有名气。赵忠祥向他学习的时候正是工作刚起步、最忙的时候，但是他不管前一天晚上的播后会开到几点，睡得多晚，第二天早晨准时五点前起床，搭第一班公交车到北海公园，在公园还没开门前等老师到来，风雨无阻。这三年时间的发声学习也为赵忠祥的播音主持工作打下了坚实的基础。直到现在，赵忠祥仍然坚持每天练声，将科学的发声方法贯穿到日常生活中去，从未有丝毫懈怠。

1960年国庆，赵忠祥在天安门城楼直播国庆典礼，这也是他工作半年后第一次承担大型活动，经过苦心准备，他圆满地完成了任务。这也是赵忠祥的播音主持生涯中最值得纪念的一次活动。

另外，从1974年以后，有关毛主席的新闻都由赵忠祥播报，1976年，毛泽东、朱德、周恩来相继辞世，赵忠祥承担了治丧播报的工作，宋庆龄、董必武的追悼会也由赵忠祥播报。在治丧播报中，赵忠祥准确地把握感情，既表现出中华儿女的悲痛心声，又不失情感分寸，同时兼顾播音技巧，这个难度对他来说是空前绝后的，也促使他在播音主持风格形成的路上迈了一大步。多次参与到国家大的庆典活动中，赵忠祥对毛主席的感情，对登上天安门的感受更加深沉与强烈，又与普通人不同。

在学生时代，毛泽东就显现出了很强的军事组织才干，1917年11月护法战争期间，处于败军必经之地的长沙城里一片恐慌，坐落南郊的长沙第一师范随时可能遭受劫掠，校方要求学生疏散躲避。可当时正担任校友会总务的毛泽东却组织起100多名学生志

---

① 整理自笔者对赵忠祥的采访录音。

愿军，联合起部分警察，拿着步枪和鞭炮，分布到了校外的山头上，发现溃兵便鸣枪呐喊放鞭炮，这一招使本来就张皇失措的溃兵乖乖地缴了枪。

读书期间，毛泽东常说，做事要敢为天下奇，因此同学们就用谐音给他起了个外号，叫"毛奇"，而这正是普鲁士一个著名将领的名字。①

"在学生时代"的毛泽东年轻有为，与上段解说词的处理方式不同，从这句开始，赵忠祥的语调上扬，语速轻快，营造了朝气蓬勃之感，也突出了重音"军事组织才干"。接下来的事件对毛泽东的总结进行了佐证，战争期间，恐慌之地，学校"随时"可能遭受劫掠，"随时"二字生动形象的描绘出大多数束手无策之人惴惴不安之像，赵忠祥强调此词，也为后面的转折打下基础。"可当时正担任校友会总务的毛泽东却组织起100多名学生志愿军，联合起部分警察，拿着步枪和鞭炮，分布到了校外的山头上"。与大多数人不同，毛泽东并未惶惶躲避，而是主动出击，此为"有勇"；"发现溃兵便鸣枪呐喊放鞭炮"，虚张声势、迂回作战，此为"有谋"，如此有勇有谋之人，在赵忠祥自然、沉稳的处理下，栩栩如生的站在我们面前。

溃兵"乖乖"地缴了枪，此"乖乖"并非真正意义上的听话，而是带有对敌人的蔑视之意，赵忠祥将此作为重音处理，体现了语言表达的内部技巧。在本段的最后，突出"毛奇"这个名字，也表达出对年轻毛泽东军事才华的肯定。

58年后的1975年10月1日，是毛泽东一生度过的最后一个国庆节，他给身边的工作人员讲了这样一个故事，他说："秋收暴动

---

① 《雄材伟略毛泽东》解说词。

以后,我们接连打了几个败仗,人不断地跑,连师长都不辞而别了,人心乱得很。有一天,队伍来到一个镇子上,大伙休息的时候,一群人又聚在一起议论散伙的事,当时就有人问我:"毛委员,凭我们这几个人这几条枪,革命能成功吗?"我对他们说:"我们这几个人这几条枪,用不完,绰绰有余!愿走都可以走,不信,咱们有言在先,到庆祝革命胜利的那天,我们肯定死不光!"后来,我在开国大典上见到了几个听过我讲那些话的人,我问他们还记得我当时说过的话吗?没想到他们还都记得我的那些话。①

"58年后",跨越了半个世纪,漫长的时间长河中,中国发生了翻天覆地的变化。为了体现时间的更迭,赵忠祥放慢语速,在"58"上加重语气,着重强调了时间之长。毛泽东去世前的最后一次国庆节,他讲了一个故事。如何将这个故事用第一人称讲好,赵忠祥颇费苦心。"秋收暴动以后,我们接连打了几个败仗",语言圆润清晰,一句话将时间、人物、事件交代清楚。"人不断地跑,连师长都不辞而别了,人心乱得很。"在这三个分句的处理上,赵忠祥采用了"半低-高-低"的方式,先放缓轻读"人不断地跑",后为突出强调重要性,"连师长都不辞而别了"语气严肃,语调上扬,这种打击表面上看来是沉重的,"人心乱得很",按照阶梯状,每字更下一个阶梯,也了反映了当时低沉的心情。

"有一天",故事开始讲述,赵忠祥加快语速,将背景资料迅速的叙述清楚。有人提出了一个问题,这个问题是以第一人称进行复述。赵忠祥、毛泽东、提问者,三种角色的变化稍有不慎就会混乱无序,但赵忠祥的处理既表述出战士的疑惑不解,又不夸张滑稽,自然亲和地将故事接着讲了下去。"我们这几个人这几条枪,用不完,绰绰有余!愿走都可以

---

① 《雄材伟略毛泽东》解说词。

走,不信,咱们有言在先,到庆祝革命胜利的那天,我们肯定死不光!"这句话是全段的重中之重,赵忠祥强调了"用不完"、"绰绰有余",与前面的"几个人几条枪"相对应,表现出对敌人的蔑视,"不信?"语调上扬,表示疑问。"我们肯定死不光!"铿锵有力、掷地有声,语句中的自信心、自豪感油然而生。

以本文进行分析,不仅能学习借鉴赵忠祥对解说词处理的表达技巧,更多的是体现了一种爱党、爱国的情感,这也是值得年轻播音员主持人借鉴和学习的。

(三)情动于心形于声

——《笔墨春秋》之《黄河》赏析

《礼记》中提到"凡音者,生人心者也。情动于中,故形于声",感情和声音交融在一起,不可分割,赵忠祥对情声的把握也随着年龄的增长愈发炉火纯青。步入新世纪之后,在大型历史文献记录片《笔墨春秋》中,我们又听到赵忠祥熟悉的声音。这部为庆祝建党90周年而播出的电视作品,从文学视角记录着党史变迁,记录着中国人民的心灵成长。赵忠祥以他深厚的文化功底、丰富的文学内涵以及成熟稳重的播音主持风格成功地为大家绘制了一幅我党成立后文化发展的恢弘画卷,也为受众展示了他几十年积淀的深厚功底。

《笔墨春秋》第五集《黄河》,讲述了抗战时期为理想而战的文艺工作者们,如何献出了自己青春岁月的故事。开篇为光未然的《黄河大合唱》:

听啊,珠江在怒吼!扬子江在怒吼!啊!黄河!掀起你的怒涛,发出你的狂叫,向着全中国被压迫的人民,向着全世界被压迫的人民,发出你战斗的警号吧![1]

---

[1] 《雄材伟略毛泽东》解说词。

纪录片的解说与诗歌朗诵不同，但在不同的稿件内容上，可以借助朗诵的表达技巧。现代著名诗人光未然1939年创作的组诗《黄河大合唱》，是抗日战争时期人民反抗抵御侵略的现实反映。这组诗以黄河这个中华民族的象征为贯穿形象，融入了澎湃的激情，既呈现出巨大的张力，也展现出了中华儿女抗日战争的恢宏画卷。

在诗歌充满斗志、激情的影响下，赵忠祥处理稿件的状态也是高昂向上的。"听啊，珠江在怒吼！扬子江在怒吼！"这句话采用的是情感渐强的方法，感情递增，"扬子江在怒吼！"这句为最强。在语言表达中，内在情感通过外部技巧体现，也需要声音弹性的变化，赵忠祥在这段话的处理中，也体现了声音强弱、虚实、快慢的变化。同样格式的内容，声音弹性可以使诗歌情感更为丰富，技巧上充满层次感。

"啊，黄河！"这一句感慨，既叹出了人民群众抗击日寇的不易，也叹出了奋勇搏击的黄河的精神，赵忠祥的处理以实声为主。在表示感慨时，很多人处理稿件会以虚实声相结合的方法，以气息包裹着声音，但在本段中，结合前文渐强的语言表达形式，使用实声表示感叹更为合适。"黄河"后稍稍停顿，换气，之后的"掀起你的怒涛，发出你的狂叫，向着全中国被压迫的人民，向着全世界被压迫的人民，"四句一气呵成。同样，这四句的处理方式也是采用渐强的状态，情绪逐渐增强，语速加快，将情感推至最高，也就是最后一句"发出你战斗的警号吧！"赵忠祥在"发出你"后稍有停顿，积蓄力量，突出了"战斗的警号"这几个字。

这段诗歌的处理是激情昂扬的，也给第五集定了基调，总领全文。这种情感强烈、情绪激动的处理方式，与之前几集的解说方法相比，有很大不同。如《笔墨春秋》第一集，以鲁迅先生的名言开篇：

我在朦胧中，眼前展开一片海边碧绿的沙地来，上面深蓝的天空中挂着一轮金黄的圆月。我想，希望是本无所谓有，无所谓无的，这正如地上的路，其实地上本没有路，走的人多了，也便成了路。①

赵忠祥在解说"眼前展开一片海边碧绿的沙地来"时，声音渐虚，尤其是"沙"字，气息包裹着声音徐徐送出。这句话中，赵忠祥按照自己独特的重音处理方式，将重音放在"碧绿"、"深蓝"、"金黄"上，仿佛为受众缓缓描绘出一幅彩色的海夜月景图。"我想"二字与"希望是……"之间的停顿时间并不长，并未刻意拉长"想"字突出创作心理活动，而是将停顿的位置放在"希望是……"后面，表示对"希望"的思索，更好地突出作者在创作时的心理活动。"……本无所谓有，无所谓无的"之间声断气不断，将这个位置的连接与"希望是……"后的停顿紧密结合，浑然一体。"……这正如地上的路，其实地上本没有路，走的人多了，也便成了路"中，容易将重音放在"路"上，但在赵忠祥的处理中，几个短句的重音各不相同，"地上""没有""多了""成了"，一气呵成。

整段解说词中，赵忠祥并未刻意地突出重音或夸张停连，只是按照其独特的表达方式，自然洒脱地勾勒出生动而又富有感染力的画卷，声音自然、清晰、流畅，显示出深厚扎实的语言表达基本功。

1937年10月，上海沦陷。一批上海青年，辗转一万多里，艰难跋涉13个月，来到革命圣地延安。"到延安去！打断骨头连着筋，扒了皮肉还有心，只要还有一口气，爬也爬到延安去！"荒芜的黄土高原上，出现了一支支蜿蜒在山路上的队伍。诗人何其芳这样描述当时的情景："延安的城门成天开着，成天有从各个地方走来的青年，背着行李，燃烧着希望，走进这城门。"②

---

① 《笔墨春秋》解说词。
② 《笔墨春秋》解说词。

本段有两处引用,在处理过程中,赵忠祥对这两处引用的处理方式各不相同。在第一处,赵忠祥语调上扬,语速加快,感情激昂,"到延安去"这四个字之间各有停顿,将青年们去革命圣地延安的激动心情表现出来,与后面"打断骨头连着筋,扒了皮肉还有心,只要还有一口气,爬也爬到延安去!"中激昂的情感相呼应,前后结合,感情呈递增的台阶状,直观地将青年们到延安去的决心表达出来,显得大气磅礴。

在第二处引用的语句处理中,赵忠祥的情绪稍向下沉,将重音放在两个"成天"上,其他词语的处理一带而过,这种对比式重音的处理方式可将"成天"的重要性表示得更清楚,也愈加凸显出这些青年们到延安去的迫切心情。他在语句"成天有从各个地方走来的青年,背着行李,燃烧着希望,走进这城门"中,并未按照一般的语法规则,在"青年""行李""希望"后都加以停顿,而是在"青年"后声断气连,与"背着行李,燃烧着希望"紧密联系,将青年们的一系列活动表现得栩栩如生,同时在"希望"后进行短暂停顿,这句话一气呵成。由此可见,赵忠祥儒雅大气的播音主持风格随着时间的推移,表现得更为成熟、沉稳。

> 1938年10月30日中午时分,演剧队准备东渡黄河。渡河的唯一通道,是壶口下游的圪滩渡口。忽然一阵沉闷的雷声滚地而来,万里晴空,哪来的雷声?赶牲口的老乡手指向东方,说这响声来自山那边的壶口。光未然放眼望去:"我站在高山之巅,望黄河滚滚,奔向东南,惊涛澎湃,掀起万丈狂澜,浊流婉转,结成九曲连环。"①

赵忠祥的沉稳大气也同样体现在本段。"1938年10月30日中午时分,演剧队准备东渡黄河"与前段解说词情绪处理的不同,这句话并没有丰

---

① 《笔墨春秋》解说词。

富的情感，只是平稳地叙述了事件的时间、人物、地点。"渡河的唯一通道，是壶口下游的圪滩渡口"与上文相承接，语调平稳，情绪变化不大，只是在"圪滩渡口"四字前稍有停顿，突出全句重点。

从"忽然"一词开始，赵忠祥语气一变，语调上扬，将疑问提出："万里晴空，哪来的雷声？""赶牲口的老乡"解决了此疑问，解说语调轻快，"手"、"指向"中稍有停顿，声断气不断，既区分了与"手指"一词的不同，又突出了词语的指向性"东方"。

解说词中引用部分的处理，也是纪录片解说中需要注意的地方。"光未然放眼望去"正是后半段话的引子。以下内容皆为光未然看到的情景，且经过文学手法处理。"我站在高山之巅，望黄河滚滚，奔向东南，惊涛澎湃，掀起万丈狂澜，浊流婉转，结成九曲连环。"这几句诗歌节选自光未然的《黄河大合唱》组诗，更为真切直接地描绘了黄河的恢宏气势，如欣赏画卷。"黄河滚滚，奔向东南""惊涛澎湃，掀起万丈狂澜""浊流婉转，结成九曲连环"，三层意思，呈递进趋势。赵忠祥在进行二次创作的过程中，并未使用情感渐强的方法，而是将情绪"先放再收"。第一层与第二层情感外放，情绪渐强，为受众描绘河水滚滚、大气磅礴向东南之感，到第三层"浊流婉转，结成九曲连环"时，与前面刚劲有力的处理方式不同，赵忠祥语气一转，情感内收，适当地用气息包裹声音，刚柔并济。这种语言表达对比式的变化，不但能更好地体现出文章情感的细微转变，还能显现出解说者扎实过硬的基本功。

来到延安后，光未然并没有安心养伤。黄河浑浊的惊涛，雷鸣般的巨响，逆流艰险的快意，在他胸中如岩浆般沸腾。他兴奋得难以入睡，坐起来点亮油灯。"黄河之水天上来，排山倒海，汹涌澎湃，奔腾叫啸，使人肝胆破裂。""黄河，我们要学习你的榜样，像你一样的伟大坚强，这里，我们要在你的面前，献一首长诗,哭诉我们民族的灾难!"这首长诗诞生了。战争必然会诞生英雄,也会诞生英雄的战歌。400多行诗句,25岁的光未然一气呵成。①

作为上文叙述的承接,本段内容主要讲述了初到延安的光未然,被路途中波涛汹涌的黄河的气势所影响,有所感悟,酝酿诗歌的过程。这种情绪的变化是微妙的,后期所有的景象与感受,全部来自于前期的所见所闻,光未然对黄河的气势念念不忘,也从侧面反映了当时亲眼所见的震撼。这种震撼,促成了光未然的文学创作。

赵忠祥在对本段解说词进行二度创作时,也很注重内外部的表达技巧。内部技巧上,情景再现感更为强烈。作为中华儿女的母亲河,黄河一直都是民族精神的象征,这是毋庸置疑的,这种强烈的情感在老一辈播音员和主持人的心中深深扎根。对于母亲河的情感是很容易引起共鸣的,赵忠祥对解说词情感的把握,既有站在光未然立场上的体会,也包含着自己对黄河的感情,更为饱满。

从外部技巧上分析,本段解说词赵忠祥对停连、语气的把握也独具匠心。"来到延安后,光未然并没有安心养伤。"这句叙述为下文做了铺垫,光未然要做的事情,他自认为比养伤更重要。在表达技巧上,也是平铺直叙。"黄河浑浊的惊涛,雷鸣般的巨响,逆流艰险的快意,在他胸中如岩浆般沸腾。"在"黄河"一词后,稍有停顿,"浑浊的惊涛""雷鸣般的巨响""逆流艰险的快意"这三个并列的短语声断气不断、一气呵成,稍后语气稍微加重,突出"如岩浆般沸腾"。

艺术创作来源于生活,又高于生活,情感真实直白的叙述与借助文学作品表达,效果不同,播音员主持人的二度创作也不同。本段中再次引用光未然的组诗《黄河大合唱》中的内容,来表达光未然本人创作时激动的

---

① 《笔墨春秋》解说词。

心情。"黄河之水天上来"引用李白《将进酒》中的千古名句，赵忠祥运用了诗歌朗诵的基本状态，保持激情，将基调定的高昂向上。同时也突出强调了"排山倒海，汹涌澎湃，奔腾叫啸"三个词语，强调了创作时澎湃的激情。"黄河，我们要学习你的榜样，像你一样的伟大坚强"，赵忠祥怀着激动的心情与黄河对话，语调上扬，对象感强，就像是正与拟人化的黄河面对面，表示学习它"伟大坚强"的决心，同时也强调了这四个字。"这里，我们要在你的面前，献一首长诗，哭诉我们民族的灾难！"黄河是母亲河，是中华儿女的精神支柱，从字面意思上看，"哭诉"表示"哭着诉说或控诉"，孩子受到委屈，向母亲诉说，但更多是隐含在内的意思："对战争的控诉和斗争的决心"。所以，赵忠祥在本句的创作中，并未使用颤音、虚声等辅助"哭"的表达方式，反而将重音放在"哭诉"和"灾难"上，既表示出字面含义，也突出强调了内在含义，表达了准确的内在语。

引用文学作品内容和直接讲述都可以叙事，表达情感，这两种不同的表述方式，解说时也应该运用不同的表达技巧。

多年以后，邬析零对那个晚上发生的事情，记忆犹新。"冼星海总要我不厌其详地叙述描绘，可那是四十来个船夫的劳动呼声，没有唱词，没有旋律，光我一个人哼唱怎么能完满表达？于是，我边哼边解释，哼完划桨的，又学掌舵的；学完船夫的，又哼艄公的；哼完紧张的，又学松弛的，有时还得站起来比划动作。正当我忙得身上沁出汗水时，星海忽然好像有所感悟，掉过头去，拿起铅笔，飒飒地在纸上记下好几个动机音型。①

本段内容是邬析零的回忆，主要叙述了他听到黄河上船工喊号子时激

---

① 《笔墨春秋》解说词。

动、兴奋的心情，以及对黄河号子节奏、旋律的记忆，描绘了一幅活灵活现的黄河船工图。描述性较强的文字在进行有声语言创作时，既要着重把握情景再现的内部技巧，也要注意停连、重音等外部技巧。

解说词中的船工、喊出的劳动呼号、令人热血澎湃的场面，无一不为赵忠祥的解说增添了生动的想象依据，它们在解说者的脑中形成了一幅连续的、活动的画面，也影响着解说者态度、情感的变化。作为一名资深播音员、主持人，赵忠祥对党和国家人民的情感是真挚而强烈的，这归功于赵忠祥坚定的党性原则。

作为党的宣传员，在工作中坚持党性原则，坚持党的立场，这既是我国播音主持工作的政治属性，也是播音员主持人的工作需要。我国正在走具有中国特色的社会主义道路，同时也形成了具有中国特色的社会主义播音主持体系。齐越、夏青、方明等我国老一辈播音艺术家，在他们的工作中都一直坚持党的领导，坚持做党和人民的喉舌。赵忠祥的党性原则也深受这些老一辈播音艺术家的影响。"我就是党和人民的喉舌！"①

赵忠祥一直坚持在工作中代表党和人民大众的观点，坚持着自己是党和人民的喉舌："我觉得我们改革开放以来，各类节目有很大的变化，观念也有很大的变化，但是，坚持中国共产党的领导和坚持中国特色社会主义，是永远不变和长久不变的宗旨。我们的这个岗位，播音员和主持人所在这个岗位，仍然是党和党所领导的人民大众的喉舌。这点没有变，不会因为时代在变化，市场经济在发展，各种文艺形态的丰富多彩使得我们这样一个根本的立场发生任何改变动摇，不会的。"②

这种强烈的爱国主义情感，使赵忠祥在对解说词的创作上有更深层次的理解，也对技巧的处理显得游刃有余。

"多年以后"，适当的强调突出了时间的久远，在"记忆犹新"这四个

---

① 整理自笔者对赵忠祥的采访录音。
② 赵忠祥：《与中国改革开放共成长》，中国播音主持辉煌三十年论坛嘉宾演讲之三，《中国播音主持文集》中国广播电视出版社，2008年，第64页。

字的表达上，赵忠祥气息上提后，声音放缓，气息包裹声音慢慢放出，营造出时间的沧桑感，也总领下面的内容。"不厌其详""叙述描绘"，同样都是句中需要强调的内容，但采用的方法并不一样。与"不厌其详"的连贯不同，赵忠祥在"叙述描绘"中稍有停顿，突出强调了两个词语。

"可"表示语意的转折，前面内容的处理是较为平缓的，为了突出变化，本句语气上扬，连续不断，直至问句结束。虽有情感上的变化，但与舞台剧等表现形式不同，虽有疑问，但语气更为平和。后一句话"我边哼边解释，哼完划桨的，又学掌舵的；学完船夫的，又哼艄公的；哼完紧张的，又学松弛的，有时还得站起来比划动作"作为对前面问题的解答，赵忠祥在解说中，中间少有停顿，一气呵成，气口分别为"解释""掌舵的""艄公的""比划动作"后。这样的表达方式考察了解说者对气息的控制，也保持了整段内容的完整性。

> 几天之内，《黄河大合唱》迅速传遍了延安根据地。5月11日，冼星海亲自执棒指挥，唱到《保卫黄河》时，他突然转身面向激动的观众，示意大家一起唱，一时间群情激昂。冼星海在这天的日记中这样记述："今晚的大合唱，可算是中国空前的音乐晚会。我们唱完时，毛主席跳起来，很感动地说了几声'好'"①

前文中光未然的积淀的影响，在这一段中集中体现出来。黄河汹涌澎湃的画面、船工号子震耳欲聋的声音，带给了光未然强烈的生理和心理的感受，这种感受已经完完全全融入到他的创作中。光未然创作的组诗《黄河大合唱》以及冼星海在此基础上创作的乐曲《保卫黄河》，抒发了中华儿女在抗日战争中顽强不屈的情感。

在深入理解的基础上，赵忠祥的二度创作更为丰富和细致。"几天

---

① 《笔墨春秋》解说词。

之内，《黄河大合唱》迅速传遍了延安根据地"中，赵忠祥强调了"几天"，突出《黄河大合唱》非同一般的传播速度，与"迅速"一词前后呼应。"延安根据地"作为一个完整词组，一带而过。下文中"5月11日"，是具有代表性的时间，为重音。"冼星海亲自执棒指挥"中，将重音放在"亲自"上，内在含义为突出冼星海对此事的重视。"唱到《保卫黄河》时，他突然转身面向激动的观众，示意大家一起唱"，这句话将冼星海的动作及激动的心情描叙得十分生动，"唱到""突然转身""示意"，一系列的动作一气呵成，毫无迟疑，甚至是情难自禁，正是这样的真实情感，才能达到"一时间群情激昂"的效果。这是动作的递进，也是情绪的递进。赵忠祥并未将激动的情绪铺满整段内容，而是有所选择，"一时间群情激昂"将情绪提升到第一个台阶后，引用冼星海的话，持续将情感向上推进。"今晚的大合唱，可算是中国空前的音乐晚会。我们唱完时，毛主席跳起来，很感动的说了几声'好'"，在这一句话中，为了表示出毛主席听完后激动的心情和强烈的情感，赵忠祥突出了一个字"跳"，塑造了一个栩栩如生的伟大形象。

从以上内容我们可以看出，赵忠祥播音主持的风格特点体现在他节目的方方面面，且贯穿始终，值得年轻播音员、主持人借鉴学习。随着不同类型节目的需要，赵忠祥的风格体现也是多样的。他的沉稳厚重、亲切细腻、儒雅大气、自然洒脱相辅相成，互为补充，为节目增添了许多属于自己的色彩。

（四）"言"、"意"、"象"的交融

——《伟大的历程》之《春暖大地》赏析

"夫象者，出意者也。言者，明象者也。"[①]文字作品展示为"象"，"象"内隐含"意"，表述为"言"。三者缺一不可且互为补充，要将"意"、"象"融为一

---

① 王弼，《周易略例》。

体,再"形之于声",这也对播音主持从业者提出更高的专业要求。

1978年,中共十一届三中全会胜利召开,拉开了中国改革开放的大幕。2008年,弹指一挥间,改革开放已走过了30个年头。在《伟大的历程》这部大型电视文献片中,赵忠祥用声音展现着我国改革开放沧桑巨变,将解说词与自己的所见所感结合在了一起,表达"意""象"时,做到了设身处地、触景生情。这段历史,是值得回味和铭记的,也是复杂的。因为它离我们很近,和每一个从那个年代走来的人息息相关,但是它又离我们很远,已过去了30年。

改革开放的30年,赵忠祥想到了《新闻联播》、《动物世界》、春节联欢晚会等节目的变迁;播到小平同志在东北的同期声"我们不能再等了,我们已经穷了这么多年了"时,他想到了现在我们已经有的丰富的物质生活;在读到小岗村18个农户摁手印的时候,他想到了那些淳朴农民的希望……带着这样感情解说的赵忠祥,将我国改革开放的画卷描绘在大家眼前,感动了每一个中国人的心。

赵忠祥播音主持风格中的儒雅大气,我们通过纪录片解说可以体会到,是由内而外、应运而生的,是融合了真情实感,并加入适当的情景再现和对象感的。

隆隆的炮声,拉开了《伟大的历程》第二集的序幕。

> 1979年1月1日,这里人们习以为常的炮声戛然而止,硝烟散去,台湾海峡恢复了平静。这一天,国防部长徐向前发表声明,停止对大小金门等岛屿炮击。全国人大常委会发表《告台湾同胞书》,呼吁海峡两岸,共同推进祖国统一大业。同一天,中美两国首脑互致贺电,祝贺两国正式建立外交关系。也正是在这一天,人民日报发表社论,《把主要精力集中在生产建设上来》。①

---

① 《伟大的历程》解说词。

简单的几句话，描述出1979年年初，我国国内发生的翻天覆地的变化。话语虽简短，但每件事情都值得重视，使人震撼。但在解说的过程中，有声语言忌全篇重点，内容全部用重音体现，就会变成无重音，找不到真正突出的重点。在本段内容中，赵忠祥着重突出了一句话"1079年1月1日"，正是这个时间点，发生了这么多重要的事件，也是这个时间，开启了中国全面推进改革开放的景象。停炮、《告台湾同胞书》、贺电、社论，一件件大事，赵忠祥娓娓道来，自然停顿、换气，并未刻意突出强调某句、某词，纪录片第二集自然开篇。但接下来一段话的解说，与上文解说风格，大相径庭。

> 1979年1月1日同时发生的这些事情，在那个寻常的冬季，吹来让人惊喜的春风，铺排出波澜壮阔的新局。中国共产党面临的推进现代化建设、完成祖国统一、维护世界和平与促进共同发展这三大历史任务，在同一天都有了气象不凡的新开端。[①]

文中的第一句话前端与上文相同"1979年1月1日"，但处理的情感、方法与上文迥然不同。如果说上文的解说以儒雅、自然为主，那么本段解说词的处理就以沉稳大气著称。赵忠祥在解说时放缓语速，与诵结合。从内容上分析，第一句话"1979年1月1日同时发生的这些事情"，他将"1979年1月1日"进行强调，在"日"后，并未停顿，"同时发生的这些事情"紧促有力，将本句话一气呵成。"寻常""惊喜"作为后两句话的对比性重音，赵忠祥在处理时并未全部强调，而是放缓"寻常"二字，强调了"惊喜的春风"，为后文解说"铺排出波澜壮阔的新局"的大气打下坚持的基础。本句的结尾"新局"处理方式为落停，既与前文中上扬强调"波澜壮阔"相呼应，也为后文令人激动兴奋的"新开端"埋下伏笔。作

---

① 《伟大的历程》解说词。

为我党的三大历史任务,"推进现代化建设、完成祖国统一、维护世界和平与促进共同发展",能够在同一天内取得"气象不凡的新开端",作为一个中国人,这是何等的自豪和荣耀。这样的自豪和荣耀,也是深入到赵忠祥的骨髓里的。

1979年,他在白宫采访卡特总统时,沉稳冷静、不卑不亢地与总统进行对话,在这次采访任务中,"我一直记得周总理的两句话,一是不卑不亢,二是外交无小事。"白宫的工作人员事后向赵忠祥表示:"您是我所见过采访总统时表现得最得体的记者!"即使在国外学习,赵忠祥也并未质疑自己、肯定外国,而是说:"我学习美国先进的经验,提升自己和同事们的业务水平。虽然我们设备上不如国外,但是我们有努力的学习态度、勤奋的学习劲头,不比他们差。"①

正是这样的一种不卑不亢的精神,赵忠祥在处理"中国共产党面临的推进现代化建设、完成祖国统一、维护世界和平与促进共同发展这三大历史任务,在同一天都有了气象不凡的新开端"这句话时,也带出了浓烈的民族自豪感。本句为长句,符号较少,所以停连和断句尤为重要。赵忠祥在"中国共产党面临的"后稍微停顿、补气,"推进现代化建设、完成祖国统一、维护世界和平与促进共同发展"中间声断气不断,与"这三大历史任务"一气呵成,但"任务"二字微微上扬,表示语句的未结束。最后强调了"气象不凡的新开端"。尤其是"新开端"三个字,拉开立起,呈台阶状逐渐下降,表示语义的结束,由此引出本集题目《春暖大地》。

第二集的开篇是这样描述的:

在人们印象里,北京大学定格了这样一道永恒的青春风景。三十年前,这番景象曾经在一位年近七旬的老人心头迸发出勃勃生机。"书声动大地,春色满寰中"。走出"文化大革命"严冬

---

① 整理自笔者对赵忠祥的采访录音。

的季羡林被刻苦求学的学生所感动，写下了一篇充满青春气息的文章，取名为《春归燕园》。（采访北京大学教授季羡林）："归，又回来了，就是要春永远保留在燕园里边。意思就是，希望美好和谐的生活，永远保留在我们13亿人口的大国中。"①

专题片以季羡林老先生的《春归燕园》引出下文中国改革开放的历程。文字中饱含着春意盎然、欣欣向荣，充满着生机和活力。赵忠祥在处理文章时非常注重整体效果，他并未单纯将此段文字以文学抒情为主，而是联系下文中国发生大变革的背景，将整段文字处理得儒雅细腻又不缺乏大气沉稳，也为后来的解说风格的形成奠定了基础。

在第一句中，赵忠祥突出强调了"北京大学""青春风景"两个词语，既表达了情感抒发的地理位置，又将"永恒"的"青春风景"作为全文的开篇，代指了春天美丽的景色，也引申为改革开放的新时期。赵忠祥在朗诵"书声动大地，春色满寰中"时，语速放缓，情感丰富，与前后叙述的语气产生区别，将本诗句的文学情感充分体现出来。下文中的"走出'文化大革命'严冬的季羡林被刻苦求学的学生所感动，写下了一篇充满青春气息的文章，取名为《春归燕园》"，作为长句子，在语言表达技巧中要注意停连、换气，长气息也正是赵忠祥的强项。

从踏入工作岗位开始，赵忠祥坚持练声，从未间断。有播音员曾提过，天天播音，是否可以代替业务锻炼？赵忠祥认为不可能，不能以战为练。赵忠祥解说动物世界的时候，基本上一周工作三个半天，每个半天录3个小时。这还只是一项工作。这种长时间的工作，让他可以找到最佳的共鸣位置，锻炼气息、声音。

赵忠祥也曾经产生过这样的忧思：机器越发达，技术越先进，越能弥补专业上的缺陷的时候，人的功能和艺术的功能是不是越来越退化？以

---

① 《伟大的历程》解说词。

前工作时因为设备简单,需要全部直播,播音员在直播的中不敢有一丝懈怠,战场上的狙击手是上万颗子弹练出来的,通过训练立于不败之地。老播音员的水平就像是战场上的老狙击手,要付出生命的代价去完成任务。现在没有这样的风险,很多年轻播音员没有了压力,如果能力达不到,机器会帮你弥补;但不能过分依赖机器。正是有这样永不停止的思考、复盘,赵忠祥在退休后也一直积极地参与到工作中,并在采访中不止一次提出对专业的思考,老一辈播音员主持人认真努力的工作态度值得年轻从业人员的学习。

带着思考,我们继续分析下一段解说词,也对这样的内容更有体会。

走过严冬的人们,更懂得春天的美好,在当时的中国,许多人的人生春天,正是从1979年开始的。

"更""1979"也成为了本段内容中强调的重点。在文中,不止一次出现了"春天""春"的寓意贯穿全集。很多人的"人生春天"既包含了堂堂正正站起来加入到改革开放大军中,也包含了当年平反冤假错案、调整社会关系带来的希望。只有真正了解那段历史、从那个年代走过的人才能有深刻的体会。赵忠祥在解说的过程中,结合了自己的真情实感,将自己的所见所闻进行回放,以情带声,情感真挚。

与此同时,党中央纠正了民族、宗教等工作中"左"的错误,大规模的调整社会关系。农村中的地富分子一律摘帽,给予社员待遇,城市中70万户原工商业者,恢复劳动者身份。这些举措,使上千万人的命运有了新的开始。平反冤假错案、调整社会关系有效地调动起社会各阶层人员的积极性,为改革开放奠定了必不可少的社会基础和群众基础。中国大地沐浴在春风之中,世界也开始倾听中国重新出发的脚步。①

本段解说词中既包含长句子,又包含顿号,解说时对气息和节奏的调整尤为重要。"民族"、"宗教"两个词语属并列关系,声音可以稍微停顿,但气息不能断裂,否则本句内容会零散。下文中的"农村"、"城市"两地的改变也是并列关系,但每层的意思都较长。赵忠祥首先从整体上把握了本段的节奏,在"一律摘帽,给予社员待遇"中,并未停顿,而是一气呵成,在"待遇"后进行气息调整。这种非常规性的处理方式能更好的将层次与层次之间进行划分,语义表达也更为清晰。本段内容中,赵忠祥突出强调了"这些举措,使上千万人的命运有了新的开始"一句话,内在含义与上文中的"人生春天"进行呼应。

平反冤家错案、调整社会关系给我国带来了新的希望和力量,在改革开放的起步阶段,奠定了坚实的社会基础和群众基础。中国重新出发,引起了世界的关注。民族自豪感在赵忠祥心中油然而生,随着解说词的脚步,他仿佛也回到了与邓小平同志一起访美的日子。

1979年1月,邓小平来到了美国。这是新中国成立以来中国领导人第一次访问美国。邓小平的到来,在美国掀起了一股旋风。美国政府特地租用了两架大型客机供记者们跟踪报道。美国主要电视网的黄金时间变成了"邓小平时间"。……无数美国人在近距离打量这位中国领导人的同时,也第一次近距离地看到了一个东方大国的形象:朴实、从容、睿智。在出席一次外交宴会时,邓小平说:"我这次访问美国,肩负着三项使命:第一是向美国人民转达中国人民的情谊;第二是了解美国人民,了解你们的生活,了解你们建设的经验,学习一切对我们有用的东西;第三是

---

① 《伟大的历程》解说词。

同贵国的领导人就发展两国关系和维护世界和平和安全的问题广泛地交换意见。"中国的发展离不开世界。邓小平出访也给中国人带来了前所未有的冲击。公开宣布向世界上头号资本主义国家学习有用的经济建设经验,这在当时,一些人或许还不太习惯,有的或许还不相信,但这的确是当时中国迈出的坚实步伐。[①]

1979年邓小平访美时,赵忠祥作为随行记者曾一起奔赴美国,这一段稿子也带给赵忠祥重温记忆的机会。在处理这段文字时,赵忠祥想到了陪同邓小平在美国采访时的亲眼所见、亲耳所闻,还都历历在目,也想到了自己在白宫采访美国总统时的场景,真实的情景再现使得赵忠祥在处理这部专题片时感情更真挚、风格更稳重。

赵忠祥去美国还有一个任务,去学习西方国家的播音与主持,了解他们怎么写稿子做节目。与我国播音员一专多能的工作方法不同,克朗凯特表示稿件是由专业编辑来写,编辑写得不好,就重新修改。领导人的发言稿也提前准备好。赵忠祥采访里根的时候,他的面前有提示器,他回答的每个问题几乎都是读的提示器。美国新闻节目的现状带给赵忠祥等工作人员很大冲击,既有先进的设备、合理的分工,也有专业的团队,有很多值得汲取的经验,也有不符合中国国情、台情需要选择的内容。这段学习经历的回顾,让赵忠祥在后期解说1979年访美时的心情更为真实、感染力强。

在读到"中国的发展离不开世界,邓小平出访也给中国人带来了前所未有的冲击。公开宣布向世界上头号资本主义国家学习有用的经济建设经验,这在当时,一些人或许还不太习惯,有的或许还不相信,但这的确是当时中国迈出的坚实步伐"时,赵忠祥将重音放在了"离不开""前所未有""公开宣布"等词语上,表达了坚定的立场,其中"离"字赵忠祥稍拖长音,强调得更为明显,也表达出了中国与世界的密切关系。除了语言表

[①] 《伟大的历程》解说词。

达的外部技巧运用较为到位，更为重要的是与情景再现的结合，使得身为中国人的自豪感油然而生。

《伟大的历程》，将中国人民追赶时代巨浪的历史搬上大荧幕，为广大受众奉献了一道精神大餐，让年青人更了解历史，增强民族自信心和自豪感，也深入理解了"言""意""象"的含义。这样的精神鼓励也与赵忠祥沉稳厚重、儒雅大气的解说是分不开的，值得分析研究。